Vom Günstling zum Gegner
von Tilo Acksel
ist erschienen im
TORNER Verlag für deutsche Literatur, Hamburg
www.torner-verlag.de
Das Buch ist online erhältlich im www.torner-shop.de
sowie im gutsortierten Buchhandel
ISBN 978-3-932226-26-4
Der Autor befindet sich auf bundesweiter Lesereise und kann
unter Tel. 040-50049740 oder info@torner.tv angefragt werden

9 783942 226264

Vom Günstling zum Gegner

... die Biografie des

Tilo Acksel

TORNER Verlag für deutsche Literatur, Hamburg

Vom Günstling zum Gegner

Alles hängt zusammen

Auch wenn wir uns im alltäglichen Leben dessen nicht bewusst sind, so fußt unser gesamtes Leben doch auf unserer Vergangenheit. Wir können unsere Gegenwart und Zukunft gestalten und nehmen somit Einfluss auf das, was kommt – unsere Vergangenheit dagegen können wir nicht gestalten. Sie zu verstehen ist allerdings oft der Schlüssel, um die Gegenwart zu begreifen. Wer in der Lage ist, geschichtliche Zusammenhänge zu erkennen, kann oftmals vorausschauend handeln. Warum Menschen so sind, wie sie sind, warum sie sich so verhalten, wie sie sich verhalten, wie sie reagieren und mit Herausforderungen des täglichen Lebens zurechtkommen, hat sehr viel mit dem zu tun, was sie in der Vergangenheit erlebt haben und was sie geprägt hat. In der Regel werden wir, was unseren Charakter und unser Denken betrifft, durch unsere Familien geformt, durch Familiengeschichte und Tradition. Das sind die Erfahrungen von Generationen und deren Wissen, welches an uns weitergereicht wird. Im Positiven wie im Negativen.

Ein Grundsatz der Pädagogik lautet: „Umwelt prägt den Menschen." Das ist ein sehr wichtiger und richtiger Ansatz. Nun gibt es nicht nur die Familienhistorie, sondern natürlich auch den Einfluss von außen, die Geschichte des Heimatortes, der prägenden Persönlichkeiten, welche Einfluss auf die Geschehnisse des Lebens nehmen, und es gibt die Geschichte des Landes, in dem man lebt und deren Staatsform. Alles das ergibt dann ein Gesamtbild. Hinzu kommt naturbedingt, dass geschichtliche Ereignisse – sei es innerhalb der Familie oder den Staat betreffend – immer interpretiert werden. Jede Generation und jede herrschende Klasse beansprucht Geschichte für sich und sieht sich selbst stets im besten Licht. Es gibt nichts Widersprüchlicheres, als Geschichte und geschichtliche Ereignisse ehrlich und ohne Zusätze zu berichten oder zu interpretieren. Ich will es dennoch versuchen und hoffe, dass es mir gelingt, die Erinnerungen so darzulegen, dass sich die damalige Zeit darin tatsächlich spiegelt. Es ist nicht mein Anliegen, zu richten oder gar zu urteilen. Ich möchte lediglich versuchen, einen kleinen Teil unserer Geschichte lebendig zu halten, denn nach meiner Überzeugung baut darauf unsere Zukunft auf – und ich habe in den letzten Jahren festgestellt, dass eine gewisse Verklärung von Tatsachen festzustellen ist. Viele Menschen und ihr Handeln haben Einfluss auf die Geschehnisse genommen. Sie handelten dabei aus ihren damaligen Überzeugungen und Wissensstand heraus. Einige sind dabei über sich hinausgewachsen, andere fühlten sich ihren Überzeugungen verpflichtet, wiederum andere standen gewiss unter persönlichem Zwang, von dem keiner etwas ahnte.

Das Positive an der Vergangenheit ist: Wenn wir uns mit ihr auseinandersetzen und sie auch nur im Ansatz begreifen, kann man daraus sehr viel Hoffnung für die Zukunft schöpfen.

Der Orden

Wenn ich behaupte, dass ein Grundstein für die friedliche Wiedervereinigung Deutschlands im Jahr 1990 schon um 1048 in Jerusalem gelegt wurde, so werden Sie berechtigt mit dem Kopf schütteln. Dennoch wage ich zu behaupten: Es ist so. Vielleicht kann man geschichtlich noch weiter zurückspringen, aber ich möchte auf den Ursprung eines Ordens verweisen, ohne den zigtausende in jenen entscheidenden Tagen im Sommer 1989 in Ungarn ohne Schutz, Hilfe und politische Stimme gewesen wären.

Lange vor dem ersten Kreuzzug wurde von den Kaufleuten aus Amalfi ein Pilgerhospital gestiftet und Johannes dem Täufer geweiht. Noch heute kennen wir den Namen Johanniter. Um das Jahr 1048 wurde aus dem Spital eine Ordensgemeinschaft, welche 1113 vom Papst bestätigt, als „Orden vom Spital des heiligen Johannes zu Jerusalem" Geschichte schrieb. Er konnte schon damals 2000 Pilger aufnehmen und betreuen. Der selige Gerhard Tonque gilt als Ordensgründer, und auf ihn geht auch die Überlieferung zurück, dass er bei der Belagerung Jerusalems 1099 statt Steine kleine Brotlaibe zu den hungernden Belagerern der Stadt hinunterwarf. Er hatte das große Pilgerhospital in Jerusalem neu formiert und war in der Lage, wirksamen militärischen Schutz zu gewähr-leisten. In jener Zeit praktizierte er religiöse Toleranz, unterschied nicht zwischen christlichen, jüdischen oder moslemischen Hilfsbedürftigen. Allen wurde durch die Bruderschaft aufgewartet. Nach der Eroberung Jerusalems half der selige Gerhard den Opfern, egal welchen Glaubens sie waren und wurde so als Ordensgründer zu einem Vorbild für viele Kreuzritter, die ihr Schwert ablegten und seinem Vorbild folgten. Aus der Bruderschaft wurde der „Souveräne Ritter- und Hospitalorden vom Hei-ligen Johannes von Jerusalem". Um 1530 übersiedelte der Ritterorden nach einigen geschichtlichen Wendungen schließlich auf die Insel Malta und wird seither (historisch sehr vereinfacht zusammengefasst) als sou-veräner Malteserorden bezeichnet und ist ein nicht staatliches Völker-rechtssubjekt, ein kirchlicher Orden und ein Ritterorden.

Im Sommer 1989 folgten zahlreiche Mitglieder der Malteser dem Ruf ihres Ordens und wurden ganz im Sinne ihres Gründervaters zu frei-willigen ehrenamtlichen Helfern für DDR- Flüchtlinge in Budapest. Die Fahne der Malteser wehte bald in mehreren Lagern und Flüchtlingsun-terkünften in Budapest und sie bedeutete wie schon 1099 in Jerusalem Schutz, Unterkunft, Verpflegung und seelischen Beistand. Die Malteser unterschieden nicht nach Glauben oder politischer Herkunft. Jeder, der um Hilfe bat, wurde betreut, oder wie man 1099 sagte: Jedem Hilfe-suchenden wurde aufgewartet. Eine ungeheure logistische und auch zwischenmenschliche Meisterleistung der Nächstenliebe. Es waren ja nicht nur die deutschen Malteser. Es halfen auch die österreichischen und die ungarischen Malteser. All Ihnen gilt unser Dank, die wir damals alles wagten, um eine politische Veränderung unseres Heimatlandes mit unseren Füßen herbeizuführen.

Inka

Zwei Tage vor meinem 18. Geburtstag besuchte ich ein Konzert in der Stadthalle Cottbus. Es war ein Popkonzert. „Ostrock" würde man heute dazu sagen. Inka war angesagt und ich wollte sie unbedingt sehen. Sie war unter den jungen Leuten in der DDR sehr beliebt und ich bildete da keine Ausnahme, sonst wäre ich auch nicht in dieses Konzert gegangen.

Fast eine Stunde wartete ich nach diesem berauschenden Ereignis am Bühnenausgang, um mein Idol persönlich zu sprechen. Es gelang mir. Ich gab ihr ein Autogramm von mir, was nicht nur sie, sondern auch den Rest der Belagerer erstaunte. Diese kleine Absurdität brachte mich in die Position, sie zu ihrem Trabant-Kombi begleiten und ihr überglücklich ihren Kosmetikkoffer reichen zu dürfen. Dann entschwand sie nach Berlin. Ich schnappte noch auf, wie sie sich für das „Operncafé" verabredete und das war es.

An jenem Juni-Abend 1988 spazierte ich noch einige Zeit durch Cottbus und in meinem Kopf kreisten die Gedanken. Vorahnungen? Irgendwie wusste ich, dass sich etwas Entscheidenden ändern würde. Aber was? Würde ich mein Idol wiedersehen? Privat – meine ich natürlich. Oder was kündigte sich an? Dass die Ereignisse längst ihren Lauf genommen hatten und sich bald überstürzen würden, nahm ich zwar an, aber ich wusste sie weder einzuschätzen noch irgendetwas daraus abzuleiten. Also wischte ich sie beiseite und ging wieder ins Studentenwohnheim zum Schlafen.

In den letzten Jahren bin ich Inka dann doch noch ein paar Mal rein zufällig begegnet. Beim Grand Prix Vorentscheid 1991 oder beim Lisa Minelli Konzert. Ihren Kosmetikkoffer habe ich ihr genau 28 Jahre nach der ersten Begegnung zu ihrem nicht mehr Trabant in Magdeburg getragen und wir haben ein bisschen geplaudert. Ich wollte sie für meine damalige TV-Show „Komm zu Acksel" für einen Auftritt gewinnen. Das hat aus verschiedenen terminlichen und vertraglichen Gründen leider nicht geklappt.

Körpergefühl

Im Juni 1988 war ich Student am Institut für Lehrerbildung in Cottbus. Ordentlich immatrikuliert und auf dem besten Wege, Lehrer für untere Klassen zu werden. In der DDR war das ein vierjähriges Fachschulstudium. Ich belegte die Fächer Deutsch, Mathe und Kunsterziehung. Begonnen hatte ich gegen meinen Willen im Wahlfach Musik. Nach nur zwei Monaten konnte ich dann die Fachrichtung wegen einer angeblichen

„Stimmmutation" wechseln. Man hatte meine Unfähigkeit in Bezug auf das Fach Musik wohl erkannt. Ich war der Einzige, der kein Instrument beherrschte und begriff natürlich überhaupt nicht, wovon im Fachbereich Musik gesprochen wurde. Gesungen habe ich schon immer gern. Damals neben Alt Berliner Couplets besonders Kampflieder, die waren schön einfach.

Im Juni 1988 stand ich kurz vor dem Abschluss meines ersten Studienjahres, des 2. Semesters. Und es würde ein miserabler Abschluss werden. Das war mir vollkommen klar. So richtig Fuß zu fassen war mir nicht gelungen. Es mangelte mir an Konzentration, Durchblick, Lerneifer und vor allem an Zeit. Ich hatte eigentlich immer andere Dinge im Kopf, als irgendwelche Definitionen auswendig zu lernen.

Meinen 18. Geburtstag feierte ich mit einigen „Freunden" im Studentenklub. Das war mein eigentliches Reich während meiner Studienzeit. Ich hatte mit wenigen Mitteln eine Art Pizza gebacken und wir aßen zusammen und stießen auf meine Volljährigkeit an. Joe Cocker bildete dazu das Rahmenprogramm. Die Jungs waren ein paar Tage zuvor auf einem Konzert von ihm in Ost-Berlin und ganz hin und weg. Joe Cocker war einer der wenigen Weltstars, die schon vor dem Fall der Mauer in Ost-Berlin auftraten. Wenige Tage später ging es dann los. Matheprüfung. Es war ein Montag. Das Wochenende hatte ich zu Hause bei meinen Eltern verbracht. In der Nacht zum Montag habe ich alles andere als geschlafen. Mich plagten schlimme Bauchschmerzen und ein Gefühl von Hunger. In dieser Verfassung trat ich auch meine Matheprüfung an. Ich bestand sie, aber wenig rühmlich. Das lag allerdings weniger an den Bauchschmerzen – ich hatte einfach keinen blassen Schimmer von dem, was mein Mathelehrer von mir wissen wollte. Die Definition der Null ist mir auch heute noch ein Rätsel. Aber ich bestand und das war wichtig. Für die Stunden nach der Prüfung hatte ich mich freiwillig zur Wache eintragen lassen. Ich hatte bis dahin vieles freiwillig übernommen. Im Institut für Lehrerbildung war es üblich, dass jeweils eine Seminargruppe Wache halten musste. Ein Teil im Wohnheim und ein Teil im Gebäude des Institutes. So sparten sie sich den Pförtner. Ich schob also mit einer anderen Studentin meinen Wachdienst und ärgerte mich über meine

Bauchschmerzen, die noch immer nicht nachgelassen hatten. Der Versuch, diese mit „Dreierleitropfen" (die hießen wirklich so und rochen furchtbar unangenehm) zu beseitigen war nicht ganz geruchlos gescheitert. Ich suchte also einen Arzt auf. Vielmehr wartete ich zwei Stunden in der Poliklinik und wollte schon gehen, als ich dann doch endlich dran war. Diagnose: Fragezeichen. Da dem Arzt mein Blutbild nicht gefiel, verwies er mich an das Bezirkskrankenhaus. Dort wisse man besser Bescheid. Mir war das gar nicht recht. Für 16.00 Uhr war doch eine sehr wichtige Sitzung des Studentenwohnheimrates angesetzt. Trotzdem lief ich ins Krankenhaus am anderen Ende der Stadt. Die Schmerzen spürte ich nicht mehr, mein „Körpergefühl" sagte mir aber: "Geh ins Krankenhaus." An der Pforte des Wohnheimes hinterließ ich eine Nachricht, dass ich, wenn ich am Abend nicht wieder da sei, wohl im Krankenhaus liegen würde. Gegen 17.00 Uhr war ich um einen Blinddarm leichter.

Die Sterne stehen nicht gut

Wenn Sie wollen, dass sich Ihr Leben verändert, so lassen Sie sich den Wurmfortsatz entfernen. Ihr Leben würde sich ganz anders fortsetzen. Ich lag nun im Cottbuser Krankenhaus. Etwas benebelt von der Narkose, begann ich mich für die Nachtschwester zu interessieren. Später war es mir peinlich, sie so oft bemüht zu haben. Doch der Tropf störte mich und sie war, soweit ich mich erinnere, sehr hübsch. Obwohl ich eine Woche im Krankenhaus blieb, wiedererkannt habe ich sie nicht. Meine Zimmerkollegen, zwei ältere Herren, hatten ein wachsames Auge auf mich und ich schlummerte meinem neuen Leben entgegen.

Das alte Leben hatte der Situation entsprechend mit Humor geendet. Die Ärzte des Krankenhauses hatten sich sofort entschlossen, mich zu operieren. Mir sagten sie das nicht, schickten mich zum Röntgen und dann ab auf eine Station. Sie betrachteten meinen Zustand wohl als „ernst". Zwei zierliche, sehr nette Krankenschwestern forderten mich resolut auf, mich in ein Bett zu legen, und dann schoben sie mich durch das halbe Krankenhaus. Mir taten sie leid, ich bot ihnen daher an, sie zu schieben, aber das lehnten sie dankend ab. Dabei fühlte ich mich doch deutlich besser als noch Stunden zuvor. Zeit, Angst zu bekommen, hatte ich dann keine mehr, denn kaum war ich auf dem Zimmer angekommen, kam auch schon eine Narkoseärztin und es ging los. Ich erinnere nur, dass ich irgendwelche Späße trieb, bevor ich wegtrat und fand in meinem Nachttisch später die weiße Zipfelmütze wieder, welche sie mir verpasst hatten. Nun war ich also operiert, wach und hatte Hunger!

Ich lag da in meinem Krankenhaushemdchen. Natürlich war es viel zu kurz und flatterig. Als ich ins Krankenhaus gegangen war, hatte ich nur ein dickes Buch „Die Reisen des Marco Polo" mitgenommen, es sollte mir dann auch die Zeit vertreiben. Meine Eltern kamen nach ca. drei Tagen. Das Krankenhaus hatte sie nicht informiert, so wie auch alle anderen erst im Laufe der Woche erfuhren, wo ich abgeblieben war. Von den Mädels aus meiner Seminargruppe – ich war der einzige Junge im Wahlfach Kunst in diesem Jahrgang – ließ sich keine blicken. Mein Mitbewohner René aus dem Studentenwohnheim besuchte mich, auch ein ehemaliger Kellner aus der Gaststätte meiner Eltern und Dr. Bischoff fanden den Weg zu mir.

Dr. Bischoff war damals der Leiter und Betreuer meiner Seminargruppe. Es waren seine letzten Tage am Institut für Lehrerbildung in Cottbus. Er wechselte bald darauf seine Stelle. Er wusste um meine Schwierigkeiten. Die lagen nun wahrlich nicht im nicht mehr vorhandenen Blinddarm oder dem Vierer in Mathe. Probleme hatte ich im Umgang mit meinen Mitkommilitoninnen, mit verschiedenen Doktoren und Funktionären auf Führungsebene. Ich überforderte alle mit dem, was ich wollte und war letztlich auch selbst überfordert. Ich war gerade 18 Jahre alt und natürlich fest davon überzeugt, genau zu wissen, wie man alles besser machen könnte. Eine Mischung aus Überzeugung, Halbwissen und Naivität. Aber das sind ja die Zutaten, aus denen Neues entsteht. Dr. Bischof war ein ehrlicher und auch sehr herzlicher Mann, und er hatte auch keine Scheu, so mit mir zu reden. Er fand deutliche Worte und warnte mich im Interesse meines Studiums, von meiner Arbeit am System zu lassen. Revolutionären geht es immer nur im Geschichtsbuch gut. Es wird ihnen nicht gedankt, sie werden fallengelassen und sie allein zahlen einen hohen Preis. Nur das Studium müsse für mich zählen, nicht mein Wille, Steine ins Rollen zu bringen. Die Sterne standen schlecht. Ich erinnere, dass ich ihm dankbar war, begriff natürlich nicht, dass ich unter Beobachtung von ganz oben stand. Ich war der festen Überzeugung, dass ich stark genug sei und dass es mir schon nicht an den Kragen gehen würde. Ich setzte alles auf die Karte des bevorstehenden Erfolges. Heute weiß ich, dass der Ansatz richtig war. Nur war der Erfolg ein anderer als der, den ich damals im Krankenhaus im Auge hatte. Ich habe meine eigene Überzeugungskraft und meinen persönlichen Einfluss auf die Geschehnisse vollkommen überbewertet. Das passiert mir gelegentlich heute noch. Als Ergebnis höre ich dann: „Es hat dich niemand darum gebeten."

Das ist der Tod jeder Kreativität und jeder Veränderung. Wie kann man gebeten werden, wenn die Ideen nicht bei den Personen vorhanden sind, die sie betreffen? Das ist im Großen und im Kleinen so. Es wird immer Menschen geben, die Visionen, Ideen oder Einfälle haben, sie mit Taten füllen und dafür kämpfen, und es wird immer Menschen geben, die in der Position sind, genau dieses zu verhindern, weil es nicht ihre Ideen sind, sie sich und ihre Position bedroht sehen oder die Umsetzung für sie zu große Veränderungen bedeuten würden.

Meistens ist es eine Machtfrage, egal ob in politisch gesellschaftlichen oder in wirtschaftlichen Bereichen. Die Ideengeber sind in den seltensten Fällen die Personen, die die Früchte ihrer Arbeit auch ernten können. Oftmals gelten sie als schwierig oder werden zur „Persona non grata", weil das, was sie sagen und umsetzen wollen, eben auf die Zukunft ausgerichtet ist und das „WAS" infrage stellt. Das ist unbequem und es gefährdet ja auch die eigene Stellung. Ich bedaure sehr, dass es in der Natur unserer Spezies liegt, soviel Positives in der Schublade verschwinden zu lassen, weil es gerade nicht in die Zeit zu passen scheint. Im besten Falle werden die Ideen aufgegriffen und die Person, die sie hatte, wird abserviert.

Mann, bist du dünn!

Die Warnungen von Dr. Bischoff sind ein deutlicher Beweis dafür, dass schon im Juni 1988 etwas gegen mich im Gange war. Heute verfüge ich über wesentlich mehr Hintergrundinformationen. Damals dagegen glaubte ich mich einfach nur auf dem richtigen Weg.

Im Jahr 1988 gab es nur sehr wenige männliche Studenten am Institut für Lehrerbildung in Cottbus. Jener Lichtblick für mich war die Chefsekretärin des Institutes. Durch meinen guten Kontakt zum stellvertretenden Direktor Dr. Georg Schaper hatten wir uns kennengelernt. Aus dem Austausch von Höflichkeiten wurde Freundschaft und ich besuchte sie und ihren Sohn auch privat. Sie war eine sehr ehrliche und angenehme Frau und scheute sich nicht, mir auch mal zu sagen, wenn ich mit meinem Denken über das Ziel hinausschoss. Noch heute bewundere ich ihre Größe, denn die Gesundheit spielte ihr übel mit, was nicht unproblematisch für ihren seelischen Zustand war, aber sie wusste damit umzugehen. Sie hatte erfahren, dass ich im Krankenhaus lag und war eine der ersten Besucherinnen. Darüber freute ich mich sehr.

Ihr Besuch war von Heiterkeit gezeichnet. Ich lag da nun in meinem Flatterhemdchen und sie sah mich zum ersten Mal nicht in meiner „Großvaterkluft", die ich damals zu tragen pflegte. Ich trug die alten Cord-Klamotten meines Vaters auf und so sah ich dann natürlich auch aus. 1,90 m groß, schlaksig, mit zu großen Klamotten, die dann auch noch seit 20 Jahren aus der Mode waren. Als sie mich nun in meinem Flatterhemdchen vorfand, begann sie sogleich laut und herzhaft zu lachen. Ich war irritiert und wollte wissen, warum. Sie sagte nur: „Mann, bist du dünn. Mann, bist du dünn!" Heute sind seitdem über 30 Jahre vergangen und offensichtlich hinterlässt jedes Lebensjahr 1 Kilo.

Zwangspause

Ein dickes Kind war ich wohl nie. Dass ich aber wie ein Gerippe herumlief, lag an einer schweren Bronchitis, die ich mit 15 hatte. Meine Eltern waren teilselbstständige Gastronomen. Das bedeutete für die gesamte Familie: mitarbeiten. Da unterschied sich der Osten nicht vom Westen. Selbstständig heißt bekanntlich: selbst und ständig. Alle mussten mit ran. Ich erinnere, dass wir eine Veranstaltung hatten und ich mal wieder den Geschäftsabwasch erledigte und mir schwarz vor Augen wurde. Am nächsten Morgen bin ich dann wie betrunken in die Schule getorkelt und von dort aus in die Poliklinik. Ich lag länger als vier Wochen richtig flach, bellte wie ein Schlosshund und nahm 14 Kilo ab. Bei diesem bescheidenen Gewicht blieb es viele Jahre.

Wer arbeitet, soll auch essen

Mein Leben war damals straff organisiert, ganz so wie das der gesamten Familie. Wer ausscherte, musste die Führung meines Vaters ertragen. Allerdings musste man das auch wenn man nicht ausscherte. Er war der Chef, und nach seiner Fasson mussten alle glücklich werden. Er selbst war ein Workaholic und erwartete das auch von allen anderen. Es ist im Nachhinein unfassbar, wie viel meine Eltern gerade in jener Zeit gearbeitet haben. Bei meinem Vater kommt nur leider neben aller Bewunderung dafür hinzu, dass er nie mit Kindern konnte. Er weinte zwar, wenn im Fernsehen eine Schnulze lief, hatte aber weder vor anderen Menschen noch vor Kinderseelen Respekt. Er verstand sie schlichtweg nicht. Heute weiß ich, dass dieses seiner Vergangenheit geschuldet war.

Ich war also nun lange krank und fiel für das übliche Geschäft aus. Das blieb nicht ohne Folgen. Meine Aufgaben mussten von den anderen übernommen werden. Zwar konnte ich nach einigen Wochen in unseren privaten Räumen die Geschäftswäsche bügeln oder kleinere Küchenarbeiten erledigen, aber die leeren Flaschen stapelten sich im Hof.

Ich war für die Beseitigung der leeren Wein-, Sekt- und Schnapsflaschen verantwortlich. Ein lukrativer Job, der mich immer gut mit Taschengeld versorgte und regelmäßig zum „Besten Altstoffsammler" werden ließ, das stand jedes Jahr sogar in meiner Beurteilung im Zeugnis, sogar in meinem Abschlusszeugnis. Als „Krankgeschriebener" konnte ich aber unmöglich mit meinen Flaschen durch den halben Ort stapfen, um diese zur Altstoffhandlung zu bringen. Mein Vater verstand schon nicht, dass während der Schulzeit die Mülleimer nicht von mir geleert wurden und dass sich jetzt die Flaschen türmten - erst recht nicht. Also polterte er in der nur ihm eigenen Art los. Natürlich beim Essen. Wir erhielten unsere Standpauken immer beim Essen. Ich war schon immer nah am Wasser gebaut, aber von seelischen Belastungen und Kämpfen hatte mein Vater noch nie etwas gehört. Also heulte ich mal wieder. Er war der Überzeugung, dass ich eine Mimose sei und nur simuliere! Irgendwann brach dann das Eis der Angst in mir und ich reagierte zum ersten Mal in meinem Leben heftig. Ich sagte ihm: „Wenn du so weitermachst, kannst du deinen Dreck zukünftig allein machen!" Ich erinnere nicht, ob ich eine gescheuert bekam oder ob er mir nur Backpfeifen androhte. Bevor die Situation gänzlich eskalierte, sprang mir unerwartet und auch das einzige Mal meine Mutter bei. Sie stand auf und gab mir recht. Mein Vater war außer sich. Ich hatte ihm noch mehr an den Kopf geknallt. Das sollte sich in den nächsten Jahren öfter wiederholen, es blieb aber immer ohne wirklichen Widerhall. Damals habe ich gelernt, zu meiner Meinung zu stehen und auch mal den Mund aufzumachen. Mein gesundheitlicher Zustand besserte sich bald wieder, ich ging meinen Pflichten wieder nach. Ich blieb nur über Jahre ein Gerippe.

Dass mein Vater sich so verhalten hat, liegt natürlich auch in seiner eigenen Kindheit begründet. Verstanden habe ich es Jahre später. „Verstehen" und „damit leben" sind aber zwei sehr verschiedene Seiten einer Medaille. Mein Streben nach Gerechtigkeit und Anerkennung, vor allem Respekt voreinander und im Miteinander haben hier ihre Ursachen. Mein Vater hat – ähnlich wie ich – sein Leben lang um Liebe und Anerkennung gebettelt, er war aber nicht in der Lage, sie seinen eigenen Kindern zu schenken. Es war ihm nicht vergönnt, sich von seiner Person zu lösen und die Leistungen anderer zu respektieren oder deren Persönlichkeiten anzuerkennen.

Der Huber-Clan

Unsere Familiengeschichte lässt sich sehr weit zurückverfolgen. Auf der Seite der Mutter meines Vaters reichen die Spuren bis 1732 in Fischbach über Dietwangen, Ellwangen, Waldsee nach Rauno und Großräschen. Ein Mann namens Karl Joseph Huber hatte einen Sohn namens Robert, der war Metzgergeselle und zog aus dem süddeutschen Raum hoch nach Preußen. Er wollte sein Glück in Berlin versuchen. So wie sehr viele im aufstrebenden Kaiserreich. In einer Bahnhofskneipe wurde er von einem Wirt aus Großräschen angesprochen. Sein Geselle war plötzlich verstorben und er brauchte Ersatz. So kamen die Hubers, die eigentlich aus dem Pferdehandel stammten, in die Niederlausitz. Meine Urgroßmutter Berta arbeitete auch in jener Kneipe und aus ihrer Trauer um den Geliebten wurde rasch die Chance ihres Lebens. Sie kam aus sehr bescheidenen Verhältnissen und war in einem Haus aufgewachsen, in dem man in die Dachrinne fassen konnte, so niedrig war es. Kurioserweise habe ich im Garten dieses Hauses oft als Kind gespielt und meine ersten Erfahrungen als Gärtner gemacht. Es wurde von unserer Schule als Schulgarten und Spielplatz genutzt. In Rauno begann die gastronomische Laufbahn der Familie. Es wird berichtet, dass er mit seinen Fleischereierzeugnissen so viel Geld verdiente, dass er einmal in der Woche mit der Kutsche zur Bank fahren musste. Dieses Geld wurde klug investiert. Schon bald kamen die Cousins Eugen, Max und Karl nach und rund um Großräschen gab es immer mehr Gaststätten im Besitz der Hubers. So auch das heutige Bürgerhaus, auch als „Volkshaus" bekannt, jenes Lokal, welches das erste Kino der Stadt beherbergte und „laufende Bilder" präsentierte, welche meine Urgroßmutter derart erschreckten, dass sie aus dem Saal gestürmt ist. Es hieß „Hubers Gasthof" und wurde von Max Huber geführt, der „Viktoriagarten" wurde von Eugen Huber betrieben, Karl Huber besaß den „Lunapark", der stand für „verrückte Sachen", das Lokal gibt es noch heute fast unverändert. Robert Huber, mein Urgroßvater, erwarb das Haus in der Hauptstraße und führte fortan das „Hotel Kunz", das erste Haus am Platze und gleich nebenan einen Laden „GROSSHAUS REBUHR" für Spirituosen. Hier wurde das eigentliche Geld verdient. 1910 wurde das große Haus erweitert und der Garten ein Gesellschaftsgarten.

Anfang des Jahrhunderts lebten mehrere Generationen der Hubers und Richters (Geburtsname meiner Urgroßmutter) unter einem Dach. Karl Joseph Huber, Jahrgang 1849 aus Waldsee, Vater von Robert Huber und Johann Traugott Richter, Jahrgang 1830 aus Massen, Vater von Bertha Huber. Sie führten der Überlieferung nach täglich die gleiche Unterhaltung. Joseph Huber: „Da hamse bei euch daheme och gebacken?" – Antwort Johann Richter „Da hatte dein Vater also och Taub'n." Joseph, der bis 1923 lebte, fiel völlig aus Raum und Zeit. Den Untergang des Kaiserreiches realisierte er nicht mehr. Er ging jede Woche zum Friseur

Schäfer und bezahlte immer mit demselben 5 Reichsmarkschein. Sein Sohn Robert ging anschließend zum Friseur Schäfer und zahlte mit der aktuellen Währung und ließ sich den Reichsmarkschein wiedergeben, den er dann unbemerkt wieder zurück ins Portemonnaie seines Vaters steckte. Auch Dota soll erwähnt werden. Die Mutter von Bertha Huber. Sie soll eines Nachts betrunken statt in den Nachttopf in ihren Stehkragen geschissen haben. Diese Geschichte hat uns Kinder immer wieder erheitert.

Bekannt ist, dass die Huber-Männer alle im 1. Weltkrieg gedient haben und aus Russland zurückkehrten. Die Männer, also auch die Acksels, waren kaisertreu und vaterlandsverbunden. Die Frauen dachten und handelten pragmatisch. Sie haben sich alle sozial engagiert und ließen sich auf Politik nicht ein.

So, wie die Hubers aufgestiegen waren, gingen sie auch wieder unter. Zumindest die meisten von ihnen. Ein Teil des Besitzes wurde enteignet und erst nach der Wende entschädigt, die Hubers hatten sich nach dem 2. Weltkrieg mehrheitlich im Westen in Sicherheit gebracht. Übrig blieb das „Hotel Kunz", mein Elternhaus. Meine Großmutter Charlotte, geborene Huber, führte es in den Jahren der Weltwirtschaftskrise. Mit ihrem ersten Mann ging sie bankrott und das Haus wurde verpachtet. Es gehörte jetzt Bertha Huber, denn Robert Huber war schon mit 49 im Jahre 1929 an einem Infarkt verstorben. Meine Großmutter Charlotte ließ sich scheiden und lernte im Hotel, wo sie noch immer als Köchin arbeitete, einen schneidigen Vertreter aus Potsdam kennen, Karl Acksel. Sie machten eine Hochzeitsreise nach Italien und richteten das Hotel und Gasthaus neu ein. Dafür wurde das Haus beliehen. Bezahlt haben es meine Eltern in den 1980er-Jahren. Es muss eine schöne Zeit gewesen sein. Sowohl die alte Bäuerin Wanda Nische, als auch der alte Lehrer Herr Pahlow haben vom Korbzimmer und den schönen Feiern bei meinen Großeltern geschwärmt. In meiner Kindheit waren sie alle lange tot und ich liebte es, mit Wanda Nische oder Herrn Pahlow zu reden, denn sie ließen meine Vorfahren lebendig werden. Der 2. Weltkrieg beendete den Großräschener Frühling. Karl Acksel wurde in Polen von Partisanen ermordet, auch der Vater meiner Mutter fiel im Krieg, drei Monate vor ihrer Geburt. Nach dem Krieg kamen dann die Russen. Unser Haus, also

„Hotel Kunz", wurde Hauptquartier und meine Großmutter samt Familie also mit meinem Vater und seinen Großmüttern Bertha Huber und Sophie Acksel in die Kegelbahn ausquartiert. Sophie Acksel war nach dem Tod von Gustav Acksel 1942 nach Großräschen gezogen. Gustav Acksel war der Kopfschuster von Potsdam und fertigte Modellhüte für die gehobene Gesellschaft und hatte sein kleines Geschäft am Kanal Nr. 44 betrieben. Sophie hatte 6 LKWs mit ihrem Hab und Gut in Potsdam beladen lassen. In Großräschen angekommen ist davon nur einer. Ihr schönes Haus am Kanal Nr. 44 wurde Opfer der Bomben und abgerissen.

Gustav Acksels Modellhüte wurden in Großräschen verscheuert und ernährten die Familie in schwerer Zeit. Später wohnten die drei Witwen und mein Vater dann im Nachbarhaus über der Bäckerei, und Charlotte heiratete erneut.

Die Geschichten aus der Besatzungszeit haben uns Kinder immer fasziniert. Die Russen haben offenbar das Wasserklosett zerschossen, weil die Kartoffeln, die sie darin gewaschen hatten, nach dem Spülen weg waren. Aus Hotelzimmern wurden Toiletten mit Donnerbalken, der immer weiter nach vorne wanderte, bis das Zimmer voll war. Anschließend wurde es zugenagelt. Bewegend ist auch die Geschichte, als die Russen nach Räschen kamen. Sie kamen aus Richtung Altdöbern. Mutige Räschner gingen ihnen mit weißen Fahnen entgegen. In der Zeit wurden alle Nazizeugnisse eiligst verbrannt. Wir haben in unserem Haus noch in den Achtzigerjahren in einem nicht benutzten Ofen eine riesige Hakenkreuzfahne gefunden. Jungs, die bei der Hitlerjugend waren, wollten das nicht akzeptieren und holten vom Kirchturm die weiße Fahne runter und wollten kämpfen. Der Pfarrer schickte sie heim. Als die Russen da waren, ohne dass gekämpft werden musste, wurden die Jungs verhaftet und kamen nie wieder. Mich hat das als Kind sehr bewegt, denn die Bilder auf dem Wohnzimmerschrank unserer Nachbarin Frau Schäfer, Witwe des Friseurs Schäfer, zeugten von nie verwundener Trauer. Als die Russen abzogen, wurde das Haus verpachtet. Meine Großmutter Charlotte musste viel Schmach über sich ergehen lassen und wurde als Russenhure und dergleichen mehr beschimpft. Wenn die Menschen geahnt hätten, wie vielen Menschen sie im Krieg und auch danach geholfen hat zu überleben, wäre es sicher anders gelaufen. Ihr legendäres Kaffeekränzchen vermittelte ihr den Ehemann Nummer drei. Richard Zibelius. Er war Kontroller bei der HO und sehr akkurat. Er ernährte fortan seine Frau, zwei Großmütter und meinen Vater. Die drei Frauen überschütten meinen Vater mit Lob und Liebe, ebenfalls die vielen Patentanten aus dem Kaffeekränzchen. Auch die verbliebenen echten Tanten taten nichts anderes. So auch Tante Dora, Schwester von Gustav Acksel und Cousine von Karl Acksel.

Im Jahr 1963 starb die Mutter meines Vaters an einer Sepsis. Wie die Autopsie ergab, litt sie an einem Gehirntumor. Sie lebt bis heute in den Anekdoten der Familie weiter, weil sie mal in die Jauchegrube fiel oder sich in eine Schneiderschere setzte. Der Pächter Stachow wollte 1965 das Haus nicht weiterführen. Meine Eltern waren noch sehr jung und hatten eigentlich andere berufliche Pläne. Da sich das Haus aber weder verkaufen noch verschenken ließ, haben sie es 1965 übernommen und eröffneten die Gaststätte Acksel.

Die Acksels

Die Abstammung der Acksels reicht zurück bis 1600, allerdings ohne wirkliche Zuordnung. 1751 taucht der Name in Köln und in England auf. Nachweislich kommen die Vorfahren aus Bandelow in Preußen, waren hier aber auch nur zugewandert. Die Spuren um 1600 lassen darauf schließen, dass es auch bei den Acksels gebildete Vorfahren gab. Ein Arzt führte Buch über seine Kinder. Er lebte in Ostmähren in Kromeriz (Kremsier), das ist zumindest seinen mehrseitigen Aufzeichnungen zu entnehmen. Die späteren vorhandenen Kirchenbucheinträge beginnen in Bandelow. Die Acksels waren Bauernknechte – und es gab reichlich davon. Einer der Vorfahren, ein gewisser Friedrich Acksel, war in Kuhz zu Landbesitz gekommen, was die Sterblichkeitsrate erheblich senkte. Es gab viele Kinder und die verteilten sich dann über das umliegende Land. Ich habe vor einigen Jahren intensiv nachgeforscht und war überrascht, dass alle Acksels irgendwie miteinander verwandt sind. Mein Urgroßvater Gustav Acksel folgte seiner künstlerischen Ader und ging zunächst nach Berlin und später nach Potsdam. Es ist überliefert, dass er furchtbares Heimweh hatte. Gemeinsam mit seiner Frau Sophie Acksel, die in einem Waisenheim in Potsdam aufgewachsen war und aus einer wohlhabenden Familie stammte, kaufte er ein Haus, betrieb ein Hutgeschäft am Kanal Nummer 44 und arbeitete für den Königs- und Kaiserhof. Das Stadtschloss stand nur zwei Straßen weiter. Er ist als Kopfschuster von Potsdam in die Geschichte eingegangen und hat auch in Potsdam Babelsberg, als die Bilder laufen lernten, einige Filmdekorationen angefertigt. Seinen Sohn Karl Acksel lernte nach seiner ersten gescheiterten Ehe mit einer Juwelierstochter meine Großmutter kennen. Er soll in Großräschen sehr geachtet gewesen sein.

Die Bruders und Wilds

Die Vorfahren meiner Mutter lebten von der Braunkohle. Ihr Urgroßvater Wilhelm war Zimmermann, ihr Großvater August Fabrikarbeiter und später Friedhofsgärtner. Er hatte einige Kinder, von denen die meisten sehr jung starben. Willi, der Bruder meiner Oma, hatte 1941 am Geburtstag seiner Tochter seinem Leben selbst ein Ende gesetzt, da er es nicht ertragen konnte, dass seine Frau bei der Geburt ihrer Tochter Monika gestorben war. Monika sollte am Tag des Mauerbaus ihren Mann im Schuppen einsperren und in den Westen türmen. Sie lebte später in Hamburg. Wir lernten sie als Kinder kennen und mochten sie sehr. Eine wilde und temperamentvolle Frau, die leider schon 1990 verstarb. Elschen, meine Großmutter, heiratete 1938 Max Wild. Er stammte aus Karlsbad und hatte eine Schwester Doris, von der wir leider nichts mehr wissen. Sie gilt als verschollen. Im Oktober 1944 fiel der Vater meiner Mutter im Krieg, Monate, bevor sie das Licht der Welt erblickte. Elschen, also Else Frieda Gertrud Wild war die Mutter meiner Mutter. Sie hat es geschafft, als junge Witwe meine Mutter und ihren Bruder durchzubringen. Sie arbeitete bei der Post und wohnte in einer wunderbaren Wohnung der Post. Das Haus steht in der Kollwitzstraße, direkt vor den Wolkenkratzern. So hießen die zwei vierstöckigen Wohnhäuser. Schräg gegenüber gab es eine Baulücke. Da ist im Krieg ein Jagdflugzeug abgestürzt und hat es zerstört. Ich habe die Wohnung meiner Oma sehr geliebt. Sie hatte eine große Wohnküche mit Kochmaschine und Gasherd, ein Wohnzimmer mit Ofen und ein Schlafzimmer. Ein Badezimmer gab es auch mit Badeofen, hierfür musste immer sehr kleines Holz aufbereitet und besorgt werden. Gebadet wurde dann in einer Pfütze warmen Wasser, was das Baden aber sehr beschleunigte. Alle paar Jahre wurden die Wohnungen von der Post von posteigenen Malern renoviert. An die letzte Renovierung erinnere ich mich noch bestens. Elschen zog in die Nachbarwohnung und es dauerte genau ein Jahr, bis die Maler fertig waren.

Großartig waren die Gärten, die zur Wohnung gehörten. Elschen hatte es nicht so mit dem Gärtnern. Aber ich durfte mich ausprobieren. Nie werde ich den Genuss der ersten selbst angebauten Tomate vergessen. Bei ihr habe ich auch viel gelesen, auch wenn es nicht so viele Bücher gab wie zu Hause. Im Wohnzimmer standen die Leitermöbel aus dem Jugendzimmer meines Vaters, es lief immer das Radio und abends wurde schwarz-weiß ferngesehen. Hier habe ich das erste Mal „My fair Lady" und viele andere Musiksendungen gesehen. Geliebt habe ich „Willi Schwabes Rumpelkammer". Hier wurden unter der Moderation des Schauspielers Willy Schwabe alte Filmausschnitte gezeigt. In den 1980er-Jahren durfte ich Willy Schwabe am Berliner Ensemble kennenlernen und habe ihn als sehr angenehmen, lieben Menschen in Erinnerung. Gelernt habe ich bei meiner Oma nicht nur lesen und schreiben, sondern auch, wie man nicht sauber macht. Elschen hat jeden Freitag sauber gemacht und ihre Wohnung in ein totales Chaos verwandelt. Dafür konnte sie unglaublich gut backen und kochen. Einige Rezepte werden noch heute geliebt. Politisch und uns Jungs gegenüber hat sich meine Großmutter neutral verhalten. Sie war bescheiden und hatte sich in ihrem Leben eingerichtet. Erst kurz vor ihrem Tod erzählte sie von der Staatssicherheit. Wie sehr die Stasi sie umworben hatte. Ein Jahr lang hat man sich vergeblich um sie bemüht. Sie blieb jedoch standhaft und trat in die CDU ein. Sie wollte ihre Kollegen nicht bespitzeln und das Postgeheimnis war ihr heilig. Es muss ein schlimmes Jahr gewesen sein. Als Mitglied der CDU hatte sie ihre Ruhe. Zeitlebens hat sie nicht Karriere gemacht und musste mit sehr wenig Geld auskommen. Ihr Nachfolger bekam nach ihrer Berentung sofort deutlich mehr Gehalt.

Wenn man die Familiengeschichte genauer betrachtet, erklärt sich, warum wir Acksels so sind, wie wir sind und welches Wissen unserer Vorfahren uns geprägt hat.

Das Wunder

Meine Eltern übernahmen 1965 das kaputte Haus. Noch im ersten Geschäftsjahr erkrankte meine Mutter schwer an TBC. Entdeckt wurde es durch Zufall. Es ging um das Gesundheitszeugnis. Ehe meine Mutter sich versah, fand sie sich auf der Anhöhe wieder. Meine Oma und mein Vater kümmerten sich um meinen ältesten Bruder, der noch in den Genuss eines Krippenplatzes gekommen war. Meine Mutter war so schwer krank, dass es keine Hoffnung auf eine gemeinsame Arbeit mit meinem Vater gab, und sie ließen sich scheiden, damit er für seine „Lebensaufgabe" frei sei. Das kleine, große Wunder geschah, meine Mutter wurde wieder gesund und kehrte zu meinem Vater zurück und sie heirateten erneut. Bald darauf wurde mein zweiter Bruder geboren. Wie schon ihre Vorfahren, stürzten sie sich mit großem Fleiß und vielen Ideen auf die Aufgabe und begannen nach und nach das Haus zu sanieren und zu etwas Besonderem zu machen. Mein Vater hatte von seiner Mutter das Talent zur Unterhaltung geerbt und bei ihr erlebt, wie man damit Menschen begeistern konnte. Schon von Kindertagen an hatte er Freude am Verkleiden, Singen und Imitieren gefunden. Das wurde das zweite Standbein des Umsatzes.

In den ersten Jahren waren meine Eltern ständig am Bauen. Als sie 1965 das Haus übernahmen, war es völlig heruntergewirtschaftet. Es regnete vom Dach bis zum Keller durch und die Eiszapfen hingen von der Decke. Das Wasser in den Leitungen fror ein, die Fußböden waren morsch und viele Fenster nur mit Pappe zugenagelt. Das in den 1930er-Jahren von Karl Acksel neu gekaufte Inventar hatten die Russen mitgenommen und so begannen sie mit der noch wesentlich älteren, kaum brauchbaren Ausstattung aus der Jahrhundertwende. Und diese Ausstattung hatten sie auch noch „ablösen" müssen. Nach und nach machten sie sich an die Erneuerungen. Nicht edel, aber gutbürgerlich. Mein Vater begann die Räume nach Themen zu dekorieren und gab den Partys Namen. Auch begann er, den Garten nach seinen Vorstellungen umzugestalten. Er nannte es den „mexikanischen Stil". In der Mitte ließ er einen Pool in Form eines „D" errichten. Meine Mutter berichtet aus der Zeit, dass sie sich kaum in den Laden „1000 kleine Dinge" traute, weil sie dann die Nägel hätte bezahlen müssen, die mein Vater mal eben wieder zum Bauen gebraucht hatte. Das alles kostete viel Zeit, Arbeitskraft und auch Geld. Meine Eltern lebten von der Hand in den Mund. Anfangs haben sie sogar gehungert und sich nicht mal getraut, eine Bockwurst zu essen, obwohl das Lager voll davon hing. Sie ernährten sich von Schmalzbroten. Erst nach einigen Jahren, ich glaube, es waren derer zehn, zog Wohlstand ein. Dennoch wurde auf Essengehen oder Eis essen gehen verzichtet. Sie leisteten sich dann aber doch große Reisen – meist ohne uns und wenn, dann nur mit einem von uns drei Jungs – oder investierten in die Ausstattung des Hauses. Wir Kinder bekamen eigene Zimmer, was ja auch Luxus und eine Art von Belohnung darstellte. Wir hatten zu funktionieren. Solange wir zu jung zur Mitarbeit am Abend waren, mussten wir an den Wochenenden um 17 Uhr unsere Stullen geschmiert haben und unsichtbar werden. Wenn das mal nicht klappte, weil beim Spielen mit den Nachbarskindern die Zeit vergessen wurde, gab es ein paar Backpfeifen. Ich habe die Zeit nur einmal vergessen.

Ein Mädchen

Am 17. Juni 1953 erhoben sich in der DDR die Bauarbeiter wegen zu großer Leistungsforderungen und es entwickelte sich ein Volksaufstand, der von sowjetischen Panzern niedergewalzt wurde. In Westdeutschland wurde dieser Tag ab 1954 als „Tag der Deutschen Einheit" begangen. Am 17. Juni 1970 war der 2. Weltkrieg 25 Jahre beendet und die DDR feierte das 21. Jahr ihres Bestehens. An eben diesem Sommertag des Jahres 1970 nach Christi Geburt erblickte ein Junge das Licht der Welt. Als das Köpfchen da war, hieß es begeistert: „Ein Mädchen!" War es dann aber doch nicht.

Kapitalistenkinder

Kaum war ich auf der Welt, gingen die Probleme auch schon los. In den ersten Monaten meines Lebens hat meine Mutter sehr wenig Schlaf gefunden. Sie fuhr oft mit dem Bus über die Dörfer, um mit mir zu einer orthopädischen Behandlung zu kommen, sonst hätte ich heute O-Beine. Sie erledigte diese Dinge trotz des laufenden Geschäftes. Unfassbar, was sie damals alles bewältigt hat. Sie berichtet, dass sie noch bis kurz vor der Geburt irgendwelchen Sand mit auf das Grundstück karrte und auch im Gasthaus bediente. Als ich dann in die Krippe kommen sollte, gab es dieselben Probleme wie auch schon bei meinem älteren Bruder: Für Kapitalisten gab es keine Krippenplätze, die waren für die sozialistischen Arbeiterkinder reserviert. Der Bürgermeister bot Hilfe an. Er stellte den Kontakt zum katholischen Kinderheim in Neupetershain her. Anfangs war meine Mutter geschockt. Bei meinem ältesten Bruder hatte es diese Probleme nicht gegeben. Als er zur Welt kam, war sie Pionierleiterin und erhielt selbstverständlich einen Krippenplatz. Meine Oma, es lebte ja nur noch die Mutter meiner Mutter, hatte mit dem ältesten Bruder schon Auslastung genug. Sie arbeitete auf der Post und musste um 5 Uhr aufstehen, also war das Kinderheim die einzige Möglichkeit. Meine Mutter willigte ein. Die Nonnen in Neupetershain waren sicher sehr liebevoll. Es kümmerte sich immer eine Nonne um ein Kind. Wir wurden auch betreut, wenn wir krank waren. Meine Mutter berichtete, dass sie sich nach dem geschäftlichen Verlauf richteten und ich nicht das einzige Kind von Geschäftsleuten war. Die Kirche half und konnte es mit finanzieller Unterstützung aus dem Westen. Wir wurden betreut und eingekleidet und sehr gut ernährt, so gab es immer Südfrüchte. Ich erinnere noch heute das Bild einer Madonna, wenn auch nur schemenhaft. Vielleicht kommt daher meine Neigung, diese zu sammeln.

Wann kommt die Republik?

Merkwürdigerweise beginnen mit dem ersten Tag im Kindergarten meine bewussten Erinnerungen. Es muss also ein besonderer Tag in meinem Leben gewesen sein. Der Kindergarten hieß „am Spring" und meine Kindergärtnerin Frau Riedel. Mit dieser Zeit verbinden sich auch erste Freundschaften, die bis heute Bestand haben. Ich denke an Thomas Weise, heute Bäckermeister in Großräschen oder an Jeanette Schwieg. Ich habe diese Einrichtung sehr positiv in Erinnerung. Damals wurden wir Kinder pädagogisch betreut. Das, was heute wieder ein großes Thema ist, fand damals einfach statt. Und das war keinesfalls nur eine ideologische Betreuung. Wir lernten, wie man sich im Straßenverkehr benimmt, sammelten Blätter von Bäumen und malten Kinderbilder, besuchten das

Puppentheater, sangen Lieder und feierten Kinderfasching. Ich war zwar immer der Gärtner, aber es war schön. Es kam sogar der Weihnachtsmann, aber vor dem hatte ich Angst. Als er mich für meine große Klappe rügte, heulte ich los.

Besonderer Wert wurde auf die staatlichen Feiertage gelegt. Der 7. Oktober, der Geburtstag der DDR und der 1. Mai, Kampf- und Feiertag der Werktätigen wurden besonders begangen. Natürlich fragten die Kinder: „Wann kommt denn die Republik?" Besonders beeindruckt hat mich aber die Geschichte von Ernst Thälmann. Er war der große Arbeiterführer aus Hamburg und ist für uns gestorben. So habe ich das jedenfalls damals begriffen. Für mich war nicht Jesus am Kreuz gestorben, sondern Teddy Thälmann im KZ. Als ich lesen konnte, habe ich ein Buch bei meiner Oma gefunden und gelesen, welches diese Geschichte erzählte. Nur dass Hamburg nicht zur DDR gehörte, begriff ich nur schwer. Aber ich fragte nicht nach.

Es war nichts schlimmer für mich als kleiner Junge, als wenn die Erwachsenen zu mir sagten: „Tilo, was würde Thälmann dazu sagen?!" Ausgerechnet die strenggläubige Hanni Brettschneider, eine sehr bescheidene, arme, aber warmherzige Frau, die in der Nähe von Sedlitz in einem Barackenbau lebte, hatte die Idee zu diesem Satz. „Was würde Thälmann dazu sagen?!" Tante Hanni hatte ein Zimmer mit Möbel aus der Jahrhundertwende. Im Zimmer gab es eine Kochmaschine und fließend kalt Wasser. Auf der gegenüberliegenden Seite gab es noch ein Zimmer, ihr Schlafzimmer. Gegenüber der Baracke gab es Plumpsklos. Die waren schon eine Herausforderung. Der Geruch war intensiv und ich hatte Angst reinzufallen. Im Winter war der Berg gefroren und wuchs in die Höhe. Das fand ich spannend. In der Nähe des Hauses gab es einen kleinen Fluss. Vermutlich ein Entwässerungsgraben. Hier habe ich gerne gespielt. Das war Abenteuer pur. Ich sah dann aber auch so aus. Tante Hanni musste warmes Wasser bereiten und mich waschen von oben bis unten. In den Baracken der Waldsiedlung in Sedlitz wohnten auch die alten Rösslers. Herr Rössler hat für meine Eltern immer alte Eisenbahnschwellen klein gesägt. Ich war bei Tante Hanni zu gern. Dort wohnte zwar die Armut, aber dafür umso mehr Herz und unendlich viel Liebe und Herzlichkeit. Das war Kindheit pur. Dort durfte ich spielen, wurde bekocht und verwöhnt und durfte bei Rösslers mit Fernsehen schauen. Sie waren die Einzigen im Barackenbau, die einen Fernseher hatten, darum versammelte man sich bei ihnen. Dann rauchte Herr Rössler eine dicke Zigarre, und es war sehr gemütlich und harmonisch. Das waren alles sehr einfache, bescheidene und liebe Leute. Bei Rösslers wurde auch Halma gespielt und andere Brettspiele. Und sie liebten es, wenn ich die alten Chansons aus Berlin sang, die ich aus der Kneipe kannte. „Mit einem Eimer Wasser wischt sie das ganze Haus und wenn noch etwas übrig bleibt, kocht sie Kaffee draus." Kam besonders gut an. Tante Hanni erklärte mir, wie was im Garten wächst und nie wieder hat ein Blumenkohl so gut geschmeckt wie der, den wir geerntet haben, vom Rosenkohl ganz zu schweigen. Den habe ich immer genascht und sie tat so, als ob sie es nicht merken würde. Vor dem Schlafen wurde immer gebetet. Ich bin klein, mein Herz ist rein... In späteren Jahren habe ich sie öfter mal mit dem Fahrrad besucht und ihr immer etwas mitgebracht, denn sie hatte wirklich eine sehr bescheidene Rente, das begriff ich selbst als Kind schon. Später mussten die Baracken der neuen Eisenbahnlinie nach Senftenberg weichen. Tante Hanni zog ins Altenheim und starb wenig später. Der Tagebau rückte vor und begann die gesamte Heimat neu zu gestalten. Heute ist ein großer Teil meiner alten Heimat abgebaggert und ein See.

Ich war oft bei anderen Leuten untergebracht, auch bei den alten Kommunisten der Familie Walter Mau, deren Großmutter Wilhelm Pieck (erster und einziger Präsident der DDR) mit anderen im „Hauptmann von Köpenick-Stil" aus den Fängen der Noske-Polizei befreit hatte. Man konnte das in der DDR nur nicht an die große Glocke hängen, da einige Beteiligte an Bankrauben beteiligt waren, um die kommunistische Partei mit Geld zu versorgen. Diese Großmutter verstand die Zeit nicht mehr. Warum alles so teuer geworden war, zum Beispiel. Aber sie baute herrliche Indianerburgen aus Pappmaschee, von denen ich einige geschenkt bekam. Auch waren die Enkeltöchter der Familie Mau, Manina und Viola zu mir immer sehr lieb, das habe ich ihnen nie vergessen. Eine andere Familie waren die Kretschmars. Sie wohnten über dem Gemüseladen. Hier wurde ich in den großen Ferien untergebracht, wenn meine Eltern allein verreisten. Sie nahmen mich einfach in ihre Familie auf und pflegten mich liebevoll gesund, als ich plötzlich hohes Fieber bekam. Ich erinnere besonders zwei Ereignisse im Zusammenhang mit ihnen. Zum einen, als ich von zu Hause weglief und bei ihnen vor der Tür saß und sagte, ich will lieber hier wohnen – und zum anderen, als ich erst Tage nach der Rückkehr meiner Eltern wieder abgeholt wurde. Ich hatte sie längst aus dem Fenster gesehen und war maßlos enttäuscht. Auch an Bauer Roman Nische und seine Frau erinnere ich mich sehr gern, sie haben manche meiner Tränen getrocknet und mir ihr Ohr geliehen. Auf ihrem Bauernhof war ich zu gern. Ich brachte ihnen unsere Speiseabfälle für die Schweine. So erfuhr ich viel über Tiere, lernte Kühe melken, Schweine füttern, Gänse, Hühner, Kaninchen und Tauben. Wanda Nische war die Großmutter, sie erzählte mir viel von früher. Von den Hubers, von dem „Hotel Kunz" und von meinen Urgroßeltern und Großeltern, die ja schon lange tot waren. Diese Geschichten habe ich verschlungen.

Roman Nische erklärte mir die Bodenreform und wie es war mit der Gründung der LPGs und seine Frau erzählte mir vom Westen und wie sie es überrascht hatte, dass es Läden gab, in denen es 20 verschiedene Waschmittel zu kaufen gab. Sie war gerade 60 Jahre alt geworden und hatte ihre erste Westreise seit dem Mauerbau hinter sich. Bauer Kolli und seine alte Mutter waren genauso herzlich zu mir. Auch hier war ich immer willkommen und sie erzählten von der alten Zeit. Kollis hatten ein altes Klavier und ich durfte in ihrer guten Stube öfter mal etwas klimpern. Dass meine Urgroßmutter nur zwei Häuser neben dem Bauernhof aufgewachsen war, begriff ich erst viele Jahre später.

Mit dem alten Lehrer Pahlow bin ich gern spazieren gegangen. Er war Kommunist und ließ daran auch keinen Zweifel. Er war Neulehrer. Also einer jener Lehrer, die nach dem Krieg unterrichteten und zeitgleich studierten. Er erklärte mir, wie die Zellen im Körper funktionieren. Neben der Schule wohnte Frau Kinzel-Schellong. Sie war Anfang der 1980er-Jahre mit ihrem Mann einen pensionierten Pfarrer dorthin gezogen. Anfangs sorgte sie für Verwirrung und Gerede, weil sie hochbetagt mit riesigen Ohrringen einkaufen ging. Ich war mit ihr gut befreundet. Kennen lernte ich sie, als unsere Katze verschwunden war. Damals habe ich sie als kleiner Stift rausgeklingelt. Ich sehe heute noch den fluchenden Pfarrer vor mir, der offenbar gerade von der Toilette kam. Erst war mein Bruder mit ihr enger befreundet und hatte dort ein erstes Lager eingerichtet. Mit weit über 80 ist sie noch auf den Kirschbaum geklettert. Sie war eine ehemalige Opernsängerin und hatte in ihrer Jugend mit Hesters zusammen gesungen. Herrlich, wenn sie fast erblindet vor dem Fernseher saß und über ihn herzog. Freundlich natürlich. Zur Politik hatte sie ihre eigene Meinung. Sie war Christin und sagte mir, was für ein Nonsens das sei, von zwei Nationen zu sprechen. Wir sind deutsch und Punkt. Ich hielt Kontakt mit ihr bis kurz vor ihrem Tod. Immer, wenn mich mein Weg nach Großräschen führte, habe ich sie besucht. All diese Strukturen sind heute aus Großräschen leider verschwunden. Uns gegenüber wohnte Bauer Matschke, der mit seinem Pferdefuhrwerk Kohlen auslieferte und noch nach alter Technik die Felder bestellte. Er war wie Bauer Kolli nicht in der LPG und man ließ ihn. Vermutlich lag sein Land ungünstig und ließ sich nicht an große Felder anschließen.

An der Ecke zum Marktplatz gab es die alte Schmiede. Betrieben wurde sie von Herrn Radnick. Hier habe ich viele Stunden meiner Kindheit verbracht. Ich lernte, dass es zum Schmieden von Eisen Koks brauchte und offensichtlich viel Rotwein. Radnick war pädagogisch zumindest sehr begabt oder einfach kinderlieb. Ich hatte nie das Gefühl, ihn bei seiner Arbeit zu stören. Mein Bruder hat hier sein erstes Tandem schmieden lassen. Ich höre ihn noch heute mit einem großen Hammer draufhauen. Es war verzogen und die Kette sprang immer runter. Irgendwie hat er es aber hinbekommen. Ich habe unseren Handwagen dort zu einem Spezialfahrzeug umgebaut. Er bekam einen dünnen Metallboden und einen abnehmbaren Aufbau und eine Fahrradkupplung. Ich konnte so unglaublich viele Flaschen laden und zur Altstoffhandlung mit dem Fahrrad fahren. Auch waren so unfassbare Aufbauten von Holzkisten, die wir für die Flaschen brauchten, möglich. Das war fast mit den bekannten Bildern aus China vergleichbar. Ich habe es geschafft, bis zu 40 leere Holzkisten zu laden. Das war auch nötig, denn Holzkisten gab es nicht immer. Und wenn neue da waren, musste man schnell und clever sein. Der Altstoffhandel stellte sie kostenfrei. Aber nur solange es welche gab. Da ich jede Woche ein paar Mal da war, hatte ich das gut im Blick.

Auch bei Ligmanns war ich öfter. Das war unser Schuster. Der hatte eine winzige Werkstatt direkt neben der Schulspeisung und er reparierte jahrein und jahraus von Hand die Schuhe des Ortes, die sich bei ihm in den Regalen stapelten, weil sie oft nicht abgeholt wurden. Ich habe ihm und seiner Frau zu gern zugeschaut. Es roch nach Kleber und Leder. Sehr gern bin ich auch zum Friseur gegangen. Meistens alle zwei Wochen. Das lag am Haarwasser, was man nach dem Schneiden einmassiert bekam. Auch in der Backstube von Bäckermeister Weise trieb ich mich öfter herum, als ich musste. Es roch so wunderbar und die Brötchen und der Kuchen schmeckten einfach gut. Das ist noch heute so. Ich habe nirgends in Deutschland so wohlschmeckenden Kuchen, so gute Brötchen und so gutes Brot gefunden. Unvergessen der Backschinken. Den gab es bei uns zu Personalweihnachtsfeiern und wurde von Bäckermeister Weise ausgebacken. Wir hatten auch eine Besonderheit von den Großeltern Huber übernommen. Zu Veranstaltungen gab es bei uns die Brötchen in Form von Pilzen und Bäckermeister Weise stellte sie her. Ich habe das 30 Jahre später für meine TV-Show „Komm zu Acksel" auch gemacht und es war schwer, selbst für einen sehr berühmten Caterer aus Berlin diese Brötchen-Pilze zu backen. Es gab in Großräschen auch einen Korbflechter. Er hatte seine Werkstatt direkt neben dem Gemüsehändler Lieschke. Ich war fasziniert, was er aus Weidenruten zauberte.

Die glücklichste Zeit war 1976, da musste mein Vater zur Armee und unsere Gaststätte war für ein halbes Jahr geschlossen. Ich war noch im Kindergarten und wir hatten mit unserer Mutter und Großmutter ein richtig normales Familienleben. Ich hätte eigentlich schon zur Schule gehen müssen, aber meine Mutter sorgte dafür, dass ich erst mit 7 eingeschult wurde und schenkte mir ein Jahr Kindheit. Dafür bin ich ihr sehr dankbar. Meine Eltern hatten allerdings andere Sorgen. Sie dachten, der Staat würde in dieser Zeit für uns sorgen. Dem war aber nicht so. Meine Eltern waren Kommissionshändler bei der HO Handelsorganisation und die empfahlen ihnen: „Leben sie doch vom Hinterbrachten!" Davon haben wir Kinder wenig mitbekommen.

Wir haben unserem Vater brav Briefe geschrieben oder Bilder gemalt. Ich konnte noch nicht schreiben, also hab ich gemalt. Ich erinnere, dass das Mosaik mit Dig Dag und Digedag neu herauskam, also mit neuen Comicfiguren, und ich die gern abgemalt habe. Die Erinnerung an die kuschelig warme Privatküche ist wunderschön und der Geruch von warmem Kakao in quietschroten dicken Tassen unvergesslich. Damals hat meine Mutter auch Kuscheltiere genäht. Ich hatte einen Friedolin mit

mit ganz langen Armen und Beinen. Den habe ich erst verschenkt, als ich schon fast 30 war.

Bei der NVA hatten sie Freude mit meinem Vater, denn der nahm seinen Job ernst oder auch nicht. Als wachhabender Soldat hat er schon mal einem Milchlieferauto mit scharfer Munition hinterhergeschossen, weil sie sich nicht kontrollieren lassen wollten. Die waren es gewöhnt, ohne Kontrolle durchzufahren und nahmen meinen Vater nicht ernst, als er sie anhalten wollte. Zumindest bis er schoss. Danach schon.

Im Jahr 1976 gab es noch eine andere gewaltige Veränderung im Leben meiner Eltern. Noch bevor mein Vater seinen Armeedienst antrat, kam das Fernsehen zu uns.

Außenseiter - Spitzenreiter

Aus den anfänglichen Entertainment-Einlagen meines Vaters, ganz in Stile seiner Mutter, hatten sich im Laufe der Jahre Themenabende entwickelt. Das waren Tanzveranstaltungen, zu denen unser Lokal nach dem jeweiligen Thema dekoriert wurde und alles danach ausgerichtet war. Mein Vater wurde von unserer Kapelle begleitet, sang dazu Lieder und trug verschiedene Sachen vor. Für die DDR war das mehr als außergewöhnlich. Die Kostüme nähte meine Mutter und die Stöckelschuhe bekam er von meiner Großmutter. Er trat mit Schnurrbart, Perücke, Kleid und Stöckelschuhen auf und sang dazu. Das kam gut an. Gewechselt wurde das Programm alle drei Monate. So gab es einen „Abend bei Vater Zille", den „Japanabend", „Mit Lukullus rund um die Welt", den „Zigeunerabend", den „Schlemmerabend etwas märchenhaft" und manches mehr im Laufe der Jahre.

1976, noch bevor er zur Armee musste, wurde vom DDR-Fernsehen im Sommer ein Querschnitt durch alle Programme aufgenommen. Auch wie die Gäste im Pool badeten oder die berühmte „Schlossbesichtigung". Die Gäste wurden zu einer „Schlossbesichtigung" gebeten und mit einer Polonaise aus dem Lokal geleitet. Angeführt von meinem Vater, begleitet von der Kapelle, meist mit Akkordeon. Gezeigt wurde dann ein altes Schloss in einem Wäschekorb und ein Gespenst spukte. In der Zwischenzeit wurde das Lokal gelüftet, abgeräumt und Tischdecken gewechselt, wenn nötig, Toiletten gereinigt, Handtücher gewechselt. Das wurde im Fernsehen natürlich nicht gezeigt. Auch in der Kaserne wurde mein Vater gefilmt, in Uniform, als Soldat. Nach der Ausstrahlung in der Sendung „Außenseiter - Spitzenreiter" setzte dann ein richtiger Boom ein und aus dem Spaß wurde Ernst. Die Menschen kamen in Strömen, wollten das alles auch selbst erleben und meine Eltern arbeiteten bis zum Umfallen und die ganze Familie mit. Die Gäste kamen mit riesigen Erwartungen, aber sie bekamen auch etwas geboten. Dennoch: Der Erfolgsdruck und das „Müssen" machten meinen Vater dünnhäutig und teilweise aggressiv. Entstanden waren diese Veranstaltungen aus dem normalen Geschäft. In den ersten Geschäftsjahren servierten sie auch Frühstück und Mittagessen. Das taten sie auch für das Reisebüro der DDR. Busreisen in den Spreewald machten bei uns Station. Sie fragten nach, ob sie nicht auch den Tag mit Tanz ausklingen lassen könnten. Allerdings kamen sie schon so angeheitert von den Kahnfahrten zurück, dass mein Vater überlegte, wie er sie wieder halbwegs nüchtern bekam, denn wir wollten ja auch Umsatz machen. So entstanden die Unterhaltungsprogramme. Nach ordentlichem Essen und zwei Stunden witziger Kultur hatten sie Spaß am Tanz und auch am Verzehr.

Öffnet mir die Herzen, dies Jahr gibt es Kerzen

Besonders in Erinnerung ist mir der Winter 1978/ 79. Nach Weihnachten begann es unaufhörlich zu schneien. Wunderbare weiße Pracht. Der Winter wird auch als Katastrophen Winter bezeichnet, denn die DDR fror förmlich ein. Wir nicht, denn wir hatten den Keller voller Kohlen. Wir Kinder genossen es, bauten Schneemänner und fuhren Schlitten. Dramatisch wurde es Silvester. Meine Eltern hatten wie jedes Jahr eine große Silvesterveranstaltung mit 100 Gästen. Das kalte Buffet war fertig. Die Tische eingedeckt, der Sekt stand kalt. Es konnte losgehen. Ich war bei meiner Oma. Doch plötzlich fiel der Strom aus. In allen Kneipen wurden die Feiern abgesagt. Meine Eltern konnten sich das nicht leisten. Zum einem waren die Reisebusse unterwegs zu uns und zum anderen hätten sie alles ohne Bezahlung wegwerfen müssen. Zum Glück besaß mein Vater einen großen Vorrat an Kerzen. Die waren eigentlich für Hochzeiten oder Feierlichkeiten gebunkert. Jetzt kamen sie zum Einsatz. Auf jedem

Tisch standen Kerzen, das Lokal war warm und Gas ging noch, also konnte es losgehen. Eberhard Franz, unser Musiker, holte sein Akkordeon und es fand eine der schönsten Silvesterabende überhaupt statt. Meine Oma und ich waren inzwischen auch eingetroffen und staunten nicht schlecht. Zwischenzeitlich gab es für 2 Stunden Strom, sodass mein Vater sogar sein Programm singen konnte. Dass an diesem Abend nichts passiert ist, grenzt an ein Wunder, denn von der Decke hing Dekoration, die aus alter Wolle bestand. Wunderschön, aber auch wunderbar brennbar. Auf die Winterkatastrophe folgte dann die Ölkrise. Die Reisebüros mussten Öl sparen. Die Busse durften nicht fahren. Also kamen die Gäste mit dem eigenen PKW. Es gab dann auch so schöne Neuerungen wie das Bier mit der Bahn zu transportieren. Die Fässer standen stundenlang in der Sonne und pfiffen uns beim Anstechen nur so um die Ohren. Das waren ähnlich kluge Ideen wie der Rinderoffenstall. Der Erfinder bekam dafür den Karl-Marx Orden. Offene Ställe nur mit Dach. Spart viel Baumaterial. Nur wurden die Rinder zu oft krank, sie erkälteten sich. Derselbe Mann schlug dann vor, die Ställe doch wieder mit Mauern zu versehen und bekam die nächste hohe Auszeichnung dafür.

Unter den Linden ...

Man soll die Feste feiern, wie sie fallen. Weihnachten war so ein Fest. Das gehörte dann ganz der Familie. Das heißt: ab Heiligabend bis zum zweiten Weihnachtsfeiertag. Anfangs heulte unsere Großmutter Elschen immer. Meist mit irgendeinem Verband, weil sie oft um diese Zeit stürzte und von der Weihnachtsarbeit bei der Post nervlich am Ende war. Meine Mutter erzählte, dass sie schon in der Kindheit sogar Heiligabend mit dem Handwagen Pakete ausgetragen haben, um die Kollegen zu unterstützen. In der Gaststätte lagen schöne, aber auch sehr harte Monate hinter uns. Das Lokal war in der Vorweihnachtszeit besonders gemütlich. Meist für den Zilleball oder Schlemmerabend dekoriert, und der Kachelofen mit der Ofenbank in der Ecke verströmte eine sehr angenehme Wärme. Es gab viele Betriebsweihnachtsfeiern im à la carte-Geschäft und viele Veranstaltungen ab September. Weihnachten gehörte der Familie, es wurde geschlemmt, gelesen, Musik gehört, gespielt und ferngesehen. „Zwischen Frühstück und Gänsebraten" gehörten genauso dazu wie die „Olsenbande" oder „Winnetou". Unvergessen der Chaplinfilm, in dem er mit einem großen Bohrer Löcher in den Käse bohrt. Am 28.12. war der Spaß vorbei. Jetzt starteten die Vorbereitungen für die Silvesterveranstaltungen und es zog erst einmal schlechte Laune ein. Das war jedes Jahr so. Aber Weihnachten selbst war etwas Besonderes. Unser Haus- und Hoffotograf Peter Schmaler gesellte sich am Abend zu uns, und er erreichte mit seinen Geschenken meist unsere Kinderseelen.

Das schönste Familienfest, an das ich mich erinnere, war die Jugendweihe meines großen Bruders 1979. Jugendweihe ist bekanntlich die nicht kirchliche Variante der Kommunion und der Konfirmation. Es war ein Fest der Freude und der Harmonie. Die gesamte Verwandtschaft war da und meine Eltern hatten es perfekt vorbereitet. Es waren wohl auch ihre glücklichsten Jahre. Das Geschäft lief und sie hatten Freude an dem, was sie taten und sie waren zu kleinem Wohlstand gekommen, obwohl das Geld immer irgendwie knapp war. Wir feierten im großen Salon, unser großes Wohnzimmer. In früheren Zeiten war es mal der Saal im ersten Stock, aber meine Eltern nutzten diese Räume privat. Zu solchen Anlässen wurde viel gelacht, kleine Gesellschaftsspiele wurden veranstaltet oder auch kleine Sachen vorgetragen. Ich schlief damals im „Ankleidezimmer", das lag auch im ersten Stock und wenn Veranstaltungen unten stattfanden, hörte ich meinen Vater singen. Ich war 8 Jahre alt und konnte die Texte natürlich längst auswendig. Was ich nicht so ganz verstanden habe, habe ich eben selbst gedichtet. Meine Mutter hatte an jenem Tag den Einfall, mich in eines ihrer Kleider zu stecken und verkündete meinen Auftritt. Ich sang mit Inbrunst etwas, was ich eigentlich nicht verstand und hatte damit großen Erfolg. Oder sagen wir mal so: Alle haben sich gebogen vor Lachen. An meinem neunten Geburtstag machte unser Kellner Sigi Handschke mit mir einen Ausflug nach Forst, jenen Ort, in dem meine Eltern später einmal leben würden. Wir besuchten den Rosengarten. Als wir abends zurückkamen, drückte mir mein Vater das Mikrofon in die Hand und ich durfte live mit Kapelle vor den Gästen der Veranstaltung, also vor 100 Gästen singen. Die fanden das natürlich toll und klatschten wie verrückt. Das waren die Anfänge meiner künstlerischen Laufbahn. Ich wollte das immer wieder und mein Vater war dabei mein großes Vorbild, zumindest, was das Künstlerische betraf. Das

Lied „Unter den Linden" kann ich heute noch. Auch einige andere dieser Lieder. Mein Wunsch, Schauspieler und Sänger zu werden, hatte sich verfestigt, was meinen Vater nun wieder halb in den Wahnsinn trieb. Er versuchte, mir fortan klar zu machen, dass darin nicht meine Begabung liegen würde.

Doppelter Boden

1977 war es dann soweit, ich wurde Abc-Schütze. Auch so ein typischer Begriff aus der damaligen Zeit. Nicht Schulkind, sondern Abc-Schütze. Mein Vater war wieder zurück von der Armee und das Geschäft brummte. Meine Eltern fuhren ohne uns nach Bulgarien in den Urlaub, und meine Oma passte auf uns auf. Für meine Eltern war es sicher ein dringend notwendiger Urlaub, aber für mich war es doof. Elschen musste auch arbeiten, also war ich schon eher in der Schule. Der Kindergarten war zu Ende und ich ging bereits zwei Wochen in den Schulhort, noch bevor es richtig losging. Meine Oma schulte mich ein. Ich war das einzige Kind ohne Eltern und sehr traurig darüber. Wenige Tage vorher hatte ich mir ein Auge verletzt und sah aus wie ein Seeräuber. Ich nahm also meine Zuckertüte mit Augenklappe entgegen. Das war auch so ein Ding. Zu Weihnachten bekam ich das alte Spielzeug meiner Brüder und zur Einschulung deren alte Zuckertüten, und zwar beide. Sie steckten ineinander. Ich wunderte mich anfangs, warum sie so schnell leer war und als ich sie schüttelte, um zu sehen, ob noch was drin sei, hatte ich plötzlich zwei in den Händen. Unser Haus- und Hoffotograf Peter Schmaler kam noch vorbei, um mich mit Zuckertüte zu fotografieren und ich versuchte möglichst glücklich zu lächeln.

Ein Dreikäsehoch als Parteichef

Dass ich ganz auf Thälmann eingeschworen war, habe ich bereits berichtet. Ich war der kleine Kommunist in unserer Familie. Nur verstand ich unter Kommunismus eher das, was man heute „urchristliche Werte" nennt. Egal, ich war ein Teil der damaligen Gemeinschaft und die war in der DDR eben nicht kirchlich orientiert. Unsere Eltern hatten uns auch nicht taufen lassen. Wir drei Jungs sind die erste Generation, die nicht im

Kindesalter getauft worden ist. Mit dem Eintritt in die Schule begann nun die eigentliche Erziehung zu guten Staatsbürgern der DDR. Uns wurden die sozialistischen Werte und Errungenschaften nahegebracht. Und es waren nach dem Krieg sicher auch Errungenschaften für die Menschen, die dafür hart gearbeitet hatten. Als Kind war man stolz auf den Palast der Republik und den Fernsehturm, auf das Haus des Lehrers und besonders auf das Haus des Kindes. Das Pappmodell, an welchem unsere Klassenlehrerin, Frau Kuhfeld, es uns zeigte, hatte mich sehr begeistert. Es wurde viel und sehr lobend von unserem großen Bruder, der Sowjetunion, erzählt und als Kind glaubt man, alles ist gut. Wie die wirklichen Machtverhältnisse sind und was das alles eigentlich wirklich bedeutet, versteht man erst später. Als Kind möchte man dazugehören und mit guten Taten glänzen. Bei mir war das jedenfalls so. Die DDR war genauso wie die Sowjetunion organisiert. Es gab Bezirke und Kreise. Es gab den Staatsrat, den Bezirksrat und den Rat des Kreises. Und diese Räte waren vom Volk aus der Arbeiterklasse gewählt und regierten. In der Schule gab es auch Wahlen. In der ersten Klasse wurden wir auf die Aufnahme zu den „Jungen Pionieren" vorbereitet. Jedes Kind wusste, dass das Tragen des blauen Halstuches eine Auszeichnung war – und wer wollte nicht ausgezeichnet werden? Also freute man sich als Kind darauf, „Junger Pionier" werden zu dürfen und zu dieser großen Organisation dazuzugehören. Dazu gab es noch ein weißes Hemd. Also wurde ich voller Stolz „Junger Pionier" und habe, wann es immer ging, mein blaues Halstuch getragen. Den anderen Kindern in meiner Klasse war das eher eine Pflicht. Ich aber trug es voller Stolz und dachte mir nur: „Wenn das Thälmann wüsste!"

In der zweiten Klasse durften wir zum ersten Mal wählen. Das war sogar tatsächlich nach heutigem Verständnis demokratisch. Klingt absurd, ist aber tatsächlich so. Aus unserer Mitte, wir waren 30 Kinder in der Klasse, sollte ein Gruppenrat gewählt werden. Sozusagen die Parteileitung der zweiten Klasse. Wir wurden also aufgefordert, Vorschläge zu machen. Es wurden verschiedene Namen genannt, meiner nicht. Als es dann um den Jungpionierratsvorsitzenden ging: wieder nicht. Also habe ich mich gemeldet, mich selbst vorgeschlagen und wurde auch tatsächlich gewählt, weil unsere Klassenlehrerin den Vorschlag unterstützte. Ich war sehr stolz und glücklich. Ab sofort durfte ich den Unterricht mit sozialistischem Pioniergruß „Für Frieden und Sozialismus seid bereit!" eröffnen und der Lehrerin Meldung machen. Auch beim Fahnenappell stand ich vor meiner Klasse und musste streng nach Reihenfolge der Klassen meine Klasse der Pionierleiterin der Schule als „angetreten" melden. Was für eine Ehre! Zumindest für mich als Zweitklässler. Zu Hause wurde ich von meinem Vater mit den Worten begrüßt: „Dir haben sie wohl ins Gehirn geschissen?!" Und in der Schule meldete ich mit blauem Pionierhalstuch: „Die Klasse ist angetreten!" Nun war ich kein Musterschüler. Wahrlich nicht. Ich war sogar sehr unordentlich und es kam schon vor, dass ich in Hausschuhen vom Schulhort nach Hause kam. Ich war ein zerstreuter Professor, altklug und vermutlich etwas vorlaut. Blieb irgendwo etwas liegen, dann fragte man erst einmal mich. Meistens mit Erfolg. Ich glaube, ich habe drei oder vier Ausstattungen für die erste Klasse verschlissen und unzählige Füller. Als Jungpionierratsvorsitzender musste ich eigentlich Vorbild sein, was ich so natürlich nicht war. Ich sollte abgesetzt werden. Das konnte ich jedoch mit großem Einsatz und Überzeugungskraft gerade noch verhindern. Bei der nächsten Wahl in der dritten Klasse wurde ich dann allerdings zum Wandzeitungsredakteur degradiert.

In der ersten Klasse mochte mich meine Banknachbarin nicht, ich sie aber. Witzig ist, dass sich das bis heute nicht geändert hat. Und weil sie mir zu verstehen gab, dass sie lieber woanders sitzen möchte, habe ich ihr aus Eifersucht mein rotes Tuschwasser in ihren Ranzen gegossen. Geholfen hat es nichts. Sie wurde woanders hingesetzt. Dafür hielt ich zu meinen Freunden. Zum Beispiel zu einem Mädchen, das keine glückliche Kindheit verbrachte und oft geschnitten wurde. Als ich mitbekam, dass sie weder Essen noch Milchgeld von ihrer Mutter bekam, habe ich ihr das öfter zugesteckt. Für mich spielte es keine Rolle, ob jemand reich oder arm war. Für mich zählte schon damals der Mensch. Sie war also meine erste Freundin, schon aus Kindergartentagen. Ebenso die Sauers, die neben uns wohnten. Leider sind sie irgendwann weggezogen und das Mädchen wurde auch auf eine andere Schule gesteckt. Wie ich heute weiß, hat sie einiges wegstecken müssen. Trotzdem oder vielleicht wegen der Freunde habe ich die Unterstufe in angenehmer Erinnerung. Vielleicht auch, weil unsere Schule so alt war. Als ich in den neunziger Jahren einer

Freundin aus München die Schule zeigte, ist sie bei den Toiletten fast aus den Latschen gekippt. So etwas hatte sie noch nicht gesehen und gerochen. Ich war amüsiert, dass sie noch im Originalzustand waren. Das haben wir damals nicht so empfunden. Wir kannten es nicht anders. Unser Hausmeister Herr Neumann gab sich zusammen mit seiner Frau große Mühe, sie sauber zu halten, aber sie rochen immer schlimm. Das kannte ich auch aus unserem Lokal. Trotzdem wir die Toiletten scheuerten und wischten und putzten. Die Männertoiletten rochen immer. Das war in der gesamten DDR so. Es lag an den Reinigungsmitteln. Herrn Neumann habe ich bewundert. Der hat schon mal seinen Trabbi auf dem Schulhof in alle Einzelteile zerlegt und dann wieder zusammengebaut. Das war spannend.

Wichtig war unsere Betreuung. Frau Kuhfeld als Klassenlehrerin und Frau Gritzky als Hortnerin kümmerten sich sehr liebevoll um uns. Wir waren ihre Schützlinge. Schon mit meiner Kindergärtnerin Frau Riedel hatte ich im Kindergarten Glück. Ich habe heute noch den Geruch des Schulbodens in der Nase. Er war besonders. Oben unter dem Dach gab es zwei Räume. In einem hielten die Erstklässler Mittagschlaf. Es wurden Kinderschallplatten gehört und geschlafen. Pittiplatsch der Liebe und Meister Nadelöhr, Herr Fuchs und Frau Elster und Clown Friedolin oder Frau Puppendoktor Pille sind unvergessen. Das war sehr kuschelig. In der Frühstückspause wurde beim Hausmeister Neumann Milch geholt. Die wurde jeden Tag in kleinen Flaschen geliefert. Es gab einfache Milch, Kakao und Vanille und Erdbeere. Zum Mittagessen ging es in die Schulspeisung. Da wurde jeden Tag frisch gekocht und es schmeckte meistens. Kulickes hatten ihre Kneipe an die Schule verpachtet. Heute ist es wieder ein Lokal. Ich erinnere, dass ich immer, wenn wir an unserem Haus vorbeiliefen, nach meinen Eltern rief und mich freute, wenn sie winkten. Bis mein Vater mir mitteilte, dass er sich jedes Mal zu Tode erschrecken würde, weil er dachte, mir sei etwas passiert. Danach habe ich dann nicht mehr gerufen und es wurde nicht mehr gewunken. Natürlich mochten wir Eintöpfe nicht so besonders, aber wenn es Nudeln mit Tomatensoße und Würstchen gab, dann hatten alle sehr großen Hunger. Unvergessen für mich ist Ronny Franke, der in der ersten Klasse in der ersten Reihe saß und immer einschlief. Ich mochte ihn und war traurig, als er uns verließ. Als ich ihn einmal zu Hause besuchte, wurde ich von seinem Hund gebissen. Im Hort gab es dann frischen Kuchen. Der schmeckte richtig gut.

Degradierung

In unserer Familie wurde sehr offen über alles geredet. Vielleicht lag es an der Gastronomie oder daran, dass mein Vater zu oft an den Teekränzchen seiner verstorbenen Mutter teilgenommen hatte. Das Thema „Aufklärung" erlebte ich somit schon im Kindergartenalter mit. Als ich es in der zweiten Klasse ausprobieren wollte, wunderte ich mich, dass es nicht so war, wie bei Tisch beschrieben. Aber es brachte mir großen Ärger in der Schule und später zu Hause ein. Man hatte uns ins Gebüsch huschen gesehen und verpetzt. In der Schule gab es Tadel und zu Hause durfte ich den Ausklopfer aus der Dekoration für den „Zilleabend" abnehmen und nach der Tracht Prügel wieder anbringen. Diese Szenen haben sich in mein Gehirn gebrannt. Und es war nicht mein Vater, der mich den Ausklopfer holen ließ, sondern in diesem Fall meine Mutter. Wir waren verpetzt und sofort erwischt worden. Ich dachte, damit sei es nun ausgestanden, war es aber nicht. Unsere Horterzieherin hat hier pädagogisch vollkommen versagt. Es war ein Mittwoch. Das Mädchen wurde intensiv befragt, was ich mitbekam, und gab, wenn überhaupt, nur zögerliche Antworten. Zum Pioniernachmittag wurde ich vor die Klasse bestellt und der „Prozess" begann. Anklage: Ich hätte dem armen Mädchen Geld dafür gegeben, damit sie über meine Ferkeleien schweigt, die ich ihr angetan hätte. Ich habe zu allen Vorwürfen geschwiegen, wie sie auch. Mein Benehmen war eines Pioniers nicht würdig und ich wurde als Strafe aus dem Gruppenrat ausgeschlossen. Von dem Tag an war meine Integration in der Klasse zerstört. Damals begann mein Weg als Einzelkämpfer. Ich entfernte mich fortan immer mehr vom „Kollektiv". Irgendwie gehörte ich dazu, aber auch die zunehmenden Aufgaben zu Hause ermöglichten es mir so gut wie nie, mit meinen Klassenkameraden um die Häuser zu ziehen oder andere Sachen zu unternehmen. Die meiste schulfreie Zeit verbrachte ich zu Hause. Ab und zu an den Ruhetagen besuchte ich mal den einen oder anderen, aber das hatte großen Seltenheitswert. Die glücklichen Zeiten mit den Sauers und Jeanette, in denen wir auf den Aschekutten der Kirche spielten oder in verlassenen Bauerngehöften in der Kirchenstraße, waren vorbei, den sowohl die Sauers als auch Jeanette verließen unsere Klasse und wechselten die Schule nach der vierten Klasse.

Kleine Pflichten

Mehr und mehr gingen die Pflichten meiner Brüder auf mich über. Mülleimer leeren, Futter zum Bauern bringen, Wäsche zur Wäscherei fahren, wieder abholen und putzen, putzen, putzen. Anfangs nur die Straße und den Garten oder das Treppenhaus. Später dann die Geschäftstoiletten, den Flur, die Bar, was eben dran war. An den Wochenenden war besonders viel zu erledigen, da fanden die Tanzveranstaltungen statt. Solange ich noch nicht bedienen konnte, musste ich um 17 Uhr mit meinen selbst geschmierten Broten verschwunden sein. Mit 12 Jahren durfte ich das erste Mal im "à la carte-Geschäft" bedienen. Dabei entwickelte ich einen solchen Eifer, dass die Soldaten, meine ersten „Opfer", hoffnungslos betrunken waren. Ich war also geeignet.

Donnerstag war immer „Kochtag". Auch da waren wir mit kleinen Aufgaben dabei. So lernte ich die Rezepte kennen. Oft kam die Abwaschkraft nicht, dann musste eben jemand von uns mit ran. Wir hatten teilweise auch lustige Erfahrungen mit Aushilfskräften. Ein junger Mann, der als Abwäscher bei uns arbeiten wollte, brachte gleich beim ersten Mal ein ferngesteuertes U-Boot mit. Als wir ihn fragten, ob er es im Abwaschbecken fahren lassen wollte, verneinte er es. Aber er hatte gehört, dass wir einen Pool hätten. Eine andere Fachkraft wollte mit den Scheuerlappen abtrocknen. Es gab auch eine Dame, die am Abwasch mit Heulkrämpfen zusammenbrach, weil ihr eingefallen war, dass sie als Tote keinen Sex mehr haben könnte.

Sonntags in der Früh haben wir uns oft als Kinder heruntergeschlichen und das Lokal, das Gesellschaftszimmer und alles andere geputzt und auch noch die Gläser poliert, damit, wenn meine Eltern um 10 Uhr zum Frühstück kamen, alles fertig war. Meine Oma kam auch jeden Samstag und Sonntag und hat die Gläser poliert oder die Wäsche gebügelt. Viele Jahre hat sie das gemacht.

Raketen auf dem Marktplatz

Der Juli 1983 war besonders heiß und trocken. Den 8. Juli und die darauffolgenden Wochen werden wir nicht vergessen. Es war normal, dass einmal in der Woche alle Sirenen heulten, um sie auf Funktionalität zu prüfen. Diesmal war es aber keine Prüfung, sondern Ernst. Ausgelöst von der letzten noch fahrenden Dampflok brannte der Wald. An die Lok kann ich mich gut erinnern, denn wir haben sie als Kinder oft von der Brücke, die über die Gleise nach Großräschen-Ost führte, bestaunt. Jetzt hatte ausgerechnet diese Lok den Wald in Brand gesetzt. Die Niederlausitz ist voll davon. Wo nicht gerade ein Ort, ein Feld oder ein See ist, steht Kiefernwald. Und der war schön trocken, die Felder und Böschungen auch. Es genügte ein Funkenflug und es brannten erst Böschungen und angefacht durch den Wind immer mehr Waldgebiete. Das Feuer flog zum Teil über Hunderte Meter weiter. Ein Inferno. Die Rauchwolke stand wochenlang über dem Ort, der Himmel hatte sich bei sengender Hitze zur Hälfte verdunkelt und es roch nach Feuer. Der Wald brannte auf einer Länge von über 4 Kilometern zwischen Großräschen und Altdöbern. Über 1500 Leute bekämpften den Brand. Feuerwehrleute, Soldaten, Zivilverteidigung, Betriebsfeuerwehren. Sogar Hubschrauber und Agrarflieger kamen zum Einsatz. Der Katastrophenalarm war nicht unbegründet. Brenzlig wurde es, als der Hangar des Raketenstützpunkts der NVA vom Feuer erreicht wurde. Die sogenannte 14.„Fla-Raketenabteilung 312 (FRA-312)" war in unserem Wald stationiert. Wirklich außergewöhnlich war, dass sechs S-75 Raketen abgedeckt auf unserem Marktplatz gefahren wurden, um sie vor dem Feuer zu schützen. Mein Vater hat damals sofort reagiert und unsere Ruhetage ausgesetzt. Uns gehörte damals der Bürgersteig vor dem Haus und er ließ mich jeden Tag ab 11 Uhr die Korbstühle und Tische aus dem Garten vor dem Haus aufstellen, und wir bewirteten die ausgezehrten und durstigen Helfer aus dem brennenden Wald vor dem Haus. Nach zwei Wochen war der Spuk vorbei und 1138 ha Wald vernichtet und der erste Teil meiner Ferien auch. Ich erinnere, wie erschöpft ich nach diesen Wochen war, aber die Ferien waren noch lang und die Anstrengung bald wieder vergessen. Die Raketen waren aber noch länger Thema, denn nun wussten wir, was da bei uns im Wald herumstand.

Entscheidung

Meine schulische Entwicklung verlief normal. Ich blieb schlampig, meine Schrift war schlecht, aber ich schrieb dafür gern und mit vielen Fehlern. Rechtschreibung war meine Sache nicht. Ich war zwar mit sehr guten Zensuren gestartet, machte dann aber einen Durchhänger von einigen Jahren mit, bekam dann jedoch wieder die Kurve. In der vierten Klasse kam der nächste Dämpfer, was meine politische Arbeit als Thälmann-Pionier betraf. Ich trug also inzwischen das rote Halstuch, das ja aus der mit Blut getränkten Arbeiterfahne stammte! Ernst Thälmann war ein Kommunistenführer, der 1944 von den Nazis im KZ Buchenwald ermordet worden ist. Allerdings waren daran die eigenen Genossen nicht unschuldig. Die Nazis hatten ihn lange als Faustpfand verschont und boten ihn den Russen zum Tausch gegen andere Gefangene an. Als das abgelehnt wurde, haben sie ihn ermordet. Stalin und die Genossen in Moskau wollten Thälmann nicht. Wäre er rechtzeitig in die Sowjetunion geflüchtet, hätte er Stalins Säuberungen vermutlich auch nicht überlebt. Aber so war er eben, unser großes Vorbild und Namensgeber der Pionierorganisation der DDR. Und so, wie sich das für große Organisationen gehört, vergaben sie auch Auszeichnungen.

So zum Beispiel, dass „Thälmannabzeichen". Für Thälmannpioniere ein Verdienstorden. Eine hohe Auszeichnung, verliehen für besondere Verdienste. Ich sollte eines bekommen und freute mich wahnsinnig. In der letzten Unterrichtsstunde vor dem entscheidenden Fahnenappell plapperte ich dazwischen. Es war ein Witz, der mich das Abzeichen kostete. Ich wurde von der Liste gestrichen. Und das wurde auch noch vor der gesamten Schule öffentlich verkündet. Für mich waren diese Disziplinierungen ein Horror. Beim nächsten Appell bekam ich dann zwar das Abzeichen, aber es war nicht mehr das gleiche für mich. Dennoch: Ich wurde längst beobachtet und gefördert. Meine Lehrer hatten bemerkt, dass ich mit großem Eifer für den Sieg des Sozialismus war, auch wenn ich noch nicht begriffen hatte, dass wir vorher die Braunkohle abbauen mussten. Was zu Hause das Scheuern der vollgekotzten Geschäftstoiletten war – ich schrubbte fleißig, denn ich wollte ja anerkannt und als Familienmitglied auch mal gelobt werden – das war in der Schule der Sieg des Sozialismus. Wer besonders beim Siegen half, wurde anerkannt und gelobt.

Und ich wurde gelobt und auch geehrt. So lud mich der Rat der Stadt als „Ehrenpionier" auf die „Ehrentribüne" der Stadt Großräschen zur großen 1. Mai-Kampfdemonstration ein. Ich winkte der für Frieden und Sozialismus demonstrierenden Bevölkerung zu. Allerdings war mir das dann doch so peinlich, dass ich mich hinter einer Birke, die man als Schmuck an die Tribüne genagelt hatte, beim Winken versteckte.

Als ich in die fünfte Klasse kam, wurde die „KTN Kommission für Technik und Naturwissenschaften" ins Leben gerufen. Das war etwas für mich. Es ging darum, die Mitschüler dazu zu bewegen, sich an der „Messe der Meister von morgen" zu beteiligen. Eigentlich keine schlechte Sache. Ich war erst Kommissionsmitglied und in späteren Jahren lange der sogenannte Vorsitzende. Viel vorzusitzen gab es allerdings nicht, denn die Kommission stieß bei den Schülern auf wenig Interesse. Dennoch gab es jedes Jahr eine Ausstellung mit unseren Messeexponaten. Das reichte vom bemalten Holzlöffel über gehäkelte Topflappen bis hin zu Kränen aus dem Stabil-Baukasten. Wirklich neue Erfindungen entsprangen unserer Schule leider nicht.

Mit Eintritt in die fünfte Klasse gründete ich dann mein Puppentheater und trat damit meistens zusammen mit Michael Kratsch vor den kleineren Schülern auf. Das machte großen Spaß. Sowohl uns als auch den Kleinen. Wir sind damit sogar im Altenwohnheim aufgetreten und haben unsere Zuschauerinnen mit unserem Stück „Krawitter, Krawatter, die Kiste, die Mäuse" derart gelangweilt, dass wir sie schnarchen hören konnten. Aber wir hatten unsere Dekorationen selbst gemalt und uns auch ausgedacht, was wir vorführten. Hin und wieder floss auch ein Lied aus unserer Kneipe mit ein. Ich erinnere noch lebhaft, wie Frau Lange, eine Horterzieherin, einen Lachanfall bekam, als ich ein Lied meines Vaters anstimmte. Sie hatte es erst wenige Tage zuvor selbst in der Gaststätte von ihm anlässlich eines Abends gehört. Selbst haben wir aber auch sehr viel gelacht, besonders, als der Stimmbruch einsetzte. Da kickten unsere Stimmen und wir konnten nichts dagegen machen. Frau Elster sprach dann eben mal hoch und dann wieder tief. Das war sehr komisch. Große Unterstützung erhielten wir für unsere Aktivitäten von Frau Domoran. Ich habe sie sehr gemocht, die meisten haben sie gehasst. Sie war zwar streng, aber dafür gerecht. Ich bedaure noch heute, dass ich nicht zu ihr ging, um Englisch zu lernen. Sie konnte es nämlich, nur leider ging sie in Rente.

Es kam die Zeit, wo jeder von uns herausfinden musste, was er mit seinem Leben nun anfangen will. Es ging also um die Berufswahl. Wir hatten in der Schule ein Fach, das hieß „vormilitärische Ausbildung". Das gab es nur aus dem einen Grund, möglichst viele Offiziersanwärter für die Nationale Volksarmee zu finden. Für mich kam das nicht infrage, ich wollte Schauspieler werden. Es gab aber einige, die sich tatsächlich freiwillig meldeten. Aber sie hatten Glück, dass ihr Notendurchschnitt für diese Karriere zu schlecht blieb und somit letztlich keiner von uns hinmusste.

Eigentlich sollte ich ja – wie mein großer Bruder – Koch werden und lange wollte ich das auch, um das Lokal meiner Eltern weiterzuführen. Ich begriff allerdings recht bald, dass das nicht mein wirkliches Ziel sein konnte. Spätestens als ich zum ersten Mal die Bühne des Berliner Ensembles sah, wusste ich, das will ich auch! Ich hatte auch schon manches unternommen. Schon mit vier Jahren wollte ich Klavierspielen lernen, durfte es aber nicht. Mit zehn Jahren habe ich mich selbst zur Aufnahmeprüfung in Senftenberg angemeldet und auch bestanden. Aber es scheiterte an unserem Musiker, der mich nicht unterrichten wollte und an meinem Vater, der darin keinen Sinn für mich sah. Meine Mutter setzte dann Gitarrenunterricht durch. Nur leider war unser Lehrer Alkoholiker und der Unterricht endete schon nach vier Wochen. Dann bewarb ich mich als Kinderdarsteller am „Theater der Bergarbeiter" in Senftenberg und sie sagten mir: „Sehr gern." Aber auch das scheiterte an der Erlaubnis meines Vaters, die Flaschen und die schmutzigen Toiletten waren wichtiger. Stattdessen durfte ich dann montags nach Senftenberg fahren, um bei den Rettungsschwimmern zu trainieren! Also überlegte ich, was ich nun tun könnte. Hierfür vertraute ich mich meiner Direktorin und Russisch-Lehrerin Frau Lochmann an. Zu ihr hatte ich ein ausgesprochen gutes Verhältnis. Auch sie war zwar sehr streng, aber gerecht. Eine Respektsperson. Sie fragte mich, ob ich nicht Lehrer werden wolle, schließlich wolle ich kein Abi machen, sondern einen Beruf haben, in den ich jederzeit zurückkehren könnte, falls es mit der Schauspielerei nicht funktionieren sollte. In der DDR wurden männliche Lehrer immer gesucht, also trieben wir diesen Plan voran. Sie unterstützte mich voll und ganz. Ein anderes Mädchen aus meiner Klasse – Annett, das Mädchen, dem ich mein rotes Tuschwasser in der ersten Klasse in den Ranzen gegossen hatte – bewarb sich auch, was mich freute, denn ich mochte sie. Nur sie fand mich vermutlich doof.

Als Erstes schockte ich meine Mutter mit meinen beruflichen Plänen, mein Vater war noch nicht zu Hause. Als er dann nach Hause kam, trug ich ihm bei Tisch meine Pläne vor. „Und wenn du Weltraumfahrer werden willst, es ist mir egal!", war seine Antwort. Später fanden beide die Idee gut. Es wäre besser als „Schauspinner" und hier könnte ich all meine Begabungen einbringen. So begann ich, mich ab der siebenten Klasse auf meinen zukünftigen und ersten Beruf vorzubereiten.

Disharmonie und Leningrad

Mitte der Achtzigerjahre ging zwar alles für uns im normalen Gang, aber es machten sich die wirtschaftlichen Schwierigkeiten der DDR doch deutlich bemerkbar. Als Kind bekommt man das nur aus Erzählungen mit. Wenn es hieß: „Früher sind uns die Ananasbüchsen durchgerostet", ist das ein solches Beispiel. Dass die Südfrüchte in der DDR knapp waren, ist aber nun wirklich nichts Neues. Aber dennoch ist es interessant, dass Handwerker nicht etwa mit Geld, sondern mit Ananasbüchsen bestochen wurden. Sei es nun ein Fliesenleger oder andere Gewerke. Wenn mein Vater die Konserven rausrückte, kamen sie doch wesentlich schneller und gebaut wurde an dem großen Haus und Grundstück immer. Meine Eltern hatten sich darauf eingerichtet. So hatten wir im Keller Tiefkühltruhen, denn die Ware für das vierte Quartal mussten sie im Sommer einkaufen. Unsere Tiefkühltruhen hatten Namen wie Ramses I.-IV. Mein Vater hatte im Keller mit Plakatfarben ägyptisch anmutende Malereien angebracht. Viele Jahre später hatte einer der neuen Besitzer das Wasser vom Dach bis zum Keller laufen lassen und in der Zeitung stand, dass die mittelalterlichen Fresken beschädigt worden seien. Das sorgte in unserer Familie für Erheiterung. In den Kühltruhen wurden zum Beispiel auch Erdbeeren eingefroren. Die gab es nur frisch im Juni und wir hatten immer eine Truhe ausschließlich mit Erdbeeren gefüllt. Sie kamen in den Wintermonaten mit in die Sektgläser an der Bar, was großes Erstaunen auslöste.

1985 sollte nun also meine Jugendweihe stattfinden. Es war das letzte große Familienfest dieser Art in unserem Haus. Ich war überrascht und überwältigt, wie viele Menschen in unserem Ort mich mochten und achteten. Ob Bauer Matschke, Bauer Kolli, Bauer Nitschke, unsere Nachbarin Frau Roschack, die sogar den Bürgersteig gewischt hat, Bäcker Weise, die Wäscherei, die alte Frau Schäfer – deren Sohn in den letzten Kriegstagen von den Russen erschossen wurde, weil er die weiße Fahne vom Kirchturm geholt hatte -– Peter Schmaler, Familie Mau, Norbert Schmeil, Friseur Kochhanz, Blumen Adam, Chirurg Hain, Gemüsehändler Poggensee, Blumen Lukas und Heinz und Uschi Kalz, Klempner Wittich, Familie Nielsen, unsere Stammgäste Überle, Herzogs oder unsere Aushilfskellner Ramona, Sigi, Bernd ,Kerstin, Farben Böbel und das Personal oder die HO Verkaufsstelle neben uns. Ob Frau Ide und Frau Lapawer, die alte Frau Schellong – die als ehemalige Opernsängerin und Witwe des Pfarrers neben der Schule wohnte - der Schuster und seine Frau –- wie oft hatte ich bei ihnen gesessen und zugeschaut, wie sie die Schuhe neu besohlen - selbst die Tischlerei, in der ich in den Ferien so gerne jobbte, alle hatten irgendwie an mich gedacht – und dabei habe ich jetzt bestimmt sogar noch viele vergessen. Das hat mich damals sehr berührt, denn es waren nicht nur fünf oder zehn Mark in den Umschlägen – und bei Familie Kliss sogar 100 Mark, was meiner Mutter unangenehm war. Aber Familie Kliss sagte so sehr schön: „Wenn es einer verdient hat, dann Tilo!" Das tat so gut. Es war nicht das Geld, sondern die vielen persönlichen Zeilen, die an mich gerichtet waren, die mich so berührten. Als ich zehn Jahre alt wurde, hatte das die Wäscherei schon einmal geschafft, mich so zu berühren: Die Waschfrauen wussten, dass ich Geburtstag hatte und überraschten mich mit einem Strauß roter Rosen. Darüber habe ich mich unglaublich gefreut. Und zwar bis heute.

Es war üblich, zur Jugendweihe Geld zu bekommen, und jeder hatte so seine eigenen Pläne damit. Die meisten kauften sich ein Moped. Das hätte ich auch gerne gehabt, denn ich besaß trotz miserabler Fahrprüfung einen Führerschein für Moped und Motorrad, aber ich hatte andere Pläne. Und zwar völlig andere Pläne.

Meine Eltern schenkten mir eine Schmalfilmkamera. Die hatte ich mir gewünscht und vom Geld kaufte ich mir später einen Schmalfilmprojektor. Auch hier eiferte ich meinem Vater nach. Er hatte als Junge auch so eine Ausrüstung bekommen und die Filme, die er damit gedreht hat, sorgten immer für eine schöne Unterhaltung. Wir konnten erleben, wo sie im Urlaub waren oder unsere Großmutter - seine Mutter, die schon lange verstorben war – Faxen machen sehen. Das fand ich gut und wollte ich auch.

Meine ersten Filmversuche unternahm ich auf meiner Jugendweihereise. Wir flogen nach Leningrad, dem heutigen (wieder) Sankt Petersburg. Die Reise ging schon mit viel Spaß los. Meine Eltern hatten den Abreisetag durcheinandergebracht. Am Abend vorher noch alles sauber gemacht und ich war in der Schule. Plötzlich kam meine Direktorin in den Unterricht, holte mich heraus und wünschte mir eine schöne Reise, zwei Tage, bevor es eigentlich losgehen sollte. Zum Glück hatten meine Eltern die Intuition, noch einmal genau zu schauen. Ganz gelassen wurde es auch schnell organisiert, dass wir pünktlich in Dresden am Flughafen ankamen und nach Leningrad fliegen konnten. Es war eine faszinierende Stadt, eine sehr beeindruckende Reise. Trotz Sozialismus wandelten wir auf den Spuren Peter des I. und der anderen russischen Zaren und natürlich auf den Spuren Lenins. Wir waren in der Eremitage, im Winterpalast, sahen Peterhof und den Katharinen Palast, die Peter-Paul-Kathedrale. Besonders beeindruckend waren die Bilder von Ivan Schischkin (Landschaftsmaler) und Ivan Aiwasowski (Meeresmaler). Aiwasowski berühmtestes Bild, die neunte Woge, konnte ich im Russischen Museum bestaunen. Es ist farblich so hingehaucht, dass ich heute noch staune. Unglaublich schön.

Wir wohnten in einem Hotel an der Newa und am anderen Ufer lag der berühmte Panzerkreuzer Aurora. Als besonders belustigend habe ich in Erinnerung, dass der Eingangsbereich des Hotels neu gestrichen wurde und am nächsten Tag hing die Farbe in großen Fetzen runter. Beeindruckend waren für uns die russischen Fahrzeuge der Marke Eigenbau. Wir waren auch nicht verwöhnt in der DDR, aber so etwas hatte ich weder vorher noch nachher gesehen. Auch die Idee, aus einer Kirche ein Schwimmbad zu machen, empfand ich als überraschend. Leningrad war eine Stadt der Widersprüche. Wunderschön aus der Historie und aufregend. Es gab viel zu entdecken. Im Hotel bewohnten meine Eltern ein Zimmer und ich wurde mit einem allein reisenden jungen Mann, einem Schäfer, in einem Zimmer untergebracht. Meine Eltern hatten viel Spaß mit Kakerlaken, wir zum Glück nicht.

Während mich meine Eltern im friedlichen Schlaf vermuteten, erkundete ich mit dem Schäfer das nächtliche Leningrad. Wir wurden von hübschen russischen Mädchen angesprochen und sie fragten, ob wir D-Mark hätten. Nach unserer Antwort, dass wir DDR-Mark hätten, schleppten sie uns in ihre Wohnung ab, und wir fanden uns in einem russischen Wohnzimmer wieder, dessen Fenster mit Zeitungspapier zugeklebt waren. Wir wurden danach von Viktor in Begleitung der Mädels und einer weißen Katze wieder zu unserem Hotel gefahren. Als der Schäfer dann aus dem Hotelzimmer DDR-Mark geholt hatte und sie Viktor zeigte, haben sie sich sehr schnell verabschiedet und sehr gelacht. Das war morgens um vier. Wir trafen auf unseren Reiseleiter, und er fragte, ob wir auch das Hochziehen der Brücken beobachten wollten, was wir natürlich bestätigten und schnell in unserem Zimmer verschwanden. Leider waren die Aufnahmen mit meiner Schmalfilmkamera nicht brauchbar. Sie war nicht in Ordnung. Mit der neuen Kamera konnte ich dann mehr anfangen.

Ich erinnere mich, was für ein komisches Gefühl, das für mich war, nach so kurzer Reisezeit plötzlich wieder in Großräschen zu sein. Mit dem Flugzeug ging das schnell. Das war schon eine etwas andere Welt. Ich bin meinen Eltern bis heute sehr dankbar, dass sie diese Reise mit mir unternommen haben.

Pornos in der Schule

Über die KTN und deren Sinn habe ich schon berichtet. Nachdem ich nun meine Schmalfilmkamera hatte, entstand die Idee, aus Anlass einer Schulmesse einen Schulfilm zu drehen. Ich hatte nun öfter meine Kamera dabei und drehte den Schulalltag. Es sollte ein lustiger Film werden. So filmte ich vom Kinorenner „Garten Eden" Nacktszenen ab und schnitt sie in den Film. Die waren harmlos, gerade in einem Land, in dem FKK kein Thema war und sogar „Außenseiter - Spitzenreiter" am FKK-Strand drehte. Der Gag war für den Biologieunterricht gedacht. Der Film war unter den Schülern ein voller Erfolg, bis Frau Girnd ihn sah. Sie sagte zu mir nichts. Als ich in der nächsten Pause wieder in den Raum kam, war der Schock groß, dass meine gesamte Ausrüstung verschwunden war. Man hatte sie „sichergestellt". Wegen der angeblich „pornografischen Darstellungen" wurde ich zu meiner Direktorin einbestellt. Sie war eher amüsiert, bat mich, die bewussten Szenen herauszuschneiden und gab mir mein Eigentum zurück.

Alles hat ein Ende, nur die Wurst hat zwei …

Zu den Vorbereitungen auf ein Pädagogikstudium gehörte in der DDR auch der entsprechende Einsatz zur Stärkung des Sozialismus. Das war für mich kein Problem. Ich wusste, dass der Lehrerberuf ein politischer Beruf war. Es war mein Land, mein Zuhause, ich fühlte mich schließlich als Teil dessen. Ich sah vielleicht schon etwas klarer als andere, denn durch die Gaststätte meiner Eltern und die vielen Kontakte, über die ich im Ort verfügte, war mein Blick auf die politische und wirtschaftliche Lage für mich als noch recht jungen Menschen doch schon erstaunlich konkret. Natürlich war ich inzwischen Mitglied der FDJ. „Freie Deutsche Jugend" – die eigentliche Vorstufe zur SED.

Die Jugendorganisation war 1949 von Erich Honecker gegründet worden, nach sowjetischem Vorbild. Wir sollten als „junge Kämpfer" für die „gerechte Sache des Sozialismus" erzogen werden, als sogenannte „Kampfreserve" der Partei. Genau diese Definitionen begreift man erst später. Schon das Wort „Kampfreserve" hat einen besonderen Beigeschmack. Damals wurde für alles gekämpft, es wurden Pläne übererfüllt und gigantische Erfolge vermeldet. Jeder wollte der Beste sein, zumindest wurde das nach außen so dargestellt. Aus der gastronomischen Erfahrung meines Elternhauses und aus den Gesprächen mit den nicht mehr nüchternen Gästen wusste ich genau, dass dies ein sehr geschöntes Bild war, hielt es aber für normal.

Um in die FDJ aufgenommen zu werden, musste jeder Schüler an Schulungsnachmittagen teilnehmen. Dafür gab es Agitationsmaterial. Das waren so kleine Heftchen, in denen lauter sozialistische Überzeugungen – sehr schwer verständlich formuliert –- standen. Ich wurde also als angehender Lehrerstudent damit beauftragt, die Schüler der siebten Klasse zu schulen und auf die Aufnahme in die FDJ vorzubereiten. Am Schluss gab es dann eine Art Prüfung. Natürlich haben alle bestanden.

Mir war damals schon bewusst, dass ich mit trockenen, marxistischen Theorien keine Begeisterungsstürme auslösen werde. Wenn ich an diese Art Veranstaltungen während meines Studiums denke, wo Beschlüsse von irgendwelchen Tagungen vorgetragen wurden, welche die Leute, die sie gefasst haben sollen, noch nicht einmal selbst verstanden hatten – welch ein Graus! Ich ging es anders an. Den Koffer mit dem Agitationsmaterial empfing ich von der Pionierleiterin der Schule und die Kinder bekamen ein Buch, welches sie lesen mussten. Unser erster gemeinsamer Nachmittag war dann auch erst einmal recht langweilig, denn ich musste mich schon irgendwie an das Regelwerk halten, da die Klassenlehrerin hospitierte. Also war ich bestrebt, sie loszuwerden. Sie dagegen war vom ersten Mal so begeistert, dass sie ihre Klasse in „guten Händen" wähnte. Ich legte die nächsten Termine dann so, dass ich sie im Unterricht in anderen Klassen wusste und hatte angeblich nur dann Zeit, wenn es bei ihr absolut nicht ging. Anfangs musste ich in der Klasse sehr aufpassen, von den Jugendlichen nicht untergebuttert zu werden. Sie hatten keine Lust auf das, was ich ihnen vermitteln sollte. Es brodelte mächtig. Keiner wollte auch nur irgendetwas tun. Einer der Schüler wollte provozieren und summte einen Schlager. Das war meine Chance. „Was für eine schöne Idee", sagte ich, „Lasst uns das doch singen. Die Kampflieder könnt ihr doch schon." Ich ließ die Klasse aufstehen und inbrünstig schmetterten wir „Alles hat ein Ende, nur die Wurst hat zwei". Jetzt konnten wir arbeiten. Ich erklärte ihnen, dass ich im Gegensatz zu ihnen bereits alles gelesen hätte und ihnen zeigen könnte, was sie unbedingt und was sie nicht lesen müssen, denn das würde ihren Arbeitsaufwand deutlich reduzieren. Wenn sie es mitmachen würden, hätten wir viel Zeit für andere Themen gewonnen. Und wenn nicht, würden wir es trocken durchziehen. Sie zogen mit und lasen brav die Seiten und Passagen, die ich ihnen vorgab. Wir besprachen es auch in einer Form, die sie nachvollziehen konnten. Wir hatten viel Spaß und auch viel Zeit, um über alles das zu reden, was sie so interessierte. Die Prüfung nahm eine

„unabhängige" Kommission von Genossen, Lehrern und FDJ-Funktionären ab. Meine Schützlinge waren sehr überzeugend und man war überrascht über deren Reife und ihr Wissen. Sie verpfiffen mich nicht. Ich war zum ersten Mal bewusst vom vorgegebenen Kurs abgewichen und ihm dennoch treu geblieben. Die Kunst des Unterrichtens liegt eigentlich in der Kunst der Improvisation. Das habe ich damals schon verstanden.

Kurschatten

Im Oktober 1985 wurde ich zur Erholungskur nach Bad Salzungen geschickt. Es war meine dritte Kur. Die erste machte ich mit 11 Jahren in Kippsdorf und habe daran die besten Erinnerungen. Das Kinderkurheim „Bergwiese" habe ich viele Jahr später und lange nach der Wende einmal besucht. Ich erinnere besonders den Frühling. Es hatte mich nachhaltig beeindruckt, dass an einem Tag die Wiesen gelb - und kurze Zeit später weiß waren. Aus Butterblumen waren Pusteblumen geworden. Unsere Betreuer und Betreuerinnen verstanden es, mit Kindern gut umzugehen. Aus dieser Zeit entstammen meine ersten Brieffreundschaften. Und ich habe viel geschrieben. Die zweite Kinderkur führte mich nach Fürstenberg. Das war ein ehemaliges Schloss. Der Leiter des Kurhauses veranstaltete Seemannsabende und sang zum Akkordeon – und ich sang kräftig mit. Frau Brandt und Frau Schüssler wuchsen mir sehr ans Herz. Mit ihnen bin ich bis heute befreundet. Bei Familie Brandt war ich später sogar zu Besuch. Das sind fantastische und sehr liebenswerte Menschen. Sie haben meiner Kinderseele sehr gutgetan. Ich war damals im Herbst in Fürstenberg und mit 13 schon einer der Ältesten. Ich durfte mit dem Hausmeister auf dem Traktor durch den Wald fahren. Es gab dort so viele Pilze, dass wir sie überfahren haben. Das war eine sehr schöne und unbeschwerte Zeit.

Nun also mit 15 Jahren die erste Erwachsenen-Kur in Bad Salzungen. Das war eine Umstellung. Ich musste selbst zu den Behandlungen antreten und immer fleißig um das Solewerk laufen. Es gab vor dem Kurhaus einen kleinen See, um den ich oft lief, um eine zu rauchen. Die Umstellung auf Ruhe fiel mir tatsächlich schwer. Irgendwann entdeckte ich, dass es Bananen gab, stellte mich an und schickte Pakete damit nach Hause. Allerdings waren sie wohl nur noch Matsch, als sie ankamen. Gegen Ende meines Aufenthaltes im Luftkurort, der eigentlich eine Industriestadt war, schloss ich Freundschaft mit einer Krankenschwester. Sie stammte aus Senftenberg, also nur einen Ort von meinem Zuhause entfernt und kannte unser Lokal dem Namen nach. Sie hatte in diese Gegend geheiratet und plante, mich mit ihrer Schwägerin zu verkuppeln. Nach meiner Rückkehr nach Großräschen schrieben wir uns Briefe.

Was meine Post betraf, so gab es auch hier mehrere sehr unangenehme Erlebnisse. Es kam vor, dass ich samstags von der Schule nach Hause kam und meine Post geöffnet vorfand. Sie war dann zur Belustigung aller am Frühstückstisch vorgelesen worden. Ich habe mich darüber sehr aufgeregt und geärgert. Fortan versuchte ich mich immer in der Pause nach Hause zu schleichen, um meine Post abzufangen – was aber nicht immer gelang.

Ich war als junger Mensch sehr einsam. Auch wenn ich viele Briefkontakte pflegte, so hatte ich doch keine Freundin. Jedenfalls nicht so wie meine Brüder. Das Mädchen, das mein Herz erobert hatte, lebte weit weg in Potsdam und hatte mich zurückgewiesen, weil sie ihrer Freundin nicht den Freund wegnehmen wollte. Wäre das anders gelaufen, hätte sich vermutlich mein und auch ihr Leben vollkommen anders gestaltet. Es war für sie eine Frage der Ehre. Von ihr habe ich den ersten Kuss aus Liebe geraubt und dass sollte er auch für Jahrzehnte bleiben.

Natürlich wollte ich mich neu verlieben. Ich wollte ein vollkommen normaler Junge sein. Die Umstände des Alltags machten es mir nicht möglich. Ich war von Mädchen sehr angetan, aber wirklich lieben konnte ich nicht. Das waren Strohfeuer oder Versuche, Herzen zu erobern. Gelungen ist es mir nicht. Zum Jahreswechsel 1985/86 war das besonders schlimm. Pubertät eben. Ich litt nun sehr unter Gehässigkeiten, besonders wegen der „schwulen Sau". Das lag an den Veranstaltungen in unserer Erlebnisbereichsgaststätte. Mein Vater trat im Laufe des Programms in Frauenkleidern und Stöckelschuhen auf. Das sorgte für die wildesten Gerüchte. Auch mir dichteten die Jugendlichen des Ortes es an. Ich hatte aber auch eine sehr feminine Ausstrahlung. Ich telefonierte mit der

Krankenschwester, die ich in Bad Salzungen kennengelernt hatte, und sie lud mich zum Jahreswechsel nach Merkas ein. Dort wohnte sie mit ihrem Mann und Sohn. Auch ihre Schwägerin, die zwei Jahre älter war als ich, lebte dort. Meine Eltern reagierten zunächst sehr befremdlich, dass ich am zweiten Weihnachtsfeiertag wegfahren wollte, aber sie ließen mich dann doch ziehen. Das Merkas an der innerdeutschen Grenze lag, wusste weder ich noch meine Eltern. Der Mann der Krankenschwester war „Hauer" im Salzstock, wie auch sein Vater. Anfangs wohnte ich bei den Eltern und übernachtet bei Heike, der Schwägerin, und wurde sehr herzlich aufgenommen. Wir kamen auf die Idee, die Nichte unseres Musikers in Ordruf zu besuchen und sie einzuladen, mit uns Silvester zu feiern. Wir trafen das Mädchen auch an, und sie erhielt die Erlaubnis mit uns zukommen. Auf der Rückreise beschlossen wir zu trampen, das lag an den schlechten Verbindungen zwischen Ordruf und Eisenach. Also: Trampen von Ordruf nach Eisenach über Bad Salzungen nach Merkas. Zu dritt ist das eine Herausforderung. Die Mädels liefen vorweg. Recht bald hielt ein Auto und sie entschwanden, es hatte nur Platz für zwei. So blieb ich allein zurück auf regennasser Straße.
Eisenach

Ich trottete also der nächsten Ortschaft entgegen und versuchte immer wieder Autos anzuhalten. Mein Aufzug sah nicht gerade aus wie der eines 15-Jährigen. Ich sah eher aus wie ein Großvater. Ich trug einen schweren Wintermantel, schwarze Armeestiefel und eine Schiebermütze. Man hätte mich auch für einen Soldaten halten können. Auf den letzten Metern vor der nächsten Ortschaft nahm mich dann doch noch ein Trabbi mit und setzte mich vor dem Bahnhof ab. Ich nahm den nächsten Zug nach Eisenach. Dort angekommen, waren die Mädels weg. Mein Zug hatte auch so schön Verspätung, dass der Anschlusszug nach Bad Salzungen weg war. Wie hieß es so schön in der DDR? 150 Jahre Deutsche Reichsbahn — und wie viele Jahre Verspätung?! Der nächste Zug fuhr laut Fahrplan erst zwei Stunden später. Solange wollte ich nicht warten, also entschloss ich mich, erneut zu trampen. Ich hatte zwar eine gültige Fahrkarte bis Merkas, aber es war kalt und ich hatte ja kein Gepäck. Ich lief also zu einer Ausfallstraße Richtung Bad Salzungen und versuchte mein Glück.

Da es nach wie vor nieselte, hoffte ich auf schnelles Glück. Es sollte auch recht schnell gehen …

Das erste Auto fuhr an mir mit Nichtachtung vorbei. Doch – ein Wunder! Das nächste Auto hielt an. Es war die deutsche Volkspolizei. Ich war naiv und guten Mutes und hoffte insgeheim, dass unser aller „Freund und Helfer" auf dem Weg nach Bad Salzungen sei und mich mitnehmen würde. Die Genossen waren ausgestiegen und kontrollierten meinen Ausweis, den sie auch erst mal behielten. Und sie stellten viele Fragen. Wer ich denn sei, wo ich denn hinwolle und so weiter. Dabei schauten sie mich verständnisvoll an und baten mich einzusteigen, was ich auch tat. Sie brachten mich allerdings nicht an mein Reiseziel. Das hatten sie einfach geändert. Ich wurde zu ihrem Revier gefahren. Es war nur eine kurze Fahrt durch Eisenach. Dort setzte dann mein Erstaunen ein. Ich betrachtete ihr kärglich eingerichtetes, etwas in die Jahre gekommenes Revier und fragte auch noch, ob es denn strafbar sei, abends zu trampen. Der diensthabende Obermacker, ein eher unauffälliger, etwas untersetzter Fünfzigjähriger, begann sich nun lebhaft für mich zu interessieren. Abermals musste ich erzählen, wer ich sei, was ich bin, warum ich in Eisenach war und wohin ich denn wolle. Er befragte mich zu meinen Eltern und nach den Personen, zu denen ich wollte. Es war eine Art „freundliches Verhör". Zum ersten Mal in meinem Leben musste ich alles auf den Tisch legen, was ich bei mir trug. Man nahm sich meines Adressbuches, der Landkarte und meiner Geldbörse an und zog sich zur näheren Betrachtung in einen durch Milchglas abgeteilten Raum zurück. Ich saß währenddessen, bewacht von einem doch sehr freundlichen Genossen mit kindlichem Gesicht in Polizeiuniform, auf einem Holzstuhl. Ich grübelte, umgeben von dem mit vergrauten Parteiparolen längst vergangener Parteitage und vergammelten Zimmerpflanzen dekorierten Raum. Hinter der Milchglasscheibe begann nun offensichtlich ein heftiges Diskutieren und Telefonieren.

Ich fragte unterdessen das Kindergesicht, was denn der Grund für meine Verhaftung sei. Dazu bot ich ihm eine meiner Clubzigaretten an. Er rauchte sie mit einem dankbaren Lächeln. „Club" waren in der DDR mit 4 Mark pro Schachtel teure Zigaretten. Es entwickelte sich tatsächlich eine Unterhaltung. Wir waren nicht allein. Unser allgegenwärtiger Staatsratsvorsitzender Erich Honecker lächelte durch das verstaubte

Glas seines goldenen Einheitsbilderrahmens.

Dieser freundliche Polizist versuchte nun, mich zu beruhigen. Er gab sich große Mühe, die in mir aufkommenden Zweifel zu zerstreuen. Aber auch er, gerade solche Menschen wie er, gehörten zu jener Garde des Staates, die mir noch mehrmals auf den Zahn fühlen sollte. Wirklich gefährlich sind die, denen man nicht ansieht oder anhört, dass sie keine Achtung vor anderen haben. Joseph Göbbels war auch so ein Typ. Privat die Kinder auf dem Schoß haben und von Beruf Massenmörder sein. Nun ist dieser Vergleich hier nicht angemessen, denn Mörder waren sie nicht, aber sie lieferten ans Messer. Er war nur die unterste Kategorie, aber ich spreche auch diesem Polizisten eine gewisse Begabung zu für das, was er tat.

Nach seinen Worten hatte ich also keinen Anlass, mir irgendwelche Sorgen zu machen. Ich hätte nichts Unrechtes getan und sicher dürfte ich bald weiterreisen. Ich versuchte ihm zu glauben. Der Mistkerl wusste genau, dass er log und auch warum.

Nach einer gefühlten Ewigkeit öffnete sich die Tür zum Milchglas Zimmer und der Oberbonze eröffnete mir, ich hätte den anderen beiden Genossen „zur Klärung eines Sachverhaltes" zu folgen. Meine persönlichen Sachen hielten sie schon in den Händen und man verbrachte mich in einen grünen, klapperigen Lada, der im Innenhof bereitstand und weiter ging die Reise. Es war kein Polizeiauto, sondern ein „besonderes" Fahrzeug, so viel begriff ich sofort.

Wir fuhren kreuz und quer durch Eisenach. In mir stieg die Spannung, was mich nun erwarten würde. Wir näherten uns einem groß erscheinenden, grauen Gebäude mit vergitterten Fenstern aus der Jahrhundertwende. Mir wurde etwas mulmig. Die großen Eisentore, die wir passierten – es waren zwei oder drei – öffneten und schlossen sich automatisch und wurden durch Posten mit Gewehren auf den Schultern von innen bewacht. Von außen sah man nur einen harmlosen Pförtner. Irgendwie erinnerte mich das an James Bond, nur empfand ich es als nicht komisch. Menschen, die nur ein kleines bisschen Macht ausüben können, haben oftmals einen gewissen Ton an sich. In eben diesem Ton verbot man mir das Wort. Ich hätte nichts zu befürchten ... – diesen Satz kannte ich schon. Wir waren also angekommen, und ich musste erst einmal in einem neutralen Vorraum warten. Ein Herr in Zivilkleidung – er trug einen grauen, billigen Anzug, der auch noch schlecht saß – kam, um mich zu empfangen. In streng höflicher Wortwahl „überredete" er mich, ihm zu folgen.

Wir hatten einen langen Weg vor uns, der uns tief in das Gebäude führte. Für mich genügend Zeit, um das graue Gebäude mit den vergitterten Fenstern, den Einsatzautos unterschiedlichster Art und Bauweise und auch die mit Stacheldraht versehene Mauer betrachten und wahrnehmen zu können. So etwas hatte ich bis dahin noch nicht gesehen. Zugegeben: Ich war dann doch etwas aufgeregt. Wir hatten den Boden eines Hauses betreten, in dem im Laufe der Jahrzehnte mit Sicherheit so manches Unrecht seinen Lauf genommen hatte. Vor uns wurden stählerne Gittertüren aufgeschlossen und hinter uns wieder verschlossen. Ich hielt es für ein Gefängnis. Es war aber nur ein Gebäude der Grenztruppen und der Staatssicherheit der DDR. Angekommen am Ende eines Ganges mit verschiedenen Türen, die mich an die Luftschutzkellertür aus dem Haus meiner Oma erinnerten, stand ein großer Holztisch. Dieses Mal nahm man mir alles Private und Persönliche ab. Selbst meine Uhr, das Taschentuch und die Zigaretten nebst Streichhölzern. Sie forderten mich auf, den Gürtel aus meiner Hose und aus dem Mantel zu ziehen und ihnen zu übergeben. Ich tat wie mir befohlen und staunte.

Jetzt öffnete man eine dieser Luftschutzkellertüren, schob mich wortlos in den dahinter liegenden Raum und schloss die Tür. Die Innenarchitekten bewiesen in diesen Räumlichkeiten Geschmack. Die Zelle war zwei Mal dreieinhalb Meter groß, in zarte, hässliche, kalte Grautöne getaucht und mit dazu passendem, flackerndem Neonlicht lebendig gehalten. Das Fenster von innen dick weiß gestrichen und gleich zweimal vergittert. Also von innen und von außen und ein dreiviertel Meter dahinter gleich noch einmal. Es war ein schweres, schmiedeeisernes Gitter. Es diente als Raumteiler. Sagen wir: in die Bereiche Aufenthaltsraum und unbenutzbares Vorzimmer. In der nur von außen zu öffnender Stahltür befand sich ein Guckloch. So eine Art Spion, natürlich nur für den Blick von draußen nach drinnen.

Der Nieselregen wurde immer stärker. Das erzählten mir die gleichförmigen Tropfgeräusche der anscheinend reparaturbedürftigen Dachrinne vor meinem Fenster. Ich ging auf und ab und versuchte die Situation zu erfassen, in der ich mich befand. Es ist schwer zu sagen, wie lange es dauerte, bis sie mich das erste Mal holten. Solche Momente erscheinen endlos, weil es nichts gibt, woran man sich orientieren kann.

Nun folgte eine Art Spiel nach deren Regeln. Ich wurde aus der Zelle geholt und in ein kleines Zimmer geführt, in dem mich der schlecht gekleidete Mann in Zivil erwartete und befragte. Ich beantwortete immer wieder dieselben Fragen, dann wurde ich wieder zurückgebracht. Ich erinnere nicht mehr, wie oft es war. Einige Male. Ich verstand nicht, warum man mir Republikflucht zur Last legte, und der graue, kleine Mann konnte nicht verstehen, warum ich es nicht zugeben wollte. Immer wieder bohrende Fragen: Was? Warum? Wieso?

Warum hatte ich eine Verkehrskarte der DDR bei mir? Natürlich, weil wir dieses Mädchen besucht hatten und wir vorher noch nie dort waren. Warum hatte ich mein Adressbuch dabei, in dem es auch Adressen aus der BRD gab? Weil es mein Adressbuch war und ich beabsichtigte, Postkarten zu schreiben. Ich schreibe eben meinen Freunden, wenn ich verreise. Warum ich Bekannte in der BRD hätte? Das sei doch unser Klassenfeind! Das waren Adressen von Verwandten meiner Oma, also Familie und das waren nicht unsere Feinde. Es war verständlich, dass der Herr irgendwann keine Geduld mehr mit mir hatte. Mit deutlich überzogener Geste, damit meine ich seine zufällig auf den Tisch fallende Faust, sagte er schließlich: „Jugendfreund – in der DDR waren wir immer Jugendfreunde, wenn etwas nicht in Ordnung war – Jugendfreund, wenn Sie nicht sofort die Wahrheit sagen und mit ihrer Lügengeschichte aufhören, dann fahren wir mit dem „blauen Auto" nach Gotha!" Im grünen Auto war ich ja schon hierhergefahren worden. Das blaue Auto hörte sich nicht vielversprechender an. Auch wusste ich nicht, was mich denn nun in Gotha erwarten würde. Ich nahm all meinen Mut zusammen und antwortete dem Herrn – etwas überraschend für ihn: „Ich schlage ihnen vor, Sie erkundigen sich erst einmal, wer ich bin. Versuchen sie es doch mal in Senftenberg oder auf der Dienststelle meines Heimatortes. Man wird ihnen gewiss bestätigen können, dass ihre Anschuldigungen absurd sind. Man kennt mich dort. Ansonsten schlage ich vor, wir beenden das hier und fahren mit dem blauen Auto nach Gotha." Damit war das letzte Verhör beendet, und ich wurde wieder in meine Zelle verbracht.

Ich kann nicht sagen, wie viele Stunden ich nun in meiner Zelle schmorte. Es waren Stunden des Bangens und Wartens. Ich war umgeben vom

Grau meiner Zelle und dem Wissen der Ungewissheit. In jenen Stunden der Ohnmacht und des Entsetzens begann mein „Aufwachen". Ich begann über das sozialistische System nachzudenken und mich zu fragen, wieso. Zum ersten Mal zweifelte ich nicht mehr nur am Willen der Bevölkerung, sondern begriff schlagartig, dass die Staatsmacht irrte. Dass der Begriff „Antifaschistischer Schutzwall" eine Farce war und die DDR sich nicht vor Eindringlingen von außen, sondern vor dem Willen des eigenen Volkes schützte – und das mit Waffengewalt. Ich konnte nicht einsehen, warum man mich hier so behandelte. Wie einen Schwerverbrecher!

Ich hatte mir nichts zu Schulden kommen lassen, dennoch erkannte ich, dass meine Zukunft in der DDR an einem seidenen Faden hing. Ich war angewiesen darauf, dass sie ihren Irrtum korrigierten. Bis zu diesem Zeitpunkt wollte ich meinem Land dienen. Ich fühlte mich als Teil des Systems, wollte doch Lehrer werden und dann Schauspieler. Beides waren politische Berufe in der DDR. Da durfte man keinen Punkt in der Akte haben. In jener Nacht begriff ich, dass von einer Sekunde auf die andere alles vorbei sein konnte und entschloss mich im Fall „Gotha" die Unwahrheit zu sagen, ins Gefängnis zu gehen und mich anschließend in den Westen abschieben zu lassen. Für mich, der sich so mit diesem Staat und diesem Land identifiziert hatte, brach eine Welt zusammen und die Gedanken, die ich hatte, kamen einer Sensation gleich. Natürlich war das Ausland auch schon vorher für mich interessant, und ich glaubte auch den ganzen Hokuspokus, den man uns erzählte, nicht. Sonst wäre jeder vernünftige westdeutsche Bürger längst in die DDR ausgewandert. Für mich war die DDR-Heimat und alles andere eine Auseinandersetzung der herrschenden Systeme. Nur begann ich eben nun, unser „System" sehr realistisch zu betrachten.

Doch das Wunder geschah. Es fuhr kein blaues Auto vor und von „Gotha" war auch nicht mehr die Rede. Der Mann in Zivil, seines Zeichens Politkommissar, suchte mich persönlich in meiner Zelle auf und sagte als Erstes kurz und knapp: „Sie sind frei!" Was für eine Erleichterung. Man hätte meine Eltern befragt und sie haben meine Urlaubsreise nach Merkas bestätigt. Sein todernstes Gesicht nahm tatsächlich menschliche Züge an.

Er bot mir eine größere Zelle an und empfahl mir, noch für ein paar

Stunden ihr „Gast" zu sein, da mein nächster Zug erst in drei Stunden fahren würde. Wenn ich die Zeit auf dem Bahnhof verbringen würde, könnte es sein, dass ich wieder verhaftet werde, und dann müsste ich mit einem längeren Aufenthalt rechnen, es sei ja schließlich Silvester. Er erklärte mir, dass ich mich natürlich über meine Verhaftung beschweren könnte, das würde aber wenig Sinn machen, da sie befugt seien, „verdächtige" Personen bis zu 24 Stunden in Gewahrsam zu nehmen. Das war eine Flut an Informationen für einen jungen Menschen. Also blieb ich und wurde in eine größere Zelle verlegt, bekam eine Luftmatratze und eine Decke. Auch gab man mir meine persönlichen Sachen zurück. Allerdings wurde auch diese Zelle von außen verschlossen. Ich blies meine Luftmatratze auf und genoss es, endlich wieder rauchen zu dürfen. Schlafen konnte ich sowieso nicht. So wurde ich akustischer Zeuge der Gepflogenheiten dieses Hauses. Schon aus der anderen Zelle hatte ich gelauscht, wie die Genossen mit einem offenbar dunkelhäutigen „Gefangenen" umgingen.

Die Genossen wollten ihm unbedingt Blut abnehmen. Der Mann weigerte sich mit Händen und Füßen, woraufhin zu härteren Mitteln gegriffen wurde. Zumindest entnahm ich das den Schreien. Wie muss er sich gefühlt haben, von den Staatsorganen als „Niggerschwein" beschimpft zu werden?

In jener Nacht wurde ich von einem „Bazillus" befallen, der lange in meinem Unterbewusstsein arbeitete. Dieser „Bazillus" heißt Freiheit.
Meine Gastgeber jener Nacht holten mich gegen fünf Uhr aus meiner Zelle und brachten mich im Polizeiauto zum Bahnhof. Ich konnte direkt in den Zug nach Bad Salzungen einsteigen. Auch dort musste ich nicht sehr lange auf den Anschlusszug nach Merkas warten. Morgens gegen sechs Uhr etwa klingelte ich an der Wohnungstür meiner eigentlichen Gastgeber, und meine Krankenschwester nahm mich erleichtert in die Arme. Auch sie hatte eine schlaflose Nacht hinter sich. Ihr Mann war schon zur Frühschicht gegangen und die Nichte unseres Musikers schlief im Wohnzimmer. Ihr Sohn schlief auch noch. Wir saßen in der Küche der kleinen Neubauwohnung und sie berichtete mir vom Besuch der Polizei bei ihnen. Ihre Schwiegereltern wollten mich nicht mehr beherbergen, aber ihr Mann hatte gesagt, ich könne jetzt bei ihnen schlafen. Unser Silvestergast möge doch aber bitte nach Hause fahren. So wurde es dann

auch gemacht. Die Nichte unseres Musikers fuhr noch am Morgen zurück zu ihrer Mutter nach Ordruf. Heike kam vorbei und war ebenfalls erleichtert, mich nicht im Gefängnis zu wissen. Überhaupt waren wir alle erleichtert über den Ausgang der Geschichte und es wurde ein schöner Jahreswechsel für mich. Nach meiner Abreise hatten sie noch einigen Ärger mit den Behörden. Da hinter Merkas das Sperrgebiet begann, hätten sie meinen Besuch bei den Behörden „anmelden" müssen. Am Neujahrstag machte sie mit mir einen Besuch bei einer Freundin, der nur den einen Sinn hatte: mir den ersten Sperrzaun zu zeigen. Deswegen war ich verhaftet worden!

Am Silvesternachmittag klingelte ein Junge Sturm. Er richtete Grüße meines Vaters aus. Unsere Familie war schon immer erfinderisch, wenn es darum ging, etwas in Erfahrung zu bringen. Mein Vater hatte in einer Gastwirtschaft in Merkas angerufen und darum gebeten, mit meiner Gastfamilie Kontakt aufzunehmen. In der DDR hatten nur wenige Menschen ein Telefon. Mich überraschte der Besuch des Jungen, denn der Mann in Zivil hatte mir versprochen, meine Eltern über meine Freilassung zu benachrichtigen. Aber das war wohl auf dem kurzen Dienstweg vergessen worden. Ich machte mich also auf den Weg, um meine Eltern anzurufen.

Das war ein schwieriges Unterfangen! Das einzige öffentliche Telefon des Ortes gab es im Postamt. Das aber war geschlossen. Auch die Gaststätte, wo mein Vater angerufen hatte, war zu. So brachte mich die Krankenschwester in den Betrieb ihres Mannes. Im Kalibergwerk gab es ein Telefon. Die Telefonistin war sehr hilfsbereit und verständnisvoll. Noch heute bewundere ich ihre Geduld. Ich glaube, an die 20 Mal stellte sie die Verbindung her und immer wieder brach sie zusammen. Außer einem „Hallo, hallo, hörst Du mich?" kam nichts zustande. Trotzdem konnten meine Eltern davon ausgehen, dass ich frei war.

Am Neujahrstag gegen zwei Uhr hatte ich dann mehr Glück, konnte aus einer Gaststätte anrufen und berichten, dass alles okay sei. Sie waren wohl erleichtert, obwohl ich dem Gespräch sogleich auch entnehmen konnte, dass mich zu Hause keine wirkliche Freude erwarten würde. So genoss ich die letzten Tage in Merkas und sammelte Kraft. Meine Krankenschwester kümmerte sich um mich, was mir sehr gut bekam. Ich habe die Familie zwei Jahre später nochmals für wenige Stunden besucht, bin aber gleich wieder abgereist, denn die Behörden hatten ihnen wohl sehr zugesetzt und man wollte kein Risiko mehr eingehen. Leider verlor sich dann der Kontakt, sodass ich heute nicht weiß, was aus ihnen geworden ist. Ich bin ihnen bis heute für ihre Gastfreundschaft und Herzlichkeit verbunden und dankbar.

Hallo, ihr Sohn ist getürmt

1985, 30. Dezember, so gegen 23.30 Uhr. Meine Eltern sind gerade fertig mit den Vorbereitungen für die Silvesterveranstaltung am nächsten Tag. Sie haben sich in ihre Privaträume zurückgezogen. Meine Mutter liegt in der Badewanne, mein Vater sieht fern.

Plötzlich ein Schneeball an der Scheibe der Privatküche. Klingel gab es keine. Noch ein Schneeball und noch einer. Und dann laute Rufe: „Hallo! Aufmachen! Polizei!" Mein Vater dachte erst, das sei im Film, bis er begriff: Das war ja echt. Er öffnete das Fenster und fragte, was denn los sei. „Herr Acksel, ihr Sohn ist getürmt! Er ist doch nicht zu Hause – oder? Genaues wissen wir nicht. Nur, dass man ihn festgenommen hat."

Diese Nachricht überbrachte „Kugelblitz", einer unserer Stadtpolizisten. Er hatte den Spitznamen, weil er ein kleiner dicker Mann war, der immer mit seiner Schwalbe (das Moped des Ostens) unterwegs war, und das sah sehr komisch aus. Es gab noch Herrn Nielsen, der war auch Polizist und wohnte uns gegenüber, der hatte vermutlich keinen Dienst. „Kugelblitz" also hatte den Auftrag, meine Angaben zu überprüfen und die gewonnenen Erkenntnisse nach Eisenach weiterzuleiten. Wie die genauen Abläufe damals waren, entzieht sich meiner Kenntnis. Mein Vater bestätigte meine Reise und blieb überrascht und auch etwas ratlos zurück. Er suchte meine Mutter im Badezimmer auf und sagte mit den ihm typischen Worten: „Du musst jetzt sehr stark sein. Tilo ist wegen versuchter Republikflucht verhaftet worden. Den sehen wir erst zur Gerichtsverhandlung wieder." Nun begann auch für sie eine Nacht des Grübelns.

Sie sahen drei Möglichkeiten als realistisch an. Erstens: Ich wollte wirklich türmen und in den Westen. Zweitens: Ich wollte mich mit einem Paukenschlag umbringen, begründet in meiner schlechten seelischen Verfassung, in der ich abgereist war – denn dass an der Grenze scharf geschossen wurde, wüsste ich ja. Oder Variante drei: Das Ganze war einfach nur ein Missverständnis.

Sollte ich in den Westen abgeschoben werden, würden sie bald Pakete aus dem Westen bekommen, so dachte zumindest mein Vater. Verwandtschaft gab es in Westberlin und in Hamburg.

Sie dürfen alles! Aber ...

Auch meine Eltern hatten – allerdings einige Jahre zuvor –- erfahren müssen, wie aktiv die Staatssicherheit war. Der eigentliche Grund für den Bau der Berliner Mauer war die Tatsache, dass die DDR langsam, aber sicher ausblutete. Hauptsächlich die jungen, gut ausgebildeten Fachkräfte verließen das Land in Richtung Westen. Genau dieses Problem sollte sich nach dem Fall der Mauer für die nun neuen Länder wieder zeigen.

In den Siebzigerjahren war ein Schulfreund meines Vaters in den Westen geflüchtet. Auf welche Weise – ist mir nicht bekannt. Die Staatssicherheit wusste davon. In der Spionage war die DDR-Weltklasse. Es war auch recht einfach für den Geheimdienst, denn es kam niemand hinein ohne Kenntnis der Sicherheitsorgane, und wer das Land verließ, stand auch unter Kontrolle. Die wenigen, die flüchten konnten, wurden natürlich auch schnell identifiziert. Der Westen nahm die Ostflüchtlinge mit großer Güte auf und es war sicher nicht leicht herauszufinden, wer ein Spitzel war und wer nicht. Jener Schulkamerad meines Vaters war nun im Westen und es war üblich, dass die Flüchtlinge durch den BND befragt wurden. Im BND arbeiteten offensichtlich auch einige Mitarbeiter für Ost-Berlin. Die Stasi erfuhr, dass jener Schulfreund von meinem Vater berichtet hatte. Was und warum er von ihm sprach, entzieht sich unserer Kenntnis. Es führte jedenfalls dazu, dass die Stasi meine Eltern aufsuchte und sie unter Druck zu versetzen versuchte. Ein Jahr lang wurden sie immer wieder besucht und man sprach mit ihnen. Die Stasi wurde sehr deutlich. Unter dem Motto: „Herr Acksel, sie können alles tun, nur versuchen sie nicht, sich in den Westen abzusetzen!"

Nun hatten meine Eltern nicht vor, sich in den Westen abzusetzen. Dieses Jahr muss sehr schlimm für sie gewesen sein. Im Übrigen wissen wir heute, dass wir systematisch beobachtet wurden. Fast der gesamte Freundeskreis arbeitete für die „Firma", von manchen wussten wir es sogar ganz offiziell. Ein Aushilfskellner arbeitete für die „Firma" und war für Umweltfragen zuständig. Angeblich landeten von unseren Fotos immer Abzüge bei der „Firma". Ich persönlich halte das für übertrieben. Aber dass jeden Abend einer bei uns „Dienst" hatte, ist offensichtlich. Mein Vater hatte ein Mikrofon in der Hand und unterhielt seine Gäste. Darüber war man gern unterrichtet. Meine Eltern sind mit der Situation entspannt umgegangen. Sie haben sich darum nicht gekümmert. Sie hatten auch nichts zu verbergen, sich in der DDR eingerichtet und fühlten sich wohl. Die DDR war ihr Staat, ihre Heimat. Sie waren Kinder der DDR und hatten viele positive Erfahrungen gemacht. Dennoch mussten auch sie als Geschäftsleute für Dinge geradestehen, die sie nicht zu verantworten hatten. Vom großen Brand 1983 habe ich berichtet. Die Rechnung mussten die Geschäftsleute zahlen. Kurz nach dem Brand bekamen alle Geschäftsleute durch die staatlichen Behörden eine Tiefenprüfung. Alle mussten zahlen. Meine Eltern ca. 15.000 Mark. Sie hatten Postkarten des Hauses mit in der Gedeck-Kalkulation der Veranstaltungen. Eine Postkarte kostete 20 Pfennige. Das wurde als Nötigung zum Kauf angesehen. So wurde hochgerechnet: Zwei Veranstaltungen pro Woche à 100 Personen mal 10 Jahre. Das Ganze war ein Witz. In der Zeit dieser schweren Prüfung erwies sich meine Mutter als die Person mit den stärkeren Nerven. Mein Vater war drauf und dran Geschäftsgeheimnisse preiszugeben, aber ein kräftiger Tritt gegen das Schienbein unter dem Tisch hielt ihn davon ab. Zumindest wurde es später gern so im Familienkreis berichtet. Nachweisen konnten sie meinen Eltern nichts. 15.000 Mark war ohnehin schon eine stolze Summe, wenn man bedenkt, dass ein Gedeck damals 15 Mark kostete. Außerdem: Die ganze Aufregung, bis dann endlich klar war, was man nun „gefunden" hatte, machte sie ganz schön fertig. Es gab erst die Prüfung und dann die „Verhandlung". Die Strafen standen wohl schon vorher für die einzelnen Geschäftsleute fest. Das hatte sich irgendeine Kommission ausgedacht. Die wussten, wie viel Geld sie brauchten und wer wie zahlungskräftig war, sie hatten es lediglich als Strafzahlungen unter den Geschäftsleuten aufgeteilt. Das nannte sich dann „real existierender Sozialismus". Aber die Großräschener Geschäftsleute haben es überstanden, auch weil sie es überstehen sollten. Der Staat hatte kein Interesse daran, dass sie aufhörten. Sie waren systemrelevant, wie man heute sagen würde. Alle hatten sich mit dem Staat arrangiert und wussten ganz genau, wie man Geld verdient. Auf dem XI. Parteitag der SED hatte Erich Honecker gesagt: „Aus unseren Betrieben ist noch viel mehr rauszuholen." Das nahmen die Werktätigen wörtlich im Sinne ihrer privaten Interessen. Aber irgendwer musste Gewinne erwirtschaften und das waren die privaten und halbstaatlichen Geschäftsleute.

Gasangriff

In der DDR beschränkte man sich nicht darauf, die Kinder sportlich zu trainieren. Man bereitete sie auch auf den „Ernstfall" vor. Das war ein fester Bestandteil des Lehrplanes, den jeder Schüler absolvieren musste. Zum einen war es das Ziel, möglichst viele Offiziersanwärter für den Dienst an der Waffe zu begeistern, zum anderen war es eine Ergänzung zum Staatsbürgerkundeunterricht. Dieser wurde bei uns in der 9. und 10. Klasse übrigens von einer sehr hübschen jungen Frau gehalten. Sie war auch gleichzeitig Direktorin an der neu gebauten Schule im Neubaugebiet, welche heute schon wieder abgerissen ist. Sie hieß Annegret Springstein und war 1985 30 Jahre jung. Wir waren mächtig stolz auf sie, denn sie war auch Delegierte des 11. Parteitages der SED vom 17. Bis 21. April 1986, und wir saßen wie gebannt vor der Glotze, um unsere Frau Springstein zu sehen. Wäre die DDR wie Frau Springstein gewesen, wäre diese wohl nicht untergegangen. Sie glaubte an das, was sie uns erzählte und stand dafür, außerdem zog sie sich sehr gut an, was uns gefiel. Sie wollte etwas für die Menschen erreichen und die Welt verbessern. Wir hingen an ihren Lippen und haben ihr geglaubt. Sie ließ auch kritische Stimmen zu und versuchte zu überzeugen. Das schöne Fach „Wehrerziehung" gab es ab der 8. Klasse, wenn ich mich richtig erinnere. Es wurden Grundzüge der „Vormilitärischen Ausbildung" vermittelt. Besonders „beliebt" war das Training zur Abwehr der „kapitalistischen Aggressoren".
14 Tage seiner „Untertanen" opferte der Staat dafür. Und es war ein Opfer, denn so richtig ernst nahm diese „Vormilitärische Ausbildung" von den Jugendlichen niemand. Nicht einmal ich. Wir wurden in Uniformen der „Zivilverteidigung" gesteckt, erhielten Gasmasken und los ging der Spaß. Die Kurse der praktischen Übungen fanden eine Woche in

den Sommerferien und eine Woche in den Winterferien statt und waren Pflicht. Mein Interesse, in voller Ausrüstung über die Aschenbahn des Sportplatzes zu rennen oder durch irgendwelchen Dreck zu robben und vielleicht Sturmbahnen zu erobern, war nicht sehr ausgeprägt. Ich hatte die Bronchitis gerade hinter mir gelassen und erwirkte daher ein ärztliches Attest zur Freistellung von schwerer körperlicher Belastung. Da ich eine Schmalfilmausrüstung besaß, und der Schulfilm schon so gut angekommen war, erhielt ich den Auftrag, unseren „Kampfgeist" zu filmen und eine Art „Lehrfilm der zivilen Verteidigung" herzustellen. Eine sehr dankbare Aufgabe.

Die Übungen, an denen ich beteiligt war, fanden an zwei Schulen statt. Eine in Freienhufen und eine bei uns. In Freienhufen hatte ich den größten Spaß, den Direktor der Schule nicht einzulassen, da er sich nicht ausweisen konnte. Wir sollten schließlich das Tor bewachen und niemand passieren lassen. Der war so richtig schön sauer, weil er sich mühsam von hinten herum in die Schule schleichen musste. Aber Kampfauftrag war nun mal Kampfauftrag! Ich musste dabei an meinen Vater denken, der auf den nicht anhaltenden Milch-LKW mit scharfer Munition geschossen hatte.

In unserer Schule wurde es dann richtig ernst. Die Schüler zogen sich immer erst im Klassenzimmer um. Keiner lief freiwillig im Uniformen der GST (Gesellschaft für Sport und Technik) durch den ganzen Ort, das war ihnen zu peinlich. Dann gab es Alarm und im Pausenhof wurden farbige Rauchgranaten gezündet. Wir wurden also angegriffen...

Die Evakuierungsmaßnahmen liefen an. Man hatte sich richtig Mühe gegeben und die Verletzten mit bescheidenen Mitteln geschminkt. Diese wurden geborgen und versorgt. Wenn es keinen solch absurden, militärischen Hintergrund gegeben hätte, wären solche Übungen für den Katastrophenfall sehr sinnvoll gewesen. Aber bei uns wurde der Krieg geübt! Am schönsten war die Übung „Gasangriff". Dazu mussten alle im Hof antreten und so schnell wie möglich ihre Gasmasken aufsetzen. In unserer Klasse gab es ein Mädchen namens Katrin, die leider ganz schlecht sehen konnte. Sie trug eine schwere Brille mit recht starken Gläsern und durfte daher keine Gasmaske aufsetzen. Sie musste sich stattdessen eine durchsichtige Plastiktüte über den Kopf ziehen. Ich habe das alles brav gefilmt und somit das Lachen der gesamten Kampftruppe filmisch verewigt. Zum Glück ist sie nicht erstickt. Die Bilder werden wohl wackelig geworden sein, denn ich selbst musste natürlich auch lachen. Eigentlich die ganze Zeit, denn das, was wir da taten, war an Komik nicht zu überbieten. Als ich den Film dann schnitt, habe ich uns spaßeshalber mal vorwärts und mal rückwärts, mal schneller und mal langsamer marschieren lassen. Meiner Klasse hat das „Werk" sehr gefallen. Die Schule jedoch verzichtete auf den Schulungsfilm. Offiziell war der Film „überbelichtet und leider schadhaft!" ...

Einführung in die sozialistische Arbeit

Dazu muss ich sagen: In die Arbeit musste man mich nicht mehr einführen. In die sozialistische dann allerdings schon. Nun gab es in der DDR – genauso wie im Westen – viele Berufe, in denen wirklich hart gearbeitet wurde. Busfahrer mussten Bus fahren, Lokführer ihre Züge, Schauspieler mussten proben und ihre Vorstellungen spielen usw. Aber es gab eben auch die Kombinate, die viel Platz für die sozialistische Arbeit boten. Kurioserweise habe ich das im „Westen" auch kennengelernt. Ich habe einmal für einen Verkaufs-Fernsehsender gearbeitet, der mangels Masse die Sendezeit füllen musste. Hier durfte ich dann fünfzehn Minuten über ein Saunakilt aus Mikrofaser, anschließend fünfzehn Minuten über Mikrofaser-Bettwäsche, gefolgt von 15 Minuten Mikrofaser-Handtücher reden. Der Sender ging dann auch schnell pleite, ähnlich wie die DDR.

Unser Lieblingsunterrichtsfach hieß ESP - Einführung in die sozialistische Arbeit. Der Sinn bestand darin, die Jugendlichen an die Arbeit in den sozialistischen Betrieben heranzuführen und in ihnen Berufswünsche zu wecken. Wir wurden dafür zum Arbeiten in Betriebe geschickt. Mal waren wir in einer Spielzeugfabrik, setzten Blechspielzeug zusammen und zogen Gummireifen auf, aber meistens verschlug es uns in die Brikettfabrik nach Freienhufen. Es kam schon vor, dass die Arbeiter zwischendurch auf der Werkbank schliefen. Wir mussten Ventile auseinanderbauen und wieder gängig machen – und davon gab es reichlich.

Am besten waren die Pausen. Da konnten wir in der Werkskantine frühstücken und zu Mittag essen. Gern ist da, glaube ich, keiner von uns gewesen. Auch machten uns die Arbeiter klar, dass wir nicht zu fleißig sein sollten, denn es mangelte an Material und wir hätten sonst die Norm versaut. Wir haben das recht schnell begriffen. Es war doch schon sehr anders als meine Ferienarbeit in der Tischlerei, denn hier wurde richtig rangeklotzt. Es ging so weit, dass einer der Tischler seine Pellkartoffeln mit Schale aß, weil sie so spät kamen und er seine Mittagspause nicht überziehen wollte. Das war aber auch ein kleiner Betrieb. Ich weiß nicht, wie viele Plastikkleiderhaken ich angeschraubt habe. Das war ohnehin eine super Erfindung, denn die Dinger brachen sofort ab, wenn man etwas dranhängen wollte. Dafür habe ich einiges von den Tischlern lernen dürfen. Gern erinnere ich den Moment, als die Glockenspielerkabine für den Berliner Dom gezimmert wurde. Ich durfte sie einlassen und fand das klasse. Die Werkstätten waren im Ort verteilt und ich bin zusammen mit den Tischlern und ihrem großen, gummibereiften Wagen durch den Ort getrabt, um die Spanplatten von A nach B zu fahren. Das hat immer Spaß gemacht und die Männer waren auch immer sehr freundlich zu mir.

Das Ende oder ein neuer Anfang

Auf den ersten Seiten des Buches schrieb ich etwas von Vorahnungen. Oh ja, die gibt es. In unserer Familie sind solche „Begabungen" vorhanden. Eine Großtante Dora aus Berlin hat den Bau der Berliner Mauer vorhergesehen. Sie sagte Anfang August 1961 zu meinem Vater, der mit seiner Mutter zu Besuch war: „Ulli, bleib bei uns, sie werden uns einmauern – und das für lange Zeit!" Er fuhr wieder nach Hause und wenige Tage später wurde die Mauer gebaut. Sie sahen sich zum letzten Mal. Im Frühjahr 1987 spürte auch ich diese Veränderungen auf uns zukommen. Es war klar, ich würde die Schule beenden und zum Studium nach Cottbus gehen. Aber das erklärte die Unruhe nicht. In der Nacht vom 7. auf den 8. März sollten wir den eigentlichen Grund erfahren.

Es war ein Freitag. Ein gewöhnlicher Freitag. Bis 14 Uhr Schule und dann hieß es helfen bei den Vorbereitungen für die Tanzveranstaltung am Abend. Also: sauber machen, eindecken – das Übliche. Ab 17 Uhr dann die mit der Veranstaltung verbundenen Aufgaben. Meine Brüder waren bereits ausgezogen. Ich war an ihre Stelle getreten und fungierte als Assistent meines Vaters, trug das Essen mit raus, hielt Türen auf für seine Auftritte, räumte Tische ab und vieles mehr. Meine Mutter und das jeweilige Personal hatten genug damit zu tun, die Gäste mit Getränken zu versorgen. Alles war durchorganisiert und eingespielt. Wir trugen Kostüme, die meine Mutter genäht hatte und zum jeweiligen Programm passten.

Um 18 Uhr kam die Kapelle „Duo Franz" mit Eberhard Franz und Rudy Bistry. Letzterer spielte Schlagzeug. Beide sind leider schon lange tot. Eberhard, den ich meine ganze Kindheit über kannte, war Musiklehrer und kam Anfang der 90er-Jahre durch einen Autounfall ums Leben. Er wollte nur den Tank vom Trabbi leer fahren. Ein betrunkener Autofahrer hat ihn frontal gerammt. Er wurde dabei geköpft. Seine Schwester, die neben ihm saß, starb auch im Auto. Sein Sohn wurde schwer verletzt, hat es aber überlebt. Der Unfallverursacher kam mit einer Geldstrafe davon. Zu Eberhard darf eine kleine Begebenheit nicht fehlen. Am Ende der Veranstaltungen, also nachts um 1 Uhr, wenn die Gäste gegangen oder abgefahren waren, saßen wir immer noch zusammen und aßen. Im Sommer wurden Bockwürste im Kamin in der Bar gegrillt und im Winter machten wir uns über die Reste vom kalten Buffet her. An einem dieser Nachtmahle suchte Eberhard plötzlich seinen Stiftzahn. Der war weg. Alle suchten, auf dem Boden und wo auch immer. Er wurde dann auch gefunden. Der Stiftzahn steckte in der Stulle, von der Eberhard abgebissen hatte. Das hat für große Erheiterung gesorgt. Ich erinnere mich auch gut an Herrn Baal. Auch er war Schlagzeuger bei uns und hatte nur einen Arm.

Irgendwann in den 1980ern bekamen meine Eltern einen Lada angeboten. Wir hatten bis dahin kein Auto und meine Eltern hatten die Fahrerlaubnis gerade gemacht. Autos waren in der DDR schwer zu bekommen. Sehen konnten wir die neuen Autos schon, denn in Großräschen war die Auslieferung für drei Bezirke angesiedelt. Da standen in den 1980ern auch mal Hunderte VW Lieferwagen. Uschi Kalz, die Gärtnerin, fuhr dann mit einem solchen Wagen lange herum. Jeder Bürger der DDR bestellte mit Vollendung des 18. Lebensjahres sein Auto, aber musste 14 bis 20 Jahre darauf warten. Daher war ein gebrauchter, 20 Jahre alter Lada, genauso teuer wie ein neuer oder sogar teurer. Eberhard war für seine Sparsamkeit bekannt und half aus, wenn Geld gebraucht wurde. Brav hatte er das Geld von den Veranstaltungen in einer Pappschachtel in seiner Garage aufgehoben. Als er es uns leihen wollte, hatten die Mäuse die Hälfte aufgefressen. Wie sich das auflöste, weiß ich nicht mehr. Zumindest aber so viel, dass wir den Lada für ein paar Monate besaßen, aber der war so laut, dass man ihn eine Straße weiter hören konnte, wenn mein Vater ihn startete. Meine Eltern haben das Auto sehr bald wieder verkauft. Die Gründe waren finanzielle Aspekte und die Tatsache, dass mein Vater ihn nicht beherrschte. Eines Abends funktionierte das Licht nicht mehr. Erst als er über einen Huckel in die Garage fuhr, sprang es wieder an. Er rief dann Reblings an, Freunde von uns. Die haben sofort gekauft und sich riesig gefreut. Sie sind sogar mit dem Lada noch in den Westen ausgereist. Mein Vater war ein bemerkenswerter Autofahrer. Er wendete schon mal auf der Autobahn oder überholte am beschrankten Bahnübergang, der nicht einsichtig war, wenn die Schranken hochgingen, sodass der Bürgermeister, der ihm entgegenkam, im Straßengraben landete. Den Vogel schoss er gleich am ersten Tag ab. Er hatte seinen Führerschein gerade bekommen, musste nach Senftenberg und wurde kontrolliert. Wie jetzt? Fahrerlaubnis und Stempelkarte? Die hatte er brav im Büro abgeheftet, aber nicht dabei. Das hat alle sehr erheitert, selbst die Polizei.

Zurück zum 07. März 1987. Mein Vater saß auf der Ofenbank im Lokal und fror. Es war aber nicht kalt. Die Ofenbank war ohnehin der wärmste und gemütlichste Platz im Haus. Die Räume wurden vom Keller aus mit einem Kohleofen beheizt und man konnte zu jedem Raum Klappen öffnen, damit sie warm wurden, was eine sehr gemütliche Atmosphäre schaffte. Es war also angenehm warm – aber er fror. Er war sehr genervt und gereizt. Der Stress der letzten Monate hatte ihm zugesetzt. Die Versorgungslage für den privaten Kommissionshandel hatte sich dramatisch verschlechtert und es wurde immer schwerer, den Gästen etwas Vernünftiges auf den Tisch zu stellen. Nicht, dass es die Ware nicht gab. Es wurde nur immer unverschämter geschoben und gehamstert. Die Veranstaltung ging dennoch wie üblich über die Bühne. Meiner Mutter und mir fiel lediglich auf, dass mein Vater, als er anfing zu singen klang, als sei er betrunken - was er aber nicht war.

Gegen Mitternacht stand dann meine Mutter kalkweiß im Gesicht in meinem Zimmer. Noch bevor sie etwas sagen konnte, wusste ich, was geschehen war: Herzinfarkt! Sie bat mich, zu ihm zu gehen. In der Gaststätte hielten sich noch etwa 100 alkoholisierte, fröhlich feiernde Gäste auf. Nur die Bar war geschlossen. Ich ging zu meinem Vater und er sah erschreckend schlecht aus. Plötzlich waren wir uns mal nah und redeten ganz ruhig miteinander. Als endlich die Notärztin eintraf, löste ich meine Mutter in der Gaststätte ab. Ich verabschiedete die Gäste und bereitete mit dem Personal die Abrechnung vor. Es war alles eingespielt und lief ohne Probleme. Die gab es eher in der ersten Etage, im Schlafzimmer meiner Eltern. Meine Mutter war geschockt und berichtete, nachdem die Ärztin das Haus verlassen hatte. Die Ausstattung des Schlafzimmers hatte die Ärztin mehr interessiert als der Zustand meines Vaters. Gut, es hing in einem schweren Barockrahmen, die Kopie der Sixtinischen Madonna von Raffael in Originalgröße, gemalt von meinem Vater an der Wand, und der Raum selbst war so groß wie manche Neubauwohnung. Wir waren daran gewöhnt. Sie scheinbar nicht. Sie hing förmlich mit ihren Augen an der Ausstattung. Insofern ist die Diagnose auch nicht weiter verwunderlich. Sie hielt meinen Vater für einen Simulanten und konnte sich auch nicht entscheiden, welches Medikament sie ihm nun verabreichen sollte. Erst zog sie die eine Spritze auf und dann doch lieber eine andere. Symptome eines Infarktes konnte sie nicht diagnostizieren. Sie erklärte noch, dass sie Augenärztin sei und von sonstiger Medizin eigentlich keine Ahnung hätte. Eine Einweisung ins Krankenhaus hielt sie für übertrieben. Sie verabreichte meinem Vater stattdessen ein Schlafmittel und entschwand in die Nacht. Nun schlief er – und wir machten uns Gedanken. Der Abend ging wie gewohnt zu Ende. Nachdem wir alle noch etwas gegessen hatten, ging jeder seiner Wege und ich wieder ins Bett.

Ich schlief wie ein Stein. Von meinem Zimmer aus konnte ich die Schule sehen. Die Schulklingel war so laut, dass ich sie hören konnte, und sie fungierte als mein Wecker. Es kam schon mal vor, dass dieser Wecker erst ein, zwei Stunden nach Unterrichtsbeginn für mich klingelte. An jenem 8. März aber war ich pünktlich wach und beeilte mich. Ich schlich also wie üblich durch das Treppenhaus nach unten. Mein Zimmer war unterm Dach im 2. Stock. Meine Mutter wartete schon auf mich. Die Schlafzimmertür war offen, und sie bat mich herein. Das Bett meines Vaters war leer. Sie erzählte mir, dass es ihm in der Nacht wieder viel schlechter ging, sie erneut den Notarzt gerufen und man ihn mitgenommen habe. Sie sagte: „Du kannst heute nicht zur Schule gehen, wir haben heute Abend 100 Gäste und wir zwei müssen das irgendwie allein schaffen!" Also ging ich in die Schule, um meinen Schultag abzusagen. Meine Tasche ließ ich sogleich zu Hause. Das klingt zwar komisch, aber es war so. Der Unterricht hatte schon begonnen. Chemie bei unserem Klassenlehrer Herrn Ochmann, ein toller Typ und sehr guter Lehrer. Als ich eintrat, gab es erst einmal einen Lacher. Besonders frisch sah ich wohl nicht aus, außerdem sah man ja sofort, dass ich nichts dabeihatte. Ohne viel Umschweife erklärte ich unsere akute Lage, bat um Entschuldigung und Freistellung. Herr Ochmann drückte sein Bedauern aus, wünschte uns viel Glück und natürlich durfte ich wieder nach Hause gehen.

Für zwei Stunden ging ich noch einmal schlafen und begann dann mit meiner Arbeit. Erst einkaufen, dann sauber machen und aufräumen von der Veranstaltung am Vorabend. Putzfrauen hatten wir keine mehr, wir waren ganz auf uns gestellt. Ich war gerade in den von mir so geliebten Geschäftstoiletten, als meine Mutter aus dem Krankenhaus in Senftenberg zurückkam. Mein Vater lag auf der Intensivstation. Herzinfarkt — also doch! Später stellte sich heraus, es müssen zwei nacheinander gewesen sein. Vielleicht hatte er den ersten einfach nur nicht bemerkt. Seiner guten körperlichen Verfassung war es geschuldet, dass er noch lebte, denn er war ein stämmiger und kräftiger Mann. (Großvater Robert Huber war übrigens 50 Jahre zuvor noch daran sofort verstorben.) Bis man sich meines Vaters annahm, verstrich viel kostbare Zeit. Erst die Augenärztin mit ihrer Fehldiagnose und dann in der späten Nacht noch der Transport mit dem Krankenwagen nach Senftenberg. Sitzend! Im Krankenhaus selbst musste er dann auch noch über eine Stunde warten, bis er endlich an der Reihe war. Dann jedoch ging plötzlich alles schnell. Diesem Arzt verdankt er sein Leben.

Meine Mutter erwies sich in diesen Tagen als hart im Nehmen. Sie wusste meinen Vater zu beruhigen, denn er hatte natürlich nur die Gaststätte im Kopf und Sorgen, was nun werden würde. Er war doch der Hauptakteur und die Leute kamen doch wegen ihm ...! Das war auch unbestritten so, aber nun musste es eben anders gehen. Schon beim ersten Besuch im Krankenhaus beschlossen sie, auf Sicht mit der Gastronomie aufzuhören und das Haus zu verkaufen. Meine Mutter wusste auch an wen. Bis zum Sommer würde sie es schon noch mit mir zusammen schaffen. Noch war ich nicht Student in Cottbus.

Ich unterbrach also meine Toilettenreinigungsarbeiten – oder war gerade fertig – und wir besprachen beim Frühstück, wie es nun weiter gehen sollte. Wir teilten die Arbeit auf. Sie bereitete das kalte Buffet zu, ich machte den Rest. Also: Reinigungsarbeiten, Gläser polieren, die Tische neu eindecken und Pläne zeichnen, wie wir die Gäste setzen. Zum Teil kamen diese als Reisegruppe und zum Teil gab es private Bestellungen. Das waren alles lang geübte Tätigkeiten und stellten kein Problem dar. Meine Mutter und ich waren ein gut eingespieltes Team. Auch mein mittlerer Bruder kam an diesem Tag vorbei und ging uns zur Hand. Er war zu der Zeit schon in der Ausbildung – oder sogar gerade fertig – und konnte natürlich auch nicht mehr frei über seine Zeit verfügen.

Nun galt es zu entscheiden, wie die Veranstaltung ablaufen sollte, denn mein Vater war nicht da. Wir beschlossen, dass ich einige Texte meines Vaters lesen sollte – von „singen" war noch nicht die Rede. Ich zog mich mit einem Kassettenrekorder in mein Zimmer zurück und sang die Lieder meines Vaters. Es gab davon Aufnahmen, die das Üben erleichterten. Außerdem hatte ich diese Lieder schon auf der Jugendweihe meines ältesten Bruders gesungen – die hatte ich also drauf. Die Kapelle kam um 17.45 Uhr und ich begann, mit ihnen das Programm durchzusingen. Meine Mutter meinte dann: „Das machen wir so!" und schrieb noch auf den Stühlen irgendwelche Rechnungen. Wir waren ausgerechnet an diesem Abend bis auf den letzten Platz ausverkauft, nicht einmal der Personaltisch war frei. Noch während ich probte, standen die ersten Gäste schon vor der Tür. Um Punkt 19 Uhr griff meine Mutter zum Telefon und ich zum Mikrofon. Sie ließ meinen Vater im Krankenhaus miterleben, wie ich in seine großen Fußstapfen trat. Wir machten alles wie immer: dieselben Lieder, dieselben Texte, dieselben Gags. Ich sagte zwar, dass ich nur der Ersatz sei, aber geglaubt haben das nur die Einheimischen.

Nach dem Unterhaltungsteil war es üblich, dass mein Vater sich umzog und die Bar öffnete. So hielten wir das auch. Meine Mutter kam zu mir, bevor ich die Bar aufmachte. Wir freuten uns beide, dass wir das zusammen so gut hinbekommen hatten und beschlossen, die restlichen Veranstaltungen bis zur „Sommerpause" durchzuziehen.

Ich erfuhr auf einmal eine große Aufmerksamkeit und blühte regelrecht auf. Alles ging mir leicht von der Hand. Das wirkte sich auch auf meine schulischen Leistungen aus. Es spielte sich alles ein. Wir hatten lediglich einen Tag in der Woche weniger geöffnet. So gab es zwei Tage ein à-la-carte-Geschäft und Freitag sowie Samstag die Veranstaltungen. Nach drei Wochen wurde mein Vater aus dem Krankenhaus entlassen. Seine Erlebnisse dort waren prägend, weil zahlreiche Männer seines Alters sich dort einfanden und viele von ihnen starben. Die Herzmedizin war 1987 eben noch nicht auf dem Stand von heute und schon gar nicht in Senftenberg. Es betraf auch unmittelbare Nachbarn und Geschäftsleute aus unserem Ort. Herrn Kalz von der Gärtnerei Kalz beispielsweise. Er kam schnell wieder nach Hause, denn man hielt es für einen leichten Herzanfall. Aber schon bald darauf starb er. Meinen Vater hat das Erlebte damals seelisch sehr mitgenommen. Mitzuerleben, wenn jemand tot vom Klo fällt oder im Bett nebenan stirbt, ist nicht ohne. Auch ich habe eine solche Situation damals miterlebt. Ich war bei einem Sterbenden zu Besuch, ging von dem Mann nur einmal ganz kurz weg – drei Minuten später war er tot. Ich hatte keine Angst, es berührte mich, ich fragte mich, warum man diesen Menschen nicht helfen konnte. Dass der Tod zum Leben gehört, hatte ich auf dem Bauernhof gelernt, zu oft war ich beim Schlachten dabei. Im Krankenhaus haben mich die Wellen auf den Monitoren fasziniert, die zeigten, wie unregelmäßig ein Herz schlagen kann.

Mein Vater war nun wieder zu Hause. An Arbeit war für ihn nicht zu denken und er bekam Depressionen. Heute weiß ich, dass das sehr typisch nach einem Herzinfarkt ist. Zwischen ihm und mir bahnte sich ein neuer Vater-Sohn-Konflikt an. Mit meinem Bruder war es nicht viel anders. Mein Bruder zog sich daraufhin zurück, und ich stand mit meiner Mutter allein da. Mein Vater war gewöhnt zu führen und zu befehlen, und alle hatten ihm gefälligst zu folgen und ihn zu verehren. Wer das nicht tat oder widersprach – hatte Pech. Dabei standen seine Lebensleistungen doch völlig außer Frage. Wenn er nicht so hart gearbeitet und so viele seiner Ideen in die Tat umgesetzt hätte, wären wir niemals dort angekommen, wo wir zu diesem Zeitpunkt standen. Vom Krankenlager aus nahm er das Zepter wieder in die Hand und dirigierte alles. Meine Freude an der Arbeit nahm immer mehr ab, und wir bekamen richtig

Krach miteinander. Dann verbot er den Gästen sogar ihre Unterhaltung, wenn seine Tonbänder liefen. Das ging mir zu weit, und ich sagte es ihm auch. Für ihn war ich „abgehoben", was ich vermutlich auch war, mit 16, fast 17 Jahren. Natürlich war ich stolz auf das, was ich tat und es war sicherlich auch richtig, mich darauf hinzuweisen, dass ich dennoch nichts Besonderes sei. Trotz dieser Differenzen standen wir uns in diesen Monaten aber auch sehr nah. Ich hatte Verständnis für seine Weinkrämpfe und er konnte verstehen, oder gab es zumindest vor, dass ich das Weinen früher eben auch nicht zurückhalten konnte. Wenn man heulen muss, muss man eben heulen. Es war beschlossen, das Haus zu verkaufen, und mein Vater begann, alles das, was sich verkaufen ließ, zu verkaufen. Und das lief prächtig. Es wurden am Ende sogar noch ein paar Veranstaltungen mehr als ursprünglich geplant. Alle wollten noch einmal kommen und auch den „Sohn" erleben, denn es hatte sich herumgesprochen, dass wir aufhören. Wir wechselten wie geplant vom Winterprogramm („Ein Abend bei Vater Zille") zum Sommerprogramm („Ungarischer Zigeunerabend"). Der Unterschied bestand in der Dekoration und dem jeweiligen Essen. Und es wurden eben andere Lieder vorgetragen. Zur Premiere war mein Vater wieder da und hatte mir gesagt, ich solle das Lied „Zigeunerjunge" nicht brüllen, sondern mit Gefühl singen. Er selbst hatte es auch immer inbrünstig und mit kräftiger Stimme gesungen. Ich trug es nun wie gewünscht mit viel Gefühl vor – und er saß auf der Ofenbank und weinte. Das hat mich sehr berührt und ist für mich unvergesslich.

Am 23. Juni, wenige Tage nach meinem 17. Geburtstag, sollte die letzte Erlebnisbereichsveranstaltung stattfinden. Zum Schluss der Veranstaltung war es üblich, die Gäste mit einem Lied nach Hause zu schicken. Für diesen Abend aber hatten Eberhard Franz und ich ein kleines Medley aus den Liedern der letzten 23 Jahre zusammengestellt. Ich bat meine Eltern auf die Tanzfläche, trug das Medley vor und verabschiedete sie mit blumigen Worten und zwei großen Blumensträußen.

Natürlich ging ich davon aus, dass auch auf mich eine Überraschung warten würde. Den Fehler mache ich selbst heute noch immer wieder. Es kam auch eine Überraschung, nur keine positive. Beim üblichen Nachtmahl mit den Mitarbeitern erhielt ich eine Standpauke, dass er froh sei, dass es nun endlich vorbei sei, und was er noch so alles an mir zu kritisieren hatte. Sicher war manches davon richtig beobachtet, aber der Zeitpunkt war doch recht ungünstig. Es verursachte in mir einen tief sitzenden Unmut. Mit meinem Vater rasselte ich in den nächsten Wochen und Monaten immer öfter zusammen und der große Bruch bahnte sich bereits langsam an.

Wer ist Johann Gottfried von Herder?

Um es vorwegzunehmen: Johann Gottfried von Herder war ein deutscher Geschichts- und Kulturphilosoph aus der Zeit Goethes und zählt zum sogenannten „Viergestirn vom Weimar" aus der Zeit der Aufklärung zusammen mit Schiller, Goethe und Wieland.

In der Zeit des Umbruchs in meinem Elternhaus bereitete ich mich auf den Abschluss meiner schulischen Laufbahn vor. In der DDR gab es erst in der 10. Klasse schriftliche und mündliche Abschlussprüfungen. Ich wusste, wo meine Schwächen lagen und war schon seit der 8. Klasse im Russischkurs bei unserer Direktorin und Russischlehrerin Frau Lochmann. Die Sprache wollte nicht in meinen Kopf. Ich verstand sie zwar mittlerweile recht ordentlich, aber von Können konnte keine Rede sein. Wir übten drei Jahre das Übersetzen von Texten und ich war inzwischen recht fix mit dem Wörterbuch. Oft erledigte ich meine Übungen zwischendurch beim Bedienen im Lokal, wenn es gerade etwas ruhiger war. Für die Chemie- und Physikprüfungen fuhr ich mit dem Motorrad meines Bruders extra nach Altdöbern, einem Nachbarort. Dort lebten die Eltern der Freundin meines mittleren Bruders. Die Mutter war Lehrerin und versuchte mir zu erklären, was ich bisher nicht wusste. Es half. Ich schloss ordentlich ab. Mündliche Prüfungen hatte ich in Biologie und Geschichte. Geschichte war eher kein Problem, da konnte ich meinem Klassenkameraden Ronny sogar noch im Vorbereitungsraum helfen und ihm erklären, womit er dran war, aber in der Biologieprüfung haben sie mich kalt erwischt. Ich stotterte hilflos vor mich hin und hatte keinen blassen Schimmer. Über den Verdauungstrakt des Menschen hatte ich mir bis dahin keine wirklichen Gedanken gemacht. Mit viel Raten und Begreifen erst in der Prüfung selbst und nicht zuletzt großem Wohlwollen meiner Lehrer bestand ich dennoch mit „Sehr gut". Wie das möglich war, begreife ich bis heute nicht. Noch schlimmer wäre eine mündliche Russischprüfung gewesen, aber ich hatte die schriftliche Prüfung gut bestanden und darum blieb sie mir erspart. Mein Vater war wohl stolz auf mich, weil ich die Schule mit „Sehr gut" abschloss. Auf der Abschlussfeier gab es dann Auszeichnungen. Ich bekam die „Urkunde für hervorragende Leistungen zu Ehren der DDR" und die Johann Gottfried von Herder-Medaille in Bronze für „hervorragende Leistungen beim Erlernen der russischen Sprache, verbunden mit aktiver gesellschaftlicher Tätigkeit im Sinne der deutsch-sowjetischen Freundschaft". Ich musste darüber so sehr lachen, dass meine Direktorin Mühe hatte, mich zur Ruhe zu bringen. Das ist bis heute mein einziger echter Orden.

Die größere Auszeichnung im seelischen Sinne erhielt ich Ende der 9. Klasse, sie kam von der FDJ. Es war eine Auszeichnungsreise nach Prag, damals die größte Anerkennung, die überhaupt möglich war. Ich durfte eine Woche mit anderen Jugendlichen Prag, die „Goldene Stadt", kennen- und lieben lernen. Es war eine Reise mit vielen schönen Höhepunkten. Als besonders witzig erinnere ich einen der wenigen wirklich „sozialistischen" Ausflüge. Es war die Besichtigung eines Autowerkes, das für seine besondere Arbeitsmoral gelobt wurde – jedenfalls erzählte man uns das im Bus auf der Fahrt dorthin. Als wir ankamen, war aber außer dem Pförtner niemand da.

Ich verließ die Schule als geförderter und vom System ausgezeichneter Günstling. Mein Aufenthalt im Gefängnis in Eisenach hatte keinen Fleck hinterlassen, außer in mir selbst, aber das zeigte ich nicht.

Auf der Abschlussfeier wurde kräftig gefeiert und ich wettete mit meinem Klassenlehrer um einige Flaschen Sekt, ob ich mich trauen würde, mit der Live-Band zu singen. Natürlich schlug ich ein. Es muss so furchtbar gewesen sein, dass die Flaschen restlos leer waren, als ich mit meinem Gesang fertig war.

Spaniens Himmel

Noch bevor es meinem Vater egal war, ob ich „Kosmonaut" werde, hatte ich längst alles eingeleitet, um einen Studienplatz in Cottbus zu bekommen. Die Chancen standen denkbar gut. Männer gab es im Fachbereich Pädagogik nur sehr wenige und erst recht im Bereich unterer

Klassen. Meine Direktorin Frau Lochmann half mir, wo sie nur konnte. Sie war es, die in all den Jahren immer wieder mein Selbstvertrauen aufbaute. Ich bewarb mich für die Wahlfächer Kunsterziehung und Musik. Deutsch und Mathe waren Pflichtfächer. Über ein Jahr vor Beginn des eigentlichen Studiums wurden die zukünftigen Studenten zur Aufnahmeprüfung eingeladen. Meine Klassenkameradin, der ich in der ersten Klasse mein rotes Tuschwasser in den Ranzen gegossen hatte, war auch da – für das Wahlfach Schulgarten. Ich kam zu spät. Eigentlich war ich pünktlich angekommen, aber ich wartete schüchtern und brav im Flur. Nur es kam lange niemand. Irgendwann kam dann jemand, der Direktor Dr. Geiling. Der hieß tatsächlich so. Er schickte mich dann in einen Raum, in dem schon in etwa 40 Mädchen damit beschäftigt waren, ein Bild zu zeichnen. Das Thema der Arbeit lautete „Erlebnis aus der Freizeit". Ich wählte das Motiv "Schwimmbad". Es lag nahe, denn ich hatte die letzten Jahre oft in den Ferien als Rettungsschwimmer gearbeitet. Meine Karikatur – denn von "Zeichnung" konnte man nun wirklich nicht sprechen – war schnell fertig. Und ich gab mich der Begeisterung hin, den Mädels bei ihren Bildern zu helfen. Ich war der einzige Junge! Malen und zeichnen machte mir Spaß, aber ich war natürlich kein Meister. Auch hatte ich dieses Hobby erst vor kurzer Zeit für mich entdeckt, als ich solange krank und zu Hause war. Schon mein Urgroßvater Gustav Acksel, der Kopfschuster von Potsdam, malte mit Ölfarben Postkartenmotive auf große Leinwände. Mein Vater auch. Der malte viel in Öl und das auch noch sehr gut. Er war ein guter Kopist. Eigene Sachen hat er nur wenige gemalt. Ich kreiere lieber selbst, als zu kopieren. Aber jeder so, wie er mag. Damals war ich ganz am Anfang und das sah man natürlich auch. Wobei ich einfügen möchte, dass sich zum Klassentreffen nach fünfundzwanzig Jahren mein Klassenkamerad Jens Muruschok bei mir bedankte, dass ich damals ein Bild für ihn gemalt hätte, wodurch er seine gute Abschlusszensur im Zeugnis bekam. Ich hatte es vergessen und war von der Geste sehr gerührt. Meine Bewerbungsmappe fürs Studium allerdings war dünn und dürftig. Sie enthielt ein paar Skizzen und Selbstporträts. George Tabori (ein großer Theatermann, u. a. „Mein Kampf") hätte sie als „Selbstporträt im Zwielicht" bezeichnet.

Es entsprach damals dem Stand meines Könnens. Später war „Kunst" eines der wenigen Studienfächer, in denen ich mit „sehr gut" bewertet wurde. Das hat aber auch nicht viel Aussagekraft.

Nach dem ersten Mädchenschock folgte der zweite. Die Prüfung im Wahlfach Musik. Da saßen noch mehr Mädchen. Als ich davon zu Hause berichtete, sah sich meine Mutter schon umgeben von lauter Enkelkindern, von zig verschiedenen unglücklichen Mädchen... Ich hatte andere Sorgen. Das NEIN meiner ersten wirklichen Liebe hatte mich geprägt, auch wenn ich es damals noch nicht wusste. Ich hätte gern und wollte auch gern, aber ich habe mich einfach nicht verlieben können. Und wenn mir eine gefiel, fand sie mich garantiert doof. Wir saßen nun alle schön zusammengepfercht im Unterrichtsraum für Musik. Man wollte wissen, wer denn alles ein Instrument spielen könne. Niemand meldete sich. Ich schmiss einen Gag in den Raum: „Ja ich, Gitarre, 3 Stunden!" Das entsprach sogar der Wahrheit. Nachdem ich die Musikprüfung in Senftenberg auf eigene Faust an der Musikschule gemacht hatte, aber dann doch nicht Klavierspielen kernen durfte, hatten meine Eltern mich und meinen Bruder zum Gitarrenunterricht in Großräschen Süd im „Kulturhaus Tatkraft" angemeldet. Nur leider war der Lehrer ein Alkoholiker, und unser Unterricht wurde nach drei Unterrichtsstunden für immer beendet. In Cottbus wurde hinter meinem Namen „Gitarre" notiert und ich musste zum „Vorsingen". Ich sang gern, möglichst laut und falsch. Also probte ich schon mal auf dem Gang, bis sich eine Tür öffnete und man mich bat, bis zum eigentlichen „Vorsingen" zu warten, man wolle doch die zarten Frauenstimmen im Zimmer auch noch hören. Dann kam ich an die Reihe. Tonleiter rauf, Tonleiter runter, Tonresonanz, Musikalität und Konzentrationsvermögen, alles wurde getestet und genauestens notiert. Die Prüferin war hübsch, jung und sehr charmant. Sie vermittelte Sicherheit und motivierte mich. Heute würde ich sagen: eine richtig begabte Pädagogin. Ich gab mir also mehr Mühe, als ich eigentlich vorhatte. Sie zeigte sich interessiert, aus mir einen Musikstudenten zu machen. Mein Einspruch, dass ich von Musik keine Ahnung habe, wurde nicht zur Kenntnis genommen. Höhepunkt war dann der Vortrag eines Liedes. Ich wählte ein Arbeiter und Kampflied: „Spaniens Himmel". Die „Circe" von Holländer hielt ich dann doch für unpassend. Ernst Busch war einer der Interpreten von Kampfliedern in der DDR. Er hatte dieses Lied, obwohl vom Staat um seine eigene Plattenfirma erleichtert, voller Inbrunst eingesungen. Ich orientierte mich an ihm und sang, als sei ich gerade auf dem Weg an die Front. Oder zumindest dabei gewesen. Politisch war das korrekt, meine Stasi-Erfahrung von Eisenach lag noch vor mir, also hatte ich keinen Grund, kein Kampflied vorzutragen. Ich hatte also überzeugt und wurde für das Wahlfach Musik als geeignet angesehen. Natürlich freute ich mich später, als ich die Zulassung zum Studium in den Händen hielt, und meine Direktorin freute sich mit mir. Meine Klassenkameradin hatte in ihrem Wahlfach auch bestanden. Sie war sicher froh, dass ich nicht in ihrer Seminargruppe gelandet war.

Bitte kommen Sie zum Mikrofon

Lange hatte ich mich darauf gefreut, endlich kam der Tag und das Studium sollte beginnen. Wir reisten zwei oder drei Tage vor dem offiziellen Start an. Cottbus war mir damals noch fremd. Ich kannte nur die Fußgängerzone im Stadtkern, mehr nicht. Ich sprach also eine Fremde an. „Entschuldigung, ich bin fremd hier. Können Sie sagen, wo Sie wohnen?" Sie war so überrascht, dass sie mir tatsächlich ihre Adresse nannte. Natürlich berichtigte ich mich, und sie erklärte mir, wo ich das Institut für Lehrerbildung finden konnte. Diese direkte Überrumpelungstaktik habe ich viele Jahre später für lustige Radiogags öfter angewandt. Zum IFL (Institut für Lehrerbildung) gehörten zwei Wohnheime. Es waren Neubauten, also die übliche Platte, im Einheitsstil möbliert, also aus Spanplatte. Es war gepflegt und in Ordnung und man fand als Student alles vor, was man für ein ordentliches Leben brauchte: Schreibtische, Regale, Schränke, eine Nassstrecke mit vier Waschbecken, ein WC, eine Dusche, Kühlschrank und eine Kochgelegenheit. Es gab pro Wohneinheit 4 Zimmer, davon zwei Dreibettzimmer und zwei Zweibettzimmer. Ich zog in eines der Doppelbettzimmer ein. Im Wohnheim war ich einer der ersten „Neuzugänge", doch es dauerte nicht lange, da sollte mein Zimmerkollege Rene auftauchen. Er kam aus Jessen und entstammte wie ich einer Gastwirtschaftsfamilie. Auch er sollte als Wahlfach Musik studieren. Wir waren beide in derselben Seminargruppe 1MI., wobei die 1 für das erste Studienjahr stand und die andere I. für die Seminargruppenteilung, denn es gab noch die 1MII. Er wirkte etwas unbeholfen und verwöhnt, dennoch freundeten wir Kneipiers uns gleich an.

Gemeinsam gingen wir zur ersten Zusammenkunft unserer Seminargruppe. Das erste „beschnuppern". Die Mädchen wohnten im zweiten Wohnheim. Da sie noch minderjährig waren, wie wir auch, war es so üblich, das erste Studienjahr besonders im Auge zu behalten. Erst im zweiten Studienjahr siedelten sie dann über. Offiziell war „Herrenbesuch" allerdings nicht erwünscht. Dafür gab es unten einen Pförtner, der über alles wachte. Man kam also weder hier noch bei den Mädels ohne Kontrolle ins Wohnheim. Das Verhältnis in der 1MI. war 23:2. Also 23 Mädchen und zwei Jungs. Schon mit dem ersten Zusammentreffen ging ein Kampf um Anerkennung in der Gruppe los. So eine Art Konkurrenzkampf. Leider. Vermutlich ist das normal. Als wir den Raum unserer ersten Zusammenkunft betraten, wusste ich schlagartig, dass ich am Institut kein unbeschriebenes Blatt war. Mein Name stand schon an der Tafel. Nicht ohne Grund.

Im Frühsommer hatte ich meinen Vater in unserer Gaststätte bei den Veranstaltungen „vertreten". Es war ein „Ungarischer Zigeunerabend" und ich stand auf der Tanzfläche vor unserer Kapelle und sang. Am „Ofentisch" im Gesellschaftszimmer, also im hinteren Raum, saßen Gäste, die ich natürlich nicht kannte. Sie waren vermutlich mit einem Bus angereist. Eine junge attraktive Frau unterhielt sich während meiner „Darbietung" derart angeregt, dass ich selbst mit Mikrofon Mühe hatte, dagegen anzukommen. Sie hatte eine geschulte Stimme und sprach einfach lauter, um meinen „Krach" zu übertrumpfen. Mein Vater hatte sich in solchen Momenten Ruhe ausgebeten. Das fand ich nicht so gut. Es boten sich auch andere Möglichkeiten. Ich bat jene junge Frau, die sich mit Ute vorstellte, ans Mikrofon und machte sie zu meiner Assistentin, was alle damals sehr belustigt hat. Später an der Bar verriet sie mir, wer sie war. Während ich sie charmant betrunken machte, erzählte sie mir über den Studentenklub des IFL. Noch bevor ich erzählen konnte, dass ich demnächst dort studieren sollte, klärte sie mich darüber auf, dass der ganze „Ofentisch" darüber im Bilde war und dass dort meine künftigen Doktoren saßen. Sie wolle mich als Leiter des Studentenklubs sehen. So würde endlich „Leben" in den „müden" Club kommen. Darum stand mein Name bereits an der Tafel und dahinter „Stuk". Das war der Name des Studentenklubs. Ich mochte, vertraute und schätzte Ute sehr. Kaum ein anderer Mensch hat mich jedoch in meinem Leben so gedemütigt und menschlich enttäuscht. Jedenfalls empfand ich es ein

Jahr später so. Heute, nach über 30 Jahren, habe ich für ihr damaliges Handeln Verständnis und frage mich, was aus ihr geworden ist und wie es ihr wohl ergangen ist.

Es standen auch andere Posten an der Tafel, nur fehlten dahinter noch die Namen. Unser erstes Zusammentreffen hatte also den Sinn, die Seminargruppe zu organisieren. Nicht leicht, zumal wir uns noch nicht kannten. Bei solchen ersten Begegnungen ist es üblich, sich vorzustellen. Jeder muss aufstehen und ein paar Worte über sich selbst sagen. Was wir sind, wer wir sind und warum wir sind. Und so weiter. Ein Gesellschaftsspiel, bei dem man lieber tiefstapeln sollte. Leider war ich damals zu stolz auf das Erreichte und schaffte es – glaube ich – auf Anhieb, mich nicht in die Herzen der Mädels zu reden. Arroganz ist ein schlechter Begleiter, dicht gefolgt von Angabe. Leider beginnt Acksel mit A und da ist man eben immer als Erster dran. Als ich begriff, wie der Hase läuft, war es schon zu spät. Mein neuer Freund und Zimmerkollege trat wesentlich bescheidener auf, was ihm alle Sympathien einbrachte. Auch übernahm er keine Ämter. Somit hatte er im ersten Studienjahr wesentlich mehr Freizeit als andere.

In den nächsten Tagen wurden wir „auf Linie" gebracht. „Die rote Woche" wurde es auch offiziell genannt. Was uns damals für ein ideologischer Schwachsinn erzählt wurde, ist eigentlich nicht zu beschreiben. Jeder, der bei Verstand war, musste eigentlich ebendiesen sofort verlieren. Das hatte mit dem Leben und dem Land, in dem wir lebten, gar nichts mehr gemeinsam. Am zweiten „Roten Tag" wurden wir feierlich im Cottbusser Stadttheater immatrikuliert. Es war wieder ein Beginn ohne meine Eltern, leider. Allerdings lag es daran, dass sie nicht kommen konnten und ich meiner Mutter den Stress nicht zumuten wollte. So war ich der einzige Student, der ohne seine Eltern erschienen war. An der informativen Elternversammlung anlässlich der Immatrikulation waren Studenten nicht zugelassen, und somit begann für mich das Studium ohne viele wichtige Informationen. Die anderen Studenten wurden geherzt und umarmt und beglückwünscht. Es war für die Familien ein Fest und sie feierten es. Auch ich reiste nach Hause zu einer Feier. Allerdings half ich im Service, denn es wurden an diesem Tag Einschulungen in unserem Ort gefeiert und wir arbeiteten bis spät in die Nacht.

Abschied

Der Verkauf des Elternhauses kam voran. Die Verhandlungen mit dem Gleichrichterwerk liefen gut. Meine Mutter hatte sofort nach dem Infarkt meines Vaters Kontakt aufgenommen und sie wollten kaufen. Es sollte Kulturhaus werden. Für uns stellte sich neben der Begutachtung, welche den Kaufpreis festlegen sollte, und den staatlichen Auflagen, auf die sich meine Eltern einlassen mussten, noch ganz andere Probleme. Die große Frage war: wohin? Also nicht nur wohin mit dem ganzen Inventar, privates und geschäftliches, sondern: Wo sollten wir wohnen? Die Auflagen waren krass. Das sozialistische Werk kaufte Haus und Grundstück für einen Spottpreis und das Geld kam auf ein Sperrkonto. Das heißt, meine Eltern konnten nicht frei über ihr Geld verfügen, Sie mussten, wenn sie etwas davon brauchten, Anträge stellen und begründen, wofür sie dieses Geld denn brauchen.

Jetzt musste aber erst einmal die Frage nach dem "wohin" geklärt werden. Sie fanden für den Übergang ein Bauernhaus in Großräschen Süd. Eine Familie, die bisher dort lebte, hatte bereits ein neues Gehöft gefunden, und wir konnten ihr Haus und Grundstück in Süd erwerben. Der Bürgermeister wollte helfen und hat es vermittelt. Wohlwissend, dass es nur für zwei bis drei Jahre sein kann, denn der ganze Ortsteil wurde abgerissen und abgebaggert. Erst die Braunkohle, dann der Sozialismus.

Die Lausitz war das Energiezentrum der DDR. Zur Gewinnung des Energieträgers wurde ein enormer Aufwand betrieben. Ganze Dörfer, Ortschaften wurden umgesiedelt. Das war in den Kohlegebieten anderer Länder auch nicht anders. Die Kohle hatte seit 1780 Arbeit in die Region gebracht, bedeutete ihren Aufstieg und auch ihre Zerstörung. Die ersten Braunkohlefunde sind 1709 nachweisbar. Die Dampfmaschine und deren Nachbau in Preußen beschleunigten die Entwicklung der Tagebaue und den Bedarf nach Kohle gleichermaßen. Der Tagebau Meuro war 3583 Hektar groß. Bückgen (Großräschen-Süd), Reppist, Rauno, Sauo, Anna-Mathilde – ein Ortsteil von Sedlitz, Teile von Senftenberg, Hörlitz und Meuro wurden abgebaggert. 1960 hatte die Umsiedlung begonnen und fand 1990 ihren Abschluss. Nur allein in Bückgen brauchten 2510 Bürger ein neues Zuhause. Heute erholt sich der Landstrich von der Auskohlung und wird zur Seenlandschaft. 1999 war Schluss mit der Kohle. Sowohl der Kohle für den Ofen als auch der Kohle fürs Portemonnaie. Nur fehlt jetzt die Industrie.

Für meine Mutter bedeutet der Umzug nach Süd eine Rückkehr in die alte Heimat. Ihre Mutter und ihre Großeltern hatten dort gewohnt und sie einen Teil ihrer Kindheit verlebt. Gemeinsam mit meinem Vater hatte sie dort ihr Abitur gemacht.

Die alte Wohnung meiner Oma befand sich in der Hüttenstraße 1 in Bückgen (seit 1925 Großräschen Süd.). Großräschen erlebte nur einen Bombenangriff im März 1945. Man erzählte Hitler wollte im Ledigenheim (heute Seehotel) übernachten und kam dann doch nicht, dafür die Bomber. Getroffen wurden die Werke „Viktoria I.", die Sauerstofffabrik „Ilse", mehrere Villen und Gebäude. Eines der Gebäude war das Wohnhaus meiner Oma. Die Wand ihres Schlafzimmers war weg. Der Schlafzimmerschrank wurde repariert und die geklebten Stellen haben meine Fantasie als Kind befeuert.

Wir zogen aus der Breitscheidstraße (früher Hauptstraße) in die Dürerstraße. Mäusevilla haben wir das Haus getauft, weil uns die Mäuse aus den Tassen im Schrank entgegensprangen. Es war ein ehemaliges Bauernhaus mit entsprechenden Stallungen und sehr fruchtbarem Land hinter dem Haus. Ich bekam von diesem Umzug nicht viel mit, denn ich war unter der Woche in Cottbus und wartete bis zum letzten Moment nicht in der Breitscheidstraße zu übernachten. Es fiel mir unsagbar schwer, mich von meinem Elternhaus und meinem bisherigen Leben zu verabschieden. Es war der zweite Abschied im Jahr 1987. Auch meine Oma hatte nach langen Warten endlich ihre ersehnte Neubauwohnung bekommen. Das heißt keine Kohleöfen mehr und heißes Wasser aus der Wand. Ich hatte den Umzug für sie organisiert und die Verwandtschaft trat am Tag des Umzugs komplett an und half. Es ging schnell und reibungslos über die Bühne und Elschen war glücklich. Ich nicht, denn meine Heimat war weg. Alles was bis dahin Identität und Geborgenheit bedeutete, war weg. Keine vertrauten Räume, keine Nachbarn mehr.

Meine Eltern gaben sich große Mühe. Sie hatten die Mäusevilla komplett renovieren lassen. Alles war neu tapeziert und gestrichen. Ich besaß eine fast komplette Wohnungseinrichtung, die ich mir im Laufe der

Jahre vom Altstoffgeld gekauft habe. Sie komplettierten sie mit einem französischen Bett. Das Zimmer war sehr gemütlich und schön, nur kalt, denn Heizung gab es keine. Das musste eine Elektroheizung richten. Beheizt wurde das Haus über eine Zentralheizung im Hof. Um Feuer zu machen, musste man in eine Grube klettern, die regelmäßig unter Wasser stand.

Wir hatten plötzlich auch wieder ein Auto. Einen Trabant Kombi. Damit wurden jeden Tag Kisten aus Mitte nach Süd gefahren und Eimer mit Kohle gefüllt. Unglaublich, was meine Eltern da geleistet haben und wo mein Vater physisch die Kraft dafür hernahm. Er war ein Workaholic. Mit welch stoischer Disziplin er das Haus in Mitte leerte und in Süd einräumte, war bewundernswert. Der Trabi brauchte anfangs öfter neue Kotflügel. Vom Fahrstil hatte ich schon berichtet. Es ist ein Wunder, dass nie etwas Ernsthaftes passiert ist. An die letzte Nacht in der Breitscheidstraße erinnere ich mich noch gut. Ich schlief auf der Couch im großen Salon, so nannten wir unser großes Wohnzimmer, das früher der Saal im ersten Stock war. Der Raum, der für die schönen Stunden unseres privaten Lebens stand, war so gut wie leer. Es war gespenstisch und ich heulte. Ich begriff, nichts würde je wieder so sein, wie es vorher war. Das Lokal blieb noch bis Ende Dezember geöffnet. Am 30. Dezember 1987 haben wir die Jalousien für immer runtergelassen. Bei allen Problemen, die ich mit meinem Vater hatte, habe ich es doch so geliebt, war voll und ganz damit verwoben und verwurzelt. Wie jeder Jugendliche musste ich jetzt selbst laufen lernen und meinen eigenen Weg, meine eigene Identität finden. Das Nest war weg.

Der Versuch

Cottbus war eine kleine Stadt. Bezirkshauptstadt. Der Altmarkt und das wunderbare "Jugendstil Staatstheater" hatten den Krieg überstanden, obwohl es in und um Cottbus heftige Kämpfe gegeben hatte und auch mehrere Bombenangriffe große Teile der Stadt und Industrieanlagen zerstörten. Es gab ein Schloss und einen wunderschönen Park mit Pyramide. Den Branitzer Park und das Schloss verdankt die Stadt Fürst Pückler, nach dem ein Eis benannt ist und der den wunderbaren Satz prägte: „Ich habe die Krankheit nur überlebt, weil kein Arzt in der Nähe war." In Cottbus werden seit über 100 Jahren Lehrer ausgebildet. Aus dem anfänglichen „Königlichem Lehrerseminar" wurde die „Pädagogische Akademie" und von 1948 bis 1990/91 das „IFL- Institut für Lehrerbildung – „Clara Zetkin". Untergebracht war das IFL in einem Doppelschulbau verbunden mit einer Aula. Auf der linken Seite studierten die Lehrer für die Jahrgangsstufen 1-4 und auf der rechten Seite wurden angehende Vorschulerzieherinnen ausgebildet. Heute gibt es eine Außenstelle Studienseminar Cottbus des Landesinstitut für Lehrerbildung. Die Unterlagen des IFL, also Personal- und Prüfungsakten von Studierenden, Personalakten von Beschäftigten, Urkunden und Briefe befinden sich heute im Universitätsarchiv in Potsdam.

1987 sollte mir die Ehre zu Teil werden, mich "ordentlich immatrikulierter Student des IFL" nennen zu dürfen. Am 01. September 1987 ging es endlich los. Die Immatrikulation ohne meine Eltern habe ich schon geschildert. Bis wir anfingen zu studieren, dauerte es noch ein paar Wochen. 12 Jungs gab es im neuen Studienjahrgang und wir waren alle in einer Wohneinheit im Wohnheim untergebracht. Den Anfang des Studiums machte traditionell ein Ernteeinsatz. Wir sollten uns kennenlernen. Die Mädchen waren irgendwo in der Umgebung und wir Jungs blieben in Cottbus, da wir unseren Einsatzort mit dem Bus erreichen konnten. Die Fahrt dauerte eine Stunde. Es war eine Kartoffelfabrik.

Es gab zwei Schichten. Eine Früh- und eine Spätschicht. Eingesetzt wurden wir überall. Kartoffelschippen, den die fielen in großen Mengen von den Laufbändern, Kartoffeln einsacken und besonders schön Kartoffel schälen. Mich hat sehr beeindruckt, wie die Landarbeiterinnen und Landarbeiter jeden Tag aufs Neue kämpften mit den Widrigkeiten des Wetters und dem Eigenleben der Maschinen. Es gab eine große Kartoffelschälanlage. Das funktionierte wie eine Waschmaschine. Die Schalen wurden abgerieben. Dann kamen sie auf ein Band, wurden kontrolliert und nachgeschält. Das war kein gemütlicher Job, das war alles Fließbandarbeit. Da wurde richtig geschuftet. Im Akkord. Ab und an fiel der Strom aus. Dann gab es eine extra Pause. Die Kartoffeln wurden nicht alle sofort verarbeitet. Die meisten wurden in riesigen Hallen eingelagert. Es wurde versucht, die beschädigten und fauligen auszusortieren, und dann kam immer wieder Kalk drauf. Der wurde nach jeder Ladung darüber verteilt gegen die Fäulnis.

Im Studentenwohnheim war mittlerweile Leben eingezogen. Die anderen Studienjahre hatten ihr Studium wieder aufgenommen. Natürlich hatten wir Frischlinge alle eine große Klappe. Das führte erst mal zu Reibereien. Ich war besonders stolz auf die letzten Monate und prahlte damit, dass ich als Alleinunterhalter in der Erlebnisbereichsgaststätte aufgetreten war. Den Titel hatte uns die Sendung „Außenseiter - Spitzenreiter" verliehen. Von meinen musikalischen Darbietungen besaß ich einen Kassettenrekorder-Mitschnitt, den ich vorspielte. Eines Abends gab es dann eine inoffizielle Wohnheimparty und die Jungs aus den älteren Jahrgängen holten mich aus dem Zimmer und forderten mich recht betrunken unter Androhung von Prügel auf zu singen. Es war erst ein Jahr her, dass ich in Großräschen von Jugendlichen überfallen worden war. Einer von vorne, zwei von hinten. Das endete mit einem Fußtritt ins Gesicht. Diese Erinnerung vor Augen sang ich „a capella" und das kam so gar nicht an. Die „Circe" von Holländer ist auch nicht ganz die Musik von 17 bis 22-Jährigen. Ich war innerlich zutiefst gekränkt und wäre am liebsten im Boden versunken. Es war mir unsagbar peinlich und unangenehm. Am nächsten Tag gab es Knatsch in der Kartoffelfabrik. Warum ist mir entfallen. Offensichtlich reichten diese beiden an sich unwichtigen Ereignisse, um mich seelisch neben die Spur zu bringen. Ich wollte meinem Leben ein Ende setzen. Den ganzen Tag über blieb ich wortkarg bis stumm und verrichtete meine Arbeit in der Fabrik. Am Nachmittag war ich endlich allein in meinem Zimmer. Die anderen Jungs waren unterwegs in der Stadt. Ich stellte es mir sehr einfach vor. Einschlafen und das war es. Keine Einsamkeit mehr, niemand mehr, der mich ablehnen konnte. Von meiner Ärztin hatte ich wegen meiner Schlafprobleme „Faustan" verschrieben bekommen. Davon hatte ich noch 13 Stück. Man hatte immer wieder gehört, dass sich Menschen mit Schlaftabletten das Leben genommen haben. Ich war überzeugt, dass 13 Stück ausreichen und dass es ein angenehmes Dahinscheiden werden würde. Ich bereitet mir das Standardgetränk der Studenten, nämlich „Himbeersirup", legte die 13 Tabletten einzeln vor mich auf den Tisch und nahm eine nach der anderen. Ich legte meine Lieblingskassette in den Kassettenrekorder, damals Audrey Landers, stieg in mein Hochbett und erinnere, dass ich auf mein Herz hörte und erwartete, dass es rasen würde. Ich war aufgeregt, mehr nicht. Meine Gedanken drehten sich um schöne Erlebnisse und ich schlief schnell ein.

Das dringende Bedürfnis, auf die Toilette zu gehen, unterbrach meinen Tiefschlaf. Im Nebenzimmer lief eine lautstarke Fete. Ich bekam mit, dass der Geburtstag eines Mädchens gefeiert wurde. Irgendwie muss ich aus meinem Zimmer ein gerade vollendetes Ölbild, vermutlich ein Katzenkopf, geholt haben und schenkte es dem Geburtstagskind. Ich nahm alles, wie im Rausch war, grinste wie ein Honigkuchenpferd und fühlte mich wie Supermann. Mit einem Vollrausch war das nicht vergleichbar, denn mir war nicht schlecht, ich war nur wackelig auf den Beinen. Später wurde mir berichtet, dass ich etwas von: „Schade, dass es nicht geklappt hat mit den Tabletten ..." gefaselt habe. Dunkel kann ich mich daran erinnern, dass mich jemand unsanft weckte, da lag ich wieder in meinem Bett. Mein Auftritt hatte die Party jäh beendet und die Jungs holten sofort Hilfe. Mir dämmerte, dass jemand mit mir sprach, und ich reagierte gelangweilt. Der Arzt erzählte etwas von „Hintern versohlen ...", ich musste aufstehen, mich anziehen und verließ untergehakt das Wohnheim in Richtung Krankenwagen. Ob der eine Federung hatte, weiß ich nicht. Jedenfalls war ich, als wir im Krankenhaus ankamen, wieder wach und klar. Der diensthabende Arzt war ein Psychologe. Das war mein Glück. Er verwickelte mich in ein langes Gespräch, eine Art Gesprächstherapie im Schnelldurchlauf. Das war sehr befreiend. Er verzichtete darauf, mir den Magen auspumpen zu lassen und ermunterte mich, einen Neuanfang zu wagen. Ein Krankenwagen brachte mich zurück ins Wohnheim. Am nächsten Tag ging ich erst zur Spätschicht, die ich noch immer etwas benebelt überstand. Am Institut war es Tagesgespräch. Unser Ernteeinsatz ging aber zum Glück noch ein paar Tage und es verlor sich in den Fluren. Wenige Tage später bat mich der stellvertretende Direktor Dr. Georg Schaper zu einem persönlichen Gespräch. So lernten wir uns kennen. Er war die menschliche Seele des Instituts und wurde mein größter Förderer. Ein zutiefst ehrlicher und anständiger Mann. Auch er und später auch noch eine Betreuerin im Wohnheim wollten von mir wissen, was passiert war und warum. Sie erlebten einen von Tatendrang sprühenden jungen Mann.

Zu Hause erzählte ich davon nichts. Meine Eltern wurden auch nicht informiert. Ich versuchte so oft wie möglich und auch am Wochenende in Cottbus im Wohnheim zu bleiben. Das war die Zeit, in der wir unser

Haus in der Breitscheidstraße räumten. Als Studenten übernahmen wir an manchen Tagen auch die Wache im Wohnheim. Das waren dann die Wochenenden, in denen ich in Cottbus bleiben konnte. So lernte ich auch den Literat und Spaßmacher des Instituts kennen. Wir verstanden uns gut, er war schon im dritten Studienjahr. Er erzählte mir vom Stuk, und in mir reifte die Idee, aus dem Stuk so eine Art "Erlebnisbereichs-gaststätte für Studenten" zu machen. Ich malte auch gleich die ersten Werbeplakate. „Aus alt mach neu!" Das fand nicht jeder gut. Doch der erste Abend war ein Erfolg, denn jeder durfte sich produzieren. Es wurde also viel gesungen und gelacht. Ich erinnere noch gut, wie wir mit Torsten Karow, heute einer der prägenden Lehrer in Cottbus und Träger des Brandenburgischen Verdienstordens, im Stuk und auch davorgesessen haben und seinem Gesang lauschten. Das war großartig.

„Bitte und danke"

Einen Monat nach dem „richtigen" Beginn des Studiums wechselte ich die Seminargruppe. Nun war ich also doch noch bei den „Künstlern", also K1. Die Seminargruppe des Wahlfaches Kunsterziehung war zahlenmäßig größer und schien mir besser organisiert. Es herrschte hier ein höheres Lehrniveau, was mir allerdings Probleme bringen sollte. Einige Mädchen hatten bereits ihr Abitur in der Tasche, waren somit, was die Ausbildung betraf, viel weiter. Den Wechsel empfand ich als angenehm. Die Mädels nahmen mich sehr herzlich auf. Endlich hatten sie auch einen Jungen in ihren Reihen. Was den Lernstoff betraf, konnte ich jedoch kaum Anschluss finden. Es entstanden Lücken, die sich nicht schließen ließen. Ich hatte zu der Zeit auch große Schwierigkeiten mit dem Lernen. Der Unterschied von der Polytechnischen Oberschule zum Institut für Lehrerbildung war schon groß. Ich war nicht faul, aber es mangelte mir an durchschlagender Disziplin und Lerneifer wie in der 9. und 10. Klasse. Großartig fand ich, dass es bereits im 1. Studienjahr Praktika an Schulen gab. Als ich noch in der Musikgruppe war, suchte ich die zugewiesene Schule in meiner damals üblichen Großvatergarderobe auf. Ich näherte mich dem Pausenhof der eingezäunten Neubauschule, und zwei Lehrerinnen fingen mich ab, weil sie mich für einen Pädophilen hielten. Auch wenn es einerseits peinlich war, so fand ich es doch gut, dass sie andererseits so aufmerksam waren.

Der Seminargruppenwechsel brachte auch einen Wechsel der Praktikumsschule mit sich. Die neue Schule war eine alte. Das heißt: ein Bau aus der Jahrhundertwende mit großen alten Räumen und großen Fenstern, einem Schulhof mit alten Bäumen. Sie lag mitten in der Stadt und erinnerte mich an Großräschen. Unsere Schule war ja auch Baujahr 1860 und 1890.

Unsere Aufgabe als Studenten bestand darin, einmal wöchentlich am Nachmittag die Kinder zu betreuen. Das bereitete große Freude. Zu den Kindern hatte ich sofort guten Kontakt. Es war eine erste Klasse. Auf diese Nachmittage bereitete ich mich immer gut vor. Anfangs beschränkte sich unsere Tätigkeit auf eine Hospitanz bei der Hausaufgabenstunde. Im Anschluss spielten wir mit den Kindern und halfen beim Basteln, je nach dem, was gerade bei den Kleinen auf dem Programm stand. Da dieser Tag auf einen Mittwoch fiel, wurde meine Mutter Zeugin meines ersten Unterrichts. Unsere Gaststätte war noch nicht geschlossen und Dienstag und Mittwoch waren unsere Ruhetage. Sie besuchte mich in Cottbus. Zufälligerweise hospitierte an diesem Nachmittag auch noch mein Seminargruppenleiter Dr. Bischoff an meiner Schule. Ausgerechnet für diesen Tag war der „Pädagogische Rat" der Schule einberufen. Die Hortnerin, auch eine voll ausgebildete Lehrerin (die Kinder wurden im Unterricht und im Hort von ausgebildeten Lehrern betreut), hatte mich schon eine Woche vorher um ihre Vertretung gebeten. Was für ein Vertrauen. Dr. Bischoff war überrascht und setzte sich mit meiner Mutter und den anderen beiden Mitstudentinnen still und leise in die hinterste Reihe und ließ mich arbeiten.

Ich konnte mich also ausprobieren. Kinder im Alter von 7 Jahren sind zappelig. Erst recht in der Hausaufgabenstunde am Nachmittag. Ein Junge war besonders energetisch unterwegs. Ich kannte die Kinder und eröffnete ihnen, dass wir erst mal etwas singen wollten. Der Energiebolzen durfte nach vorne kommen und das Lied aussuchen. Wir sangen. Das half. Ich forderte sie auch auf, sich zu bewegen. Danach konnten wir mit den Hausaufgaben starten. Jetzt versuchte ich, darauf zu achten, wer wie weit war. Die Kinder, die im Unterricht schon alles verstanden hatten, waren natürlich viel schneller als die anderen. Sie so zu beschäftigen, dass sich die anderen Kinder, die Hilfe benötigten, weiter konzetrieren konnten, war die große Herausforderung. Wenn sie zappelten oder etwas lauter wurden, sprach ich sie mit „bitte" und „danke" an. Ich schimpfte nicht wie die Hortnerin, ich bat und bedankte mich. Das hatte ich mir vorher so überlegt und versuchte, es umzusetzen. So eine Stunde kann sehr lang sein. Sowohl für die Kinder als auch für einen Lehrer ...

Die Stunde verflog und ich war froh, als wir spielen konnten und die Aufgaben erledigt waren. Die Besprechung nach der Stunde mit Dr. Bischoff verlief positiv. Ob das Konzept „bitte und danke" dauerhaft bestehen würde, bezweifelte er. Deutliche Ermahnungen bringen weitaus mehr, bemerkte er. Für einen ersten „Lehrversuch" sei es aber ganz ordentlich gewesen. Das war im ersten Studienjahr auch nicht üblich, dass ein Student bereits so in der Praxis arbeitete, sondern erst im 2. und 3. Studienjahr. Die besonderen Umstände des Tages hatten es mir ermöglicht, und ich war sehr glücklich darüber. Auch, dass meine Mutter dabei war.

Weihnachten 1987

Politisch war der Dezember 1987 überaus spannend für uns. Ich konnte mich noch gut an den Sturz der sozialliberalen Regierung von Helmut Schmidt 1982 erinnern, der durch ein konstruktives Misstrauensvotum von CDU/CSU und FDP gelungen war. Maßgeblich am Scheitern von Schmidt war sein „ja" zum NATO-Doppelbeschluss, wodurch in West-Deutschland neue Atomraketen stationiert werden sollten. Ich hatte während des Waldbrandes 1983 unsere Raketen aus dem Wald auf dem Marktplatz in Großräschen stehen sehen und konnte mir vorstellen, was im Kriegsfalle geschehen würde. Ich konnte mich auch noch gut an Reagans Mikrofonpatzer erinnern. Er dachte, die Mikros wären aus, und er sagte sinngemäß: "Ich freue mich, ihnen mitzuteilen, dass wir in wenigen Minuten mit der Bombardierung der Sowjetunion beginnen werden." Auch sein SDI Programm, ein weltraumgestütztes Raketenabwehrsystem, machte uns Angst. Umso überraschter und erfreuter waren wir über die Gipfeltreffen mit Gorbatschow – erst in Reykjavik und später, am 08. Dezember 1987, in Washington. Reagan und Gorbatschow unterzeichneten einen echten Abrüstungsvertrag. Das fanden wir richtig toll.

In Cottbus war ich nun besser ankommen und fühlte mich wohl als Student. Das Geld war immer knapp, aber wir bekamen immerhin 200 Mark Stipendium und das Wohnheim war sehr billig. Teuer waren die Fachbücher. Davon hatte ich reichlich gekauft. Durch das Studium wurschtelte ich mich durch. Mein Hauptinteresse galt der Kultur, dem Stuk.

Aber ich mochte meine Mädels, die waren schwer in Ordnung. In der Seminargruppe waren Lerngruppen gebildet worden. Das waren jeweils bis zu 6 Personen, die sich gemeinsam beim Lernen helfen sollten. Zu diesem Zweck durften wir Jungs das Mädchenwohnheim betreten. Die Mädchen des 1. Studienjahres waren noch nicht volljährig und hatten in einem zweiten Gebäude eine eigene Etage. Diese durfte nur am Tage und auf Einladung betreten werden. Brav ging ich zu unseren „Lernstunden". Und wir lernten wirklich. In der Vorweihnachtszeit überraschten sie mich mit einem gedeckten Kaffeetisch, brennenden Kerzen und leiser Musik. Das berührte mich zutiefst. Es war eine unglaublich liebe Geste. Besonders weil es in die Zeit des Abschiedes aus meinem Elternhaus in der Breitscheidstraße fiel.

Meinen Plan, aus dem Stuk eine Art Miniatur der elterlichen Erlebnisbereichsgaststätte zu machen, folgten Taten. Es sollte der „Japanabend" werden. Um Werbung für diese Stuk-Veranstaltung zu machen, ging ich in den Vorlesungspausen ans Mikro in der Aula und informierte die Studenten der anderen Studienjahre. Über eine Woche verbrachte ich abends im Stuk und zelebrierte die Zeremonie des Essens mit Stäbchen. Die Gäste mussten knien, da alles auf dem Fußboden arrangiert war und bei „original" japanischer Musik viel Spaß über sich ergehen lassen. Allerdings war es auch mit sehr viel Arbeit verbunden. Es ist kaum vorstellbar, unter welchen Umständen die Zutaten für das Essen zusammengetragen wurden. Dabei gab es gar nichts Besonderes: Würzfleisch mit Reis, Fleischklößchen, Tee-Eier und Gürkchen. Um es zubereiten zu können, mussten alle Mitglieder des Stuk-Rates erst ausloten, was sie in ihren Heimatorten auftreiben konnten. Das Fleisch kam aus Guben, die Wurst aus meinem Heimatort und die Gurken aus dem Spreewald. Sie waren alle voll dabei. Kochen musste ich dann allein. Dass man mich allein in die Küche des IFL ließ, ist auch heute kaum zu glauben. Ich kam ob der Menge ganz schön ins Schwitzen. Aber ich bekam es hin. Das Essen gelang und schmeckte. So etwas hatte es am IFL noch nicht gegeben.

Nachdem die Studenten unsere Gäste waren, beschloss der Stuk-Rat, auch das Direktorium zu überraschen. Ute, die FDJ-Chefin des IFL, half die Einladung umzusetzen. Sie kamen und wir hatten einen unvergesslichen Abend. Spätestens jetzt war ich ein „bekannter Hund". Ist nicht immer unbedingt von Vorteil.

Weihnachten 1987 und den Jahreswechsel verbrachte ich in der Mäusevilla. Es kam der endgültige Abschied vom Haus in der Breitscheidstraße.

Hurra, hurra, hurra – wer ist denn eigentlich da?

Der 1. Mai 1988 war ein schöner und sonniger Tag. In der DDR wurde der „Kampf und Feiertag der Arbeiterklasse" traditionell mit großen Paraden gefeiert. Das war der Tag, an dem in Berlin die Neubauten unter den Panzerketten zitterten und die Partei und Staatsführung sich huldigen ließ. Vor einigen Jahren hatte ich als Ehrenpionier von der Ehrentribüne in Großräschen gewunken, versteckt hinter einer Birke. In Cottbus war der Aufmarsch größer. Cottbus war Bezirkshauptstadt. Es hatte sich hoher Besuch angesagt. Egon Krenz sollte kommen. Er war der Kronprinz von Partei und Staatschef Erich Honecker. Wir, die Studenten des Instituts für Lehrerbildung, waren dazu auserkoren, die Kulisse für die beeindruckende Demonstration für Frieden und Sozialismus auf dem Marktplatz der Cottbusser Altstadt zu bilden. Geplant waren „spontane" Sprechchöre und Jubelrufe, die der Partei und Staatsführung alljährlich aufs Neue bewiesen, wie gut und erfolgreich sie die Entwicklung des ersten sozialistischen Staates auf deutschem Boden vorantrieben. Damit es auch wirklich „spontan" klingen würde, mussten wir schon Tage vorher zum Üben antreten. Jeder erhielt einen Zettel mit den Parolen. Es klang alles sehr überzeugend und vor allem sehr „spontan". Das hatte durchaus „Tradition" in der DDR. Als Harry Tisch (Mitglied im Politbüro und Chef des Freien Deutschen Gewerkschaftsbundes FDGB) in den 1980er-Jahren zu einer Diskussionsrunde ins Berliner Ensemble mit jungen FDJ-lern (Freie Deutsche Jugend- Jugendorganisation der DDR) eingeladen hatte, die im TV übertragen wurde, probte man zuvor tagelang mit ausgesuchten FDJ-lern, die ihre Fragen „spontan" in den Saal riefen. Das war natürlich nicht im Fernsehen zu sehen, es ist vielmehr durch den

Inspizienten des Berliner Ensembles, der diese Veranstaltung betreute, überliefert.

Im Fernsehen sahen diese Demonstrationen der Macht der Arbeiterklasse immer sehr beeindruckend aus. Und sie waren auf der Hut. Vieles wurde mit ein paar Minuten Zeitverzögerung gesendet. Unsere „Spontanität" fiel auch der Schere der Zensur zum Opfer. Statt „Vorwärts zum 12. Parteitag" zu skandieren, begrüßten wir in ungeahnter Einigkeit und voller Inbrunst die Arbeiter einer Schnapsfirma mit deren Firmennamen: „Melde! Melde!", schallte es über den Marktplatz von Cottbus. Unser „Vorschreier" war heiser und fassungslos. Wir hatten unseren Spaß, und selbst Egon Krenz konnte sich ein Grinsen nicht verkneifen.

In der DDR gab es alle 5 Jahre einen großen Parteitag der Sozialistischen Einheitspartei Deutschlands. Hier wurde „Rechenschaft" abgelegt und Beschlüsse für die nächsten 5 Jahre gefasst. Zwischen den Parteitagen gab es Tagungen des Politbüros, des Zentralkomitees und des Nationalen Verteidigungsrates. Diese Beschlüsse wurden veröffentlicht und waren furchtbar trockene Lektüre. Alles bezog sich darauf und wir sollten den Klassenfeind mit unseren Argumenten überzeugen, die wir diesen Beschlüssen zu entnehmen hatten.

Nach den Feierlichkeiten zum 1. Mai begaben wir uns nach Jessen, dem Heimatort meines Zimmerkollegen. Mit „wir" sind die Jungs des ersten Studienjahrs gemeint. Anlass war Renés Geburtstag, den galt es nachzufeiern. Seine Eltern hatten eine Gaststätte in Jessen. Ich verstand mich gut mit ihm. Ich freute mich schon immer, wenn er am Sonntag mit einer frischen Jessener-Salami anreiste. Die schmeckte wunderbar. Unter der Woche gingen wir, wann möglich ins Stadtcafé, einen „Schwedeneisbecher" (Vanilleeis mit Apfelmus und Eierlikör) essen. In Jessen feierten wir mit viel Freude und kamen ins Reden. Wir begannen ernsthaft über Politik zu diskutieren. Diese ernsthaften Gespräche setzten sich auch auf der Rückfahrt nach Cottbus fort. Udo (leider ist er sehr jung verstorben) war sehr auf meiner gedanklichen Spur. Wir sprachen intensiv über unser Fachgebiet „Pädagogik" und beschlossen initiativ zu werden. Dass wir damit begannen, die Linien der Staatsdoktrin zu verlassen, ahnten wir nicht.

Perestroika – oder der Anfang vom Ende

In den letzten Jahren war politisch einiges passiert. Und 1986 geschah Tschernobyl, die große Atomkatastrophe. In der DDR gab es plötzlich reichlich Ost und Gemüse, weil es sich nicht mehr in den Westen exportieren ließ. 1982 hatte ich mich noch über den Lostrommelgewinn von einem Zentner Mohrrüben auf einem Volksfest gefreut, da wir sie in der Gaststätte zum Kochen brauchten. Die wurden auch tatsächlich geliefert und verarbeitet. Und im Spreewald gewann ich als Kind auf einer Klassenfahrt an einer Losbude hundertmal Aluminiumbesteck. Hundertmal Aluminiumbesteck – was für ein Preis! Für die Gaststätte war es gut, denn das Edelstahlbesteck wurde gern als Souvenir mitgenommen und Besteck gab es schwer zu kaufen. Ebenso Gläser und Porzellan für das Lokal.

1982 wurde Helmut Kohl durch ein Misstrauensvotum gegen Helmut Schmidt Bundeskanzler. Wir haben die entscheidende Debatte live im Westfernsehen verfolgt und fanden „Birne" (Kohl) doof. Im Juli 1983 kam Franz Joseph Strauß mit seinem privaten Flugzeug zu Besuch bei Erich Honecker und hatte einen Milliardenkredit (wie er im Volksmund genannt wurde) im Gepäck. Den Sonderzug nach Pankow von Udo Lindenberg konnten wir alle auswendig. 1985 brachte mein Bruder aus Bulgarien „The 1st Album" von Modern Talking mit, das haben wir so oft gespielt, bis der Plattenspieler qualmte. Westgeld tauschten wir 1:5 bei der alten Frau Radnick, dafür musste ich viele Flaschen zur Altstoffhandlung fahren. Mein Vater kaufte seinen ersten Videorekorder für 2000 Mark West im Intershop. Was für eine Investition! Die Antenne auf unserem Dach in Großräschen bestand aus 16(!) einzelnen Antennen und war mit einem riesigen Metallstabgerüst auf dem Dach montiert, damit wir Westfernsehen sehen konnten. Natürlich sahen alle „Dallas". Wir Kinder heimlich. Mein Bruder hatte einen Schwarz-Weiß-Fernseher besorgt und sich heimlich an die Antennen meines Vaters gehängt. Der wunderte sich über das erneut schlechte Bild. Es wurde dann eine Antennenweiche und ein Verstärker eingebaut. Im Mai 1987 landete Mathias Rust mit einem Sportflugzeug auf dem Roten Platz in Moskau, das fanden wir sehr cool und lustig. Von 1981 bis 1983 gab es in Polen das Kriegsrecht und DDR-Bürger brauchten einen Reisepass, um nach Polen reisen zu können. Zuvor genügte der Personalausweis. Die sowjetischen Staats- und Parteichefs starben im 2- Jahresrhythmus. Im November 1982 Leonid Breschnew, 1984 Juri Andropow und 1985 Konstantin Tschernenko. Ich erinnere mich gut an einen Besuch zusammen mit meiner Oma Elschen bei ihrer Freundin Frau Matka. Die war damals schon 80 Jahre alt und hatte einen alten Schwarz-Weiß-Fernseher. Das Bild bestand mehr aus Schnee als aus Bild und es lief die "Aktuelle Kamera" mit Nachrichten von der großen Parade in Moskau. Als Breschnew im Bild war, bemerkte Frau Matka trocken: „So wie der aussieht, macht er es nicht mehr lange". Und tatsächlich hatte sich zeitnah „das Leben des großen Kommunistenführers vollendet." Zumindest stand es so ähnlich im November im „Neuen Deutschland". Die Beisetzungen haben wir in der Schule live im Russischunterricht verfolgt. Unvergessen, wie Breschnews Sarg herunterdonnerte, weil er zu schwer war.

Nach Konstantin Tschernenko kam Michael Gorbatschow an die Macht und Glasnost (Offenheit und Transparenz) und Perestroika (Umstrukturierung) waren in aller Munde. Die Führung der DDR hielt davon wenig. „Man wollte nicht renovieren, nur weil der große Bruder es tat." Wir waren trotzdem begeistert. „Von der Sowjetunion lernen heißt siegen lernen" wurde gern zitiert. Die DDR begann sich langsam zu verändern. Die Bürger wurden fordernder und der Staat reagierte so gut, wie er konnte. Das staatliche Wohnungsbauprogramm wurde bis zum äußersten hochgefahren (finanziert über Schulden!), Preise blieben stabil, man versuchte es durch andere Verpackungen. Die teuren Liköre im Delikatladen waren dieselben Liköre wie vorher, nur in buntere Flaschen abgefüllt. Die Planwirtschaft tat sich schwer. Es wurde mehr ausgegeben als erwirtschaftet, es fehlte Geld für durchschlagende Investitionen. Die Mauer als antifaschistischer Schutzwall und das Bewachen der westlichen Staatsgrenze kosteten den Staat jährlich über 1 Milliarde DDR-Mark. Davon wusste das Volk nichts Genaueres. Im September 1987 wurde Erich Honecker von Helmut Kohl (Kanzler) und Richard von Weizsäcker (Bundespräsident) zu einem Staatsbesuch in der Bundesrepublik empfangen. Das haben wir aufmerksam verfolgt. Honeckers Bemerkung: „... dann wird eines Tages der Tag kommen, an dem unsere Grenzen uns nicht mehr trennen, sondern Grenzen uns vereinen, so wie uns Grenzen zwischen der Deutschen Demokratischen Republik und der Volksrepublik Polen vereinen.", wurde von uns mit großer Verwunderung aufgenommen. Und tatsächlich verschärfte sich die politische Agitation nach seiner Rückkehr wieder. Uns Lehrerstudenten wurde erklärt, wir seien zwei Nationen. Es gäbe keine deutsche Nation mehr.

Mit 90 % dieses Wissens war ich zum Studium angetreten. Ich war kein „Klassenfeind" und auch kein Revolutionär. Ich war Bürger und Kind der DDR. Das war meine Heimat, mein Zuhause. Ich wollte mich einbringen und engagieren. Von der Idee, das Institut für Lehrerbildung und die Volksbildung zu reformieren, war ich besessen. Glasnost und Perestroika für alle! In jenen Tagen im Frühling 1988 erschien in der DDR Gorbatschows Buch „Perestroika". Die Bibliothek des IFL erhielt zwei Ausgaben, und da ich schon seit Wochen danach quengelte, bekam eine davon ich. Gierig begann ich das Buch zu lesen. Es war sehr trockener Stoff. Und dann war es weg. Das Buch war verschwunden. Unauffindbar. Das verwirrte mich sehr. Es brachte mich aber nicht davon ab, vor den Studenten sprechen zu wollen. Ich schrieb eine Rede und wartete auf eine passende Gelegenheit. 1984 hatte ich die Eröffnung der Olympischen Sommerspiele in Los Angeles gesehen. Sie waren ja leider von den meisten Ostblockstaaten boykottiert worden, wie vier Jahre zuvor die Spiele in Moskau durch den Westen, die „Gegenspiele 1984" wurden in Moskau ausgetragen. Aber dank Westfernsehen konnten wir die Eröffnung sehen, und ich war schwer beeindruckt, dass westliche Politiker frei vor solchen Massen sprachen. So groß wie das Olympiastadion von Los Angeles war unsere Aula nicht. Aufgeregt war ich dennoch. Ich hatte schon zum Stuk-Abend in der Aula gesprochen. Aber das jetzt war dann doch noch einmal etwas anderes. Vor der nächsten Vorlesung – es war das Fach Deutsch – bat ich unsere Doktorin um ein paar Minuten ihrer Vorlesung. Vermutlich war sie eine Reformerin, denn sie gestattete meinen Auftritt und kommentierte meine kleine Rede danach auch noch positiv. Etwas in dieser Form hatte es in der langen Geschichte des Instituts für Lehrerbildung noch nicht gegeben. Unsere Doktorin eröffnete die Vorlesung, sorgte für die nötige Aufmerksamkeit und bat mich ans Mikrofon. Die Verblüffung der Studenten war groß. Mit zittrigen Knien trat ich ans Mikrofon. Zurück konnte ich nicht mehr. Erst wollte ich meine Rede ablesen, entschied mich dann aber nach amerikanischem Vorbild für die freie Rede. Der Hauptinhalt meiner Ansprache war kein Kompliment für die Studienkollegen. Ich kritisierte ihre Einstellung zum Studium und die mangelhafte Bereitschaft für ein Engagement im Freizeitbereich scharf. Aus heutiger Sicht eine unglaubliche Anmaßung. Ich sagte: „Ein zukünftiger Lehrer darf nicht die ganz Woche an die Heimfahrt am Wochenende denken! Ein Student müsse vielmehr sozialpolitisches Engagement zeigen. Wir müssen uns insbesondere auch in kultureller und sozialer Hinsicht auf unseren Beruf vorbereiten!" Das war noch harmlos. Mit verschiedenen Beispielen belegte ich meine Kritik und schlug vor, über alle uns bewegenden Probleme im Stuk zu diskutieren. Zu meinem Erstaunen verließ ich das Rednerpult unter Applaus. Damit war der erste Schritt getan. Ich begnügte mich nicht mit meinem Studienjahr. Einen Tag später passte ich eine Vorlesung des zweiten Studienjahres ab. Der „Geschichtsdoktor" kündigte mich in perfektem sächsisch an, und es gab großes Gelächter. Niemand ahnte, was ich vorhatte. Das zweite Studienjahr kannte mich nur als Spaßvogel. War ich doch beim Karneval der „Minister für Humor" gewesen. Karneval hat in Cottbus Tradition und wird dort entsprechend groß gefeiert. Auch am IFL war das so. Was an diesem Tag geschah, beeindruckte mich nachhaltig. Ich sprach frei und hielt inhaltlich dieselbe Rede wie vor dem ersten Studienjahr. Der ersten Betroffenheit und Überraschung folgte rasch lautstarke Empörung einiger Studenten. Obwohl ich dreihundert Studentinnen und Studenten gegenüberstand, ließ ich mich nicht einschüchtern und war erfreut, vereinzelt auch ein zustimmendes Nicken zu vernehmen. Ich schloss meinen kurzen Auftritt mit der Einladung zur Diskussion im Stuk und verließ den staunenden Geschichtsdoktor und die Aula unter Applaus. Das Studium ging weiter. Meine Mitstreiter und ich hatten eine Woche Zeit, uns auf diesen ersten Diskussionsabend im Stuk vorzubereiten. Unser Vorhaben sorgte für Gesprächsstoff am IFL. Wir waren sehr aufgeregt und gespannt, was passieren würde. 20 Studenten folgten dem Aufruf in den Stuk. Unter ihnen auch einige aus dem dritten und vierten Studienjahr. Sie wollten die Großmäuler aus dem ersten unter den Tisch diskutieren und lächerlich machen. Dieses Vorhaben scheiterte. Der Funke sprang über und es wurde sachlich diskutiert und argumentiert. Jene 20 waren wirklich daran interessiert, etwas zu ändern und sich einzusetzen, die Ideen mit Leben zu füllen. Wir vertagten uns mit dem Beschluss, gemeinsam zu arbeiten und die Ideen in unsere Seminargruppen zu tragen, um sie zur Mitarbeit an ganz konkreten Einzelprojekten zu gewinnen. Alle 14 Tage wollten wir uns treffen. Da das aktuelle Studienjahr zu Ende ging, wollten wir uns auf realisierbare Pläne für das neue Studienjahr gut vorbereiten. Mir war damals nicht bewusst, dass wir im Begriff waren, eine Studentenbewegung aufzubauen. Zum zweiten Treffen kamen schon mehr Studenten und wir beschlossen für das neue Studienjahr gezielt an der Erweiterung der Allgemeinbildung, insbesondere in den Bereichen Kunst und Kultur zu arbeiten. Hierzu erörterten wir einiges schon ins Detail. Mehr Theaterbesuche standen auf der Agenda, das Pflanzen von Blumen rund um das Wohnheim und deren Pflege, die Planung eines richtigen Studenten Cafés, der Stuk hatte bisher nur abends auf. Wir glaubten die Leitung des Wohnheimes und des IFL auf unserer Seite. Zumindest haben wir damals oft miteinander gesprochen und verständigten uns auf einen Termin für die nächste Sitzung des Wohnheimbeirates. Bestehend aus Studenten, Erziehern und dem stellvertretenden Direktor Dr. Schaper als Gast. Diese Sitzung fand statt, aber ohne mich. Ich lag im OP des Cottbusser Krankenhauses und dämmerte anschließend meiner ungewissen Zukunft entgegen.

Vorbereitungen

Von der Operation erholte ich mich rasch. Ich war nun wieder in Großräschen Süd in der Mäusevilla. Jenem südlichen Ortsteil, der aus dem Dorf Bückgen und der angeschlossenen Kolonie Grube Ilse hervorgegangen war und nun abgerissen wurde. Ich begann mit der Vorbereitung dessen, was wir in Stuk beschlossen hatten, sprühte vor Eifer und Ideen. Die Lausitz war ursprünglich ein von Sorben besiedeltes Gebiet. Erst in den 1870er-Jahren änderte sich das durch die Industrialisierung. Es entstanden das Braunkohlewerk „Ilse", um 1880 kam eine Ziegelei hinzu und die Brikettfabrik. Es wurden Schulen und Bibliotheken errichtet, Badehäuser und Kranken und Wohnungsfürsorge vorangetrieben. Es entstand eine Industriegemeinde. Bückgen, was kleine Buche bedeutet, bestand ursprünglich aus einem Dutzend spannfähigen Bauernhöfen und vier Lehnstellen. Ich erlebte nun hautnah, wie nach und nach die

Häuser und Gehöfte verlassen und aufgegeben wurden. Das war hoch spannend, denn man konnte jetzt rein und sich alles anschauen, was ich auch tat. Die Sorben waren für ihre Fertigkeiten im Bemalen von Alltagsgegenständen bekannt und ich ersann die Idee, diese alte Tradition in Form einer Arbeitsgruppe am Institut wiederzubeleben. Ich studierte im Wahlfach Kunst. Es bot sich an. Die naive Malerei der Sorben ist der süddeutschen Bauernmalerei ähnlich. Mein Vater hatte sich in den 1980er-Jahren damit befasst und die Täfelung des Lokals und den Flur in naiver Bauern Malerei bemalt. Wir hatten also Arbeitsmaterialien im Haus. Natürlich konnte ich in Cottbus nicht mit Malanleitungen aus dem Westen auftauchen. In der DDR hatte ich solche Literatur noch nicht gefunden, also fing ich an, basierend auf den westlichen Vorlagen, eine Studienanleitung über naive Malerei zu schreiben und fertigte Skizzen und Vorlagen an. Dass Bückgen abgerissen wurde und die alten Gehöfte verlassen waren, weckte meine Neugierde und Sammelleidenschaft. Systematisch durchforstete ich die alten Gehöfte und schleppte alles, was nicht niet- und nagelfest war, zu uns in die Mäusevilla. Milchkannen, Flaschen, Steintöpfe, riesige Wagenräder, Waschtröge, Butten, Pferdehalfter und sogar einen alten Handwagen. Unrestauriert, ein großer Haufen Müll. Die Holzteile imprägnierte ich mit Holzwurmmittel. Das waren bestimmt 20 alte Kuchenschieber. Den ganzen Sommer war ich damit befasst, „Muster" herzustellen. Das heißt, ich bemalte die ersten Objekte und merkte dabei, wie mühsam das ist. Aber ich zog es durch und war mit dem Ergebnis doch recht zufrieden. Für den Studentenklub plante ich einen Umbau. Ich wollte das Bettgestell, das bis dahin als Theke diente, erneuern und zwei alte große Wagenräder sollten hierfür die Grundlage bilden. Also kullerte ich die mannshohen Räder sieben Kilometer zu unserem Schmied nach Mitte. Mein Vater zweifelte an meinem Verstand. Wie ich die Räder später nach Cottbus bringen wollte, ist mir leider entfallen. Zwischenzeitlich reiste ich öfter nach Cottbus und besprach meine Vorhaben mit der Wohnheim- und Institutsleitung. Man ließ mich machen. Der eigentliche Grund für die frühe Reisetätigkeit in den Semesterferien waren die durch die OP versäumten Prüfungen. Deutsch, EPH und Geschichte. Von der Geschichtsprüfung wollte man mich eigentlich befreien, hatte ich doch im ersten Studienjahr mit einer Arbeit über den Kommunisten Hans Mau am wissenschaftlichen Studenten Wettbewerb teilgenommen und den ersten Platz belegt. Jene Arbeit, in der auch stand, dass sich die KPD in ihren Anfängen mittels Banküberfälle finanzierte und Wilhelm Pieck, der erste Präsident der DDR, von seinen Kameraden in Hauptmann von Köpenick-Manier aus dem Gefängnis der Noske-Polizei befreit worden war. (Gustav Noske, Mitglied der USPD und Volksbeauftragter für Heer und Marine, verantwortlich für die Niederschlagung des „Spartakusaufstandes" 1919 und den Tod von Karl Liebknecht und Rosa Luxemburg). Es war eine wissenschaftliche Niederschrift auf dem Niveau einer Abschlussarbeit. Das lag an den sehr präzisen Erzählungen und Formulierungen von Dr. Hans Mau, den ich hierfür interviewte und der mir von seinem Vater Walter Mau berichtete. Walter Mau gehörte der Gruppe Karl Liebknecht, Rosa Luxemburg und Wilhelm Pieck an. Wie Luxemburg und Liebknecht sollte auch Pieck sterben. Seine Kameraden retten ihm um den 20. Januar 1919 durch diesen Geniestreich das Leben. Üblicherweise hätte in der DDR schon jedes Kindergartenkind von dieser glorreichen Aktion gehört, aber da einige der Akteure in die Banküberfälle verwickelt waren, schwieg man es lieber tot. Durch diese Arbeit, welche ich in den Winterferien verfasst hatte, war die Freundschaft zu Dr. Schapers Sekretärin entstanden. Ich hatte sie ihr vorab zu lesen gegeben, und sie befand, es wäre von Vorteil, wenn sie diese ohne Rechtschreibfehler noch einmal abtippen und in eine ordentliche Form bringen würde – was sie auch tat. Leider besitze ich kein Exemplar mehr davon, ob es im Archiv des IFL überlebt hat, entzieht sich meiner Kenntnis.

Nun hatte ich meine EPH-Prüfung nachzuholen. Es war ein Fach, das mich sehr interessierte. Das Fachbuch „Einführung in die Entwicklungspsychologie der Kinder" von Marcus Jahn hatte ich gelesen, nur konnte ich mir nicht merken, was darin stand. Zumindest nicht wissenschaftlich fundiert merken. Meine Prüfer verzogen keine Miene, als sie mich grillten und sich das Funktionieren des vegetativen Nervensystems erklären ließen. Mein Wissen darüber, dass ich als Lehrer darauf achten musste, dass die Kinder auf Stühlen sitzen müssen, die ihrer Körpergröße entsprechen, ließ, mich die Prüfung dennoch bestehen. Jetzt durfte ich erst mal durchatmen und in den Urlaub aufbrechen.

Urlaubsflirt

Seit den 1980er-Jahren fuhr ich mit Lothar in den Urlaub. Er war ein Freund der Familie und arbeitete als Chefinspizient am Berliner Ensemble. Mein Vater hatte ihn 1976 auf der Suche nach Musik für das Japanprogramm kennengelernt. Er war nicht verheiratet und hatte keine Kinder. Seine Schwester war Tierärztin und lebte genauso wie seine Mutter in West-Berlin. Er hatte als Jugendlicher tolle Mentoren. Den Musiklehrer Zabel, Helene Weigel, Intendantin des Berliner Ensembles und später Max Jaap, einer der Gründungsväter der ostdeutschen Ufa und DEFA-Wochenschau-Regisseur. Er tat es ihnen gleich und nahm sich meiner an. Ich durfte ihn schon als Kind öfter in Berlin besuchen, erlebte großartige Theateraufführungen, lernte, was auf und hinter der Bühne geschah und sprach mit vielen Schauspielern, für die ich einfach Lothars Neffe war. In den Sommerferien waren ebenfalls Theaterferien und wir bereisten jedes Jahr für ein paar Tage die DDR. Vom "Kap der toten Bäume", dem Fichtelberg als südlicher Spitze der DDR, bis zum "Kap ohne Ernährungsmöglichkeiten", dem Kap Arkona als nördlicher Spitze der DDR, waren wir unterwegs. Den Fichtelberg nannten wir so wegen des erschreckend voranschreitenden Waldsterbens, und an der Ostsee war es damals fast unmöglich, sich als privat Reisender zu ernähren. Es war nicht etwa eine Hungersnot ausgebrochen. Es lag vielmehr daran, dass jeder Betrieb seine eigenen Ferienheime und Ferienlager besaß und der Rest vom FDGB Tourismus belegt war. Viele alte Ausflugslokale waren auch schlichtweg nicht mehr in Betrieb. Die Post hatte ein Ferienheim in Crottendorf in Oberwiesenthal. Hier verbrachte ich wunderbare Winterferien 1976 zusammen mit meiner Oma. Unvergesslich sind Onkel Horst und Tante Christa, die Chefs vor Ort. Sie waren sehr kinderlieb. Ich mochte die riesigen alten Betten aus der Gründerzeit, und es gab viel Schnee. Beim Rodeln fuhr ich gegen den einzigen Baum, der auf dem großen Hang vor dem Haus stand und holte mir eine blutige Nase. Ich durfte auch oft bei anderen Urlaubsgästen spielen. Im Ferienheim gab es eine Art Legobausteine, die nannten sich PEBE, und mit ihnen konnte man Häuser und Figuren bauen. Ich hatte offensichtlich bei Omis Kollegen gespielt, denn vor unserer Zimmertür stand nach einem Ausflug ein ganzer Papierkorb mit diesen Bausteinen. Als ich wieder einmal damit spielte, hielt ich plötzlich ein Gebiss in der Hand. Es muss der Dame beim Aufräumen in den Papierkorb gefallen sein. Meine Oma schickte mich sogleich zu ihr, um es ihr wieder zurückzubringen. Auf dem Weg dorthin ist es aus irgendwelchen Gründen zerbrochen. Ich lieferte es folglich in zwei Stücken ab und es gab ein großes Drama. Die Dame hatte mich danach nicht mehr so lieb. Urlaub ohne Zähne ist ja auch doof. Elschen hatte ihre dritten Zähne einmal versehentlich zusammen mit den Apfelschalen in eine Zeitung eingewickelt und in den Badeofen gesteckt. Sie wusste daher sehr genau, wie unangenehm es wochenlang ohne Zähne war. In besonderer Erinnerung ist mir ein Ausflug auf den Fichtelberg. Der Schnee lag damals doppelt so hoch, wie ich groß war. Das war sehr beeindruckend. Mit meinen Eltern haben wir einmal Urlaub in Schmiedefeld gemacht. Dort befand sich das einzige Ferienheim der HO. In späteren Jahren hat mein Vater immer wieder versucht, dort einen Platz für uns zubekommen. Eines dieser Telefonate hörte ich mit. Man teilte ihm mit, dass die HO nur dieses eine Ferienheim habe, und mein Vater antwortete: „Das würde uns vollkommen genügen!" Von Schmiedefeld aus besuchten wir Themar. Mein Vater wollte unbedingt eine geschnitzte Madonna kaufen. Der Besuch beim Bildhauer Kurt Seifert in Themar war sehr prägend für mich. Diesen wunderbaren Geruch nach Holz in seiner Werkstatt werde ich nie vergessen. Madonnen waren im Sozialismus nun nicht unbedingt der Renner. Aber mein Vater wollte eine haben und bekam sie auch. Es wurde eine ganze Sammlung. Eine war 1.40 m groß. Außerdem hatten wir ein wunderbares Krippenspiel, für das es an Weihnachten oft neue Figuren gab. Ich war damals noch sehr klein, vielleicht vier oder fünf Jahre. Auch besuchten wir eine Glasbläserei, in den bunte Figuren hergestellt wurden. Das war sogenannte "Bückware", die gab es nur mit Beziehungen zu kaufen. Das heißt, die Verkäuferin musste sich bücken, um die zurückgelegte Ware unter dem Ladentisch hervorzuholen.

Individuell zu verreisen war schwer in der DDR. Spontan ging da nicht viel. Lothar schrieb viele Jahre lang immer ein ganzes Jahr im Voraus die verschiedensten Hotels in der ganzen Republik an, um Zimmer zu reservieren. Besonders schwer war es, Zimmer mit einer eigenen Toilette zu bekommen. Es gab sie, aber die waren für die Valutagäste reserviert. Drei bis vier positive Antworten kamen jedoch immer zusammen und so entstand dann die Reiseroute. In der Regel begann die Anreise mit einem großen theatralischen Krach. Denn trotz der schriftlichen Reservierungsbestätigung für Zimmer mit eigener Toilette, waren es meistens Zimmer mit einem Klo auf dem Flur. Dann hatte Lothar seine Vorstellung, in der er alle Register zog, bis er sein Zimmer mit eigenem Klo bekam. Da musste schon mal eine Drohung mit dem Rechtsanwalt und einer Klage herhalten. Ich musste mir immer das Lachen verkneifen, denn es war jedes Mal das gleiche Spiel, egal wo wir anreisten. Außer in Bad Schandau in der sächsischen Schweiz, wo wir oft starteten. Die Dame an der Rezeption bekam ihren Westkaffee und etwas Westgeld und schon funktionierte das mit den Zimmern auch im nächsten Jahr wieder. Die große Helene Weigel hatte ihm in den Fünfzigerjahren aus Anlass einer Tournee des Berliner Ensembles nach Paris empfohlen, Trinkgeld immer zu Beginn zu verteilen, dann hat man auch was davon. Genauso funktionierte es auch auf anderen Ebenen.

Die sächsische Schweiz ist unvergleichlich schön und eignet sich zum ausgiebigen Wandern und Klettern. Der Natur ist es egal, welches politische System gerade herrscht. Ganz egal vielleicht nicht, denn in den 1980er-Jahren war das Waldsterben aufgrund der Luftverschmutzung schon zu beobachten. Es fällt besonders auf, wenn man jährlich einmal an verschiedene Orte zurückkehrt. Hier erzählte mir Lothar auch von Prager Frühling und der Niederschlagung durch den Warschauer Pakt. Auch die Truppen der DDR waren einsatzbereit in den Wäldern stationiert und warteten auf ihren Einsatzbefehl, der dann aber nicht kam. Lothar war damals auch in der Gegend zum Wandern und hat sie gesehen. Das Wandern und Besichtigen wurde uns nie langweilig. Stundenlang übten wir die Worte „Regisseur" und „Massage", bis ich sie endlich richtig aussprechen konnte. Auch Hauptstädteraten war ein beliebtes Spiel. Unsere Routen wählten wir nach „Ernährungsmöglichkeiten". Das heißt, Lothar wählte sie, und ich latschte mit Freude mit und stolperte über meine eigenen Füße. Mittag gab es von 11-13 Uhr, wenn es ein à la carte-Lokal gab. Daran musste man sich halten. Oft freuten wir uns auch einfach nur über eine Bockwurst und eine Fassbrause. Das schmeckte gut. Einen richtigen Lachanfall hatte ich in Rahten. Wir wollten Kaffee trinken und Kuchen essen. Lothar entdeckte eine Obsttorte in einem

Kühlschrank mit Glastür. Das war schon ungewöhnlich - ein Kühlschrank mit Glastür. Die Torte hatte aber die beste Zeit schon hinter sich. Dem Tortenguss war die Hitze des Tages nicht bekommen oder er war einfach alt. Es war klar zu erkennen, dass er sich zusammenzog und nach oben wölbte. Das sah schon lustig aus. Lothar wollte unbedingt davon ein Stück und dem armen Verkäufer ließ er keine Chance. Bis dieser dann ein Stück auf eigene Gefahr herausschnitt. Er wollte die Torte eigentlich nicht mehr verkaufen. Als er das Messer ansetzte, bog sich die gesamte Torte und klappte regelrecht zusammen. Er gab nicht auf. Dasselbe Spiel beim zweiten Schnitt. Lothar hatte dann Obst mit Tortenguss Gummi auf seinem Teller. Beim Essen wiederholte sich die Vorstellung. Aber offensichtlich schmeckte sie vorzüglich. Besonders gut geschmeckt hat auch das Softeis in Bad Schandau. Es gab dort immer zur Urlaubszeit einen Rummelplatz an der Uferpromenade mit einem Softeisstand. Wir sind immer sofort dorthin und freuten uns, dass sie wieder da waren. Eissorten gab es nicht so viele in der DDR. Vanille, Schokolade, Erdbeere. Softeis war eine Rarität. Wenn man viele Eissorten essen wollte, musste man Frau von Stein einen Besuch abstatten. In der Nähe des ehemaligen Rittergutes mit Schloss Kochberg in Großkochberg in der Nähe von Rudolstadt gab es eine Eisdiele mit 20 Sorten. Eine Sensation damals. Lothar schwärmte immer von den vielen Eissorten in Italien, was er durch die Tourneen mit dem Berliner Ensemble kennengelernt hatte.

Auch die zwei Meter große Mortadella aus dem KDW-Kaufhaus des Westens fand oft Erwähnung. Besonders dann, wenn die Frühstücksbuffets sehr übersichtlich waren. Dafür waren die Zimmerpreise aber auch sehr niedrig. Besonders billig war es in Neustadt. Dort kostete eine Übernachtung für ein Zimmer mit Toilette auf dem Flur inklusive Frühstück 5 Mark!! Mein Zimmer war sehr groß, mit Möbeln aus der Jahrhundertwende eingerichtet und zum Frühstück gab es frische Brötchen, Kaffee und weich gekochte Eier. Als wir zu Westzeiten wieder dort wohnen wollten, waren aus den 5 Mark Ost 140 DM West geworden. Allerdings hatten jetzt alle Zimmer ein eigenes Bad.

Im Sommer 1988 waren wir in Bad Schandau. Wir bewunderten wie immer den Fleiß der Menschen, die dort lebten, denn der Ort wurde immer wieder von furchtbaren Hochwassern heimgesucht. Wir wollten damals in unserem „Elbhotel" zu Abend essen. Oft aßen wir auch im

„Roten Haus", weil es hier Eierstich und Bauernfrühstück gab und die Wirtin alles im Kopf ausrechnete. An jenem Abend also das „Elbhotel". Ich ging vor, um einen Tisch zu organisieren. Das war damals nicht einfach. In der DDR wurde man überall platziert oder eingewiesen. Ein Lokal konnte restlos leer sein, aber ein Schild mit „Sie werden platziert!" stand immer vor der Tür. Wenn man es ignorierte und sich einfach irgendwo hinsetzte, gab es Krach oder man wurde nicht bedient. Mir wurde ein Tisch zugewiesen, an dem schon eine 36-jährige Berlinerin mit ihrer Tochter saß. Später sagte mir Lothar, dass er damals sofort aufstehen wollte, da er sofort spürte, dass etwas Entscheidendes passieren würde. Wir aßen zu Abend und unterhielten uns. Bei mir meldeten sich Wünsche und ich ließ in den nächsten Tagen nichts unversucht, sie näher kennenzulernen – was auch gelang. Wir tauschten Adressen aus. Es entstand ein reger Briefwechsel. Wenig später trafen wir uns in Ost-Berlin und unternahmen einen Ausflug an die Ostsee. Sie war nicht gut auf die DDR zu sprechen, hatte einiges durchlitten.

Als Lehrerin waren die Kinder von Manfred Krug in ihre Klasse gegangen. Krug hatte die DDR verlassen und war sehr erfolgreich im Westen, aber für sie hatten mit seinem Weggang die Probleme begonnen. Weil sie sich weigerte, Menschen dafür zu verurteilen, in welchem Land sie leben wollten. Für sie endete es mit einem Berufsverbot. Die Aufmerksamkeit der Stasi für ihre Person setzte ihr zu. Ihre Ehe war gescheitert, und sie schlug sich irgendwie durch. Auch sie war kein Feind der DDR oder Widerstandskämpferin. Sie war an den Staatsdoktrin zerbrochen. Wir redeten viel und lange und sie riet mir, meine Fähigkeiten doch besser im Westen Deutschlands auszuleben. Da hätte ich dann wenigstens was davon. Natürlich träumte man davon, wie es denn wohl im „goldenen" Westen so wäre. Was man alles machen könnte, schien schier unbegrenzt. Ich kam ins Grübeln. Sie hatte mir den berühmten Floh ins Ohr gesetzt, sie war aber nicht schuld an meinen Zweifeln. Es war eine Gelegenheit, die sich real bot. Die DDR war eingemauert. Zum Westen die Mauer und zum Osten eine Grenze mit Reisepass. Nur in die Tschechoslowakei durften wir ungenehmigt reisen. Wer die Mauer zu überwinden versuchte, wurde erschossen. Zumindest aber eingesperrt und geächtet. Sie berichtete von ihren Kontakten in den Westen und nach West-Berlin. Eine „Scheinhochzeit" war die bevorzugte Lösung. Es musste eine Frau im Westen oder West-Berlin gefunden werden, die bereit war, mich zu heiraten. Dieses Prinzip hatte schon öfter funktioniert. „Geheiratet" wurde in der DDR und erst, wenn es wirklich nicht möglich war, die Ehefrau zu einem Leben in der DDR zu überzeugen, gab es die reelle Chance, im Rahmen der Familienzusammenführung in den Westen auszureisen. Das ging schneller als ein „normaler" Ausreiseantrag. 1988 hatten rund 500.000 Bürger der DDR einen Ausreiseantrag gestellt. Man musste nicht ins Gefängnis und wurde auch nicht erschossen. Gegen „Liebe" war kein Kraut gewachsen. Allerdings musste man glaubhaft sein. Sie bot mir an, eine solche Frau für mich zu organisieren. Ich wollte es mir überlegen.

Unsere Rückreise führte uns über Fürstenberg. Hier lebten die Brandts. Ute war zu DDR-Zeiten Erzieherin im Kinderkurheim, dessen Gast ich einige Jahre zuvor gewesen bin. Daraus war eine Freundschaft gewachsen. Ich hatte sie und ihre Familie schon als Jugendlicher besucht und sie im Gegenzug mich, als ich mit meiner Mutter in Fleckenzechlin bei Döhrings unter dem Apfelbaum zeltete. Ihre Kollegin Britta war schon in den Westen übergesiedelt. Auch mit ihr hielt ich Briefkontakt. Mit Ute quatschte ich die halbe Nacht. Sie konnte wunderbar zuhören und erkannte natürlich sofort die Gefährlichkeit der Situation, in welche ich mich begeben wollte. Sie warnte mich inständig und bat mich, vorsichtig zu sein. Ich liebte sie für ihre Ehrlichkeit, Offenheit und Gastfreundschaft. Außerdem sah sie auch verdammt gut aus. Auch ihren Mann mochte ich sehr. Beide besaßen ein großes Herz am rechten Fleck und gesunden Menschenverstand. Ute verstand es, Dinge pragmatisch präzise auf den Punkt zu bringen und war dabei niemals verletzend. Eine großartige Frau und Pädagogin. Schon während der Kinderkur hatten sie und Britta mit mir viele Gespräche geführt. Ich nenne sie heute positive Mentoren und Freunde. Am nächsten Morgen reisten wir ab. Meine Begleitung blieb in Berlin und ich eilte nach Cottbus. Ich sollte marschieren lernen!

Storkow

In Storkow befand sich ein großes Lager der GST – der Gesellschaft für

Sport und Technik – eine paramilitärische Massenorganisation der DDR. Der Sinn dieser Organisation bestand darin, alle Schülern und Studenten einer vormilitärischen Ausbildung zu unterziehen und künftige Soldaten vorzubereiten. Für uns Studenten war die Teilnahme an diesem Kurs bindend. Wer ihn versäumte, musste ihn ein Jahr später nachholen. Von Cottbus starteten wir Jungs des nunmehr zweiten Studienjahres und viele andere männliche Studenten anderer Fakultäten der zweiten Studienjahre mit einem Sonderzug der Reichsbahn in Richtung Storkow in der Brandenburger Provinz. Alle trugen wir Uniformen und sahen aus wie Soldaten. Das war auch der Sinn der Übung.

Schon während des ersten Studienjahres hatten wir immer wieder in Uniform antreten müssen und mussten den „Ernstfall" üben. „Sturmbahntraining" nannte sich so etwas und genau das war es auch. Alles unter dem Deckmantel des Sports. Für mich als überzeugten Pazifisten war es besonders schön. Meine beiden Großväter waren im Krieg geblieben, wie man so salopp sagte. Auf Deutsch hieß es, Karl Acksel, also mein Großvater väterlicherseits, war in seiner Scheiße und im Blute liegend von seinem Kriegskameraden aufgefunden worden, nachdem er an der Ruhr leidend auf Telefonmasten klettern musste, um die Drähte durchzuschneiden, die ins Feindgebiet verliefen. Das war 1944. Partisanen hatten ihn erschossen. Max Wild, mein Großvater mütterlicherseits, hatte man das Gesicht zerschossen. Trotzdem musste er, nachdem es verheilt war, wieder nach Russland zurück und starb dort ebenfalls 1944 im Kampfeinsatz. Und warum das alles und wofür? Weil Deutschland von Wahnsinnigen regiert wurde. Dass wir jungen Leute nun Krieg spielen sollten, sogar mussten, war mir unbegreiflich. Damals schon. Wir bildeten die Tausendschaft des Cottbusser Bildungszentrums und unterzogen uns einer Ausbildung zum MOT-Schützen. Das sind motorisierte Schützen, die mit Fahrzeugen unterwegs sind, aber zu Fuß in den Kampf ziehen. Sie werden auch gern als Kanonenfutter bezeichnet. Unter ihnen sind viele Scharfschützen.

Wenn man mit einer Zeitkapsel zurückdrehen könnte, so würde man mich sofort aus den tausend angetretenen jungen Männern erkennen, denn ich trug weiße Schuhe. Als einziger. Ich hatte sie zur Anreise getragen und meine schwarzen Armeestiefel im Zug vergessen. Das Problem war, es ließen sich in meiner Schuhgröße keine neuen Stiefel auftreiben. Also trug ich die gesamte Zeit weiße Schuhe. Trotz der zeitlich noch nicht lange zurückliegenden Operation nahm ich an der Ausbildung teil und konnte mich, wann immer ich keine Lust hatte, erfolgreich aus medizinischen Gründen drücken. Was sich in meinem Kopf abspielte, wusste niemand. Der Gegensatz hätte krasser nicht sein können. Hier die Lehre über den Klassenfeind und gedanklich die Scheinehe, um in den Westen zu gehen. Über den Schwachsinn, den man uns mit voller Überzeugung im theoretischen Unterricht zu vermitteln versuchte, konnten wir alle nur staunen. Das nahm keiner ernst. Nur sagen durfte man das nicht. Jeder wäre bereit gewesen, sein Heimatland, seine Familie mit Leib und Leben im Ernstfall zu vereidigen. Aber wer bitte sollte uns angreifen und warum? Die bösen imperialistischen Kräfte? Das hatten sie schon im Prager Frühling, nach dem Volksaufstand in der DDR und zum Mauerbau nicht getan. Warum also jetzt?

Wir ließen brav die Theorie über uns ergehen. Antworteten das, was man von uns hören wollte und freuten uns auf die Freizeit. Den antifaschistischen Schutzwall fanden wir alle Scheiße, denn es wurde nicht auf Eindringlinge von außen, sondern auf eigene Staatsbürger geschossen, die das Land verlassen wollten. Die praktischen Übungen machten mehr Spaß. Mal abgesehen von den schier nicht enden wollenden Stunden auf dem Exerzierplatz. Stundenlang mussten wir den „Gleichschritt" üben. Teilweise in brütender Hitze. Dazu wurde laut gesungen. „Spaniens Himmel" musste mal wieder herhalten. Richtig lustig, beinahe bekloppt waren die Übungen im Wald. Wir wurden mit Holzgewehren ausgestattet und übten damit den „Sturmangriff". Getarnt mit Grünzeug bauten wir Unterstände, hoben Gruben aus und riefen „peng, peng!" Mal abgesehen von meiner Überzeugung wusste ich spätestens jetzt, was ich nicht will. Drill gab es auch. Gut für die körperliche Fitness. Morgens Dauerlauf vor dem Frühstück, mittags dasselbe. Die berühmte Sturmbahn und das Kriechen unter Hindernissen durften nicht fehlen. Hier hatte ich öfter „Probleme wegen der OP" und schaute lieber amüsiert zu. Im Gleichschritt marschierten wir zum Schießplatz. Man bildete uns an der Kalaschnikow aus. Diese „Sturmgewehre" waren keine Attrappen, die waren echt. Wir lernten, sie mit verbundenen Augen auseinanderzunehmen, sie zu reinigen und wieder zusammenzusetzen. Geschossen wurde mit scharfer Munition. Zu meinem Erstaunen traf ich. Und wie. Anpeilen und zack. Ich schoss auch auf die Scheiben meiner Kameraden, die mit dem Zielen Probleme hatten, da noch Munition übrig war. So bekamen auch sie das Schießabzeichen. Der Trick war simpel. Ich hatte vom befohlenen Dauerfeuer auf Einzelschuss umgestellt und schoss schnell. Das fiel im allgemeinen Geballer nicht auf. Das Gewehr lag aber wesentlich ruhiger an. Menschen erschießen wollte ich aber dennoch nicht.

Nichts ist unangenehmer, als unter Befehl zu leben. Darum war die Freizeit das Beste. Wir waren kaserniert und durften das Gelände nicht ohne Genehmigung verlassen. Ich wurde zum Stubenältesten gewählt. Keine große Leistung, denn ich war damals der Älteste. Abends gab es einen Rundgang der Offiziere und die Stubenältesten mussten Meldung machen. Das bekam ich hin. Gut für unsere Truppe war mein Rettungsschwimmerpass. Ich war seit Jahren Mitglied des DRK und hatte die Rettungsschwimmerstufe. Es war Sommer und sehr heiß. In Storkow befindet sich ein See und dank meines Rettungsschwimmerpasses durften meine Jungs und ich oft zum Schwimmen ausrücken. Da hatten wir richtig Glück, denn alle anderen mussten in der Kaserne bleiben. Ich war der einzige aktive Rettungsschwimmer. Wir genossen und begossen unsere kleine „Freiheit". Alkohol gab es immer erst nach dem Schwimmen, da war ich eisern. Unsere Kumpels in der Kaserne versorgten wir mit Zigaretten und Alkohol. Somit waren wir ein wichtiger Bestandteil des tausend Mann starken Bataillons aus Cottbus. Wir sorgten für gute Stimmung in der Truppe. Nachts ging es dann richtig zur Sache. Wir waren in fünfgeschossigen Baracken untergebracht. Alle standen hübsch hintereinander. Wir hatten also ein gegenüber. Nachts trainierten wir dann den „Ernstfall". Wir lieferten uns erbitterte Tomaten und Schmierkäseschlachten. Die Heftigkeit der „Kämpfe" konnte man am nächsten Morgen sehr deutlich an den Außenfassaden ablesen. Unsere „Gegner" hatten eindeutig mehr „Munition verschossen". Mir bot sich damit die Möglichkeit, nicht zum „Endmanöver" bei sengender Hitze ausrücken zu müssen. Freiwillig übernahm ich die „Verantwortung" für die nächtliche Schlacht und verpflichtete mich, die Kampfspuren zu beseitigen. Erfahrung hatte ich diesbezüglich genug. Der Kommandeur erwartete, dass ich alle Fenster putzen würde. Es waren 180! Ich kannte aber die Tricks, wie man etwas „sauber" aussehen lassen kann. Mit einer Hacke entfernte ich die Käse und Tomatenreste und putze nur die unteren zwei Fensterreihen und das auch nur von außen. Also Parterre und 1. Stock. Das waren schon eine Menge Fenster! Und das Ganze in 2 Gebäuden. Nach 8 Stunden Arbeit mit reichlich Pausen waren die Spuren der „Schlachten" verschwunden. Es sah so aus, als seien alle Fenster frisch geputzt. Da ich die unteren Fenster aber nur von außen geputzt hatte, fiel es nicht auf, dass die oberen keinen Tropfen Wasser gesehen hatten. Sie sahen somit alle gleichmäßig sauber oder dreckig aus. Je nachdem wie das Licht fiel. Zum Zeitpunkt der „Begutachtung" war das Licht mir gnädig. Für diese beachtliche Leistung durfte ich einen Tag eher abreisen als die anderen Jungs. Die kamen völlig fertig vom Manöver zurück, als ich mich zum Bahnhof aufmachte.

Ich fuhr nach Berlin, traf mich mit meiner Urlaubsbekanntschaft und bat sie, die „Scheinhochzeit" einzufädeln. Bis es so weit war, wollte ich mit all meiner Kraft für Veränderungen im sozialistischen System und deren Umsetzung am Institut kämpfen. Ich ging davon aus, dass bis zur Realisierung der Pläne Jahre vergehen würden und ich mein Studium hinter mir liegen würde. Ich wollte für Perestroika und Glasnost kämpfen, aber ich wollte auch weg.

Demokratie

Am 28. August 1988 trat ich zum zweiten Studienjahr in Cottbus an. Das heißt, ich reiste an. Diesmal nicht mit dem Fahrrad, wie ich es so oft vorher getan hatte. 40 Kilometer über Kopfsteinpflaster waren immer eine Herausforderung für Rad, Gepäck und Fahrer. Diesmal brachte mich mein Vater. Der Trabant-Kombi war vollkommen überladen. Das lag hauptsächlich am Müll für die Bauernmalerei. Mein Vater war fassungslos. Es war in der Tat eine beachtliche Ausrüstung, die ich da zusammengetragen hatte. Bücher über Bücher. Ich glaube, kein Student besaß so viele Bücher über Pädagogik, Didaktik, Dialektik und Psychologie. Viele hatte ich sogar schon gelesen. Dazu kamen die Dinge des täglichen Lebens. Geschirr, Töpfe, Bettwäsche, Garderobe, meine Malutensilien inklusive Staffelei, der Hospitanz Stuhl, eigentlich ein Regiestuhl und sauschwer, aber bequem, mein Kassettenrekorder und unzählige Kuchenschieber, Bilder, Butten und was ich sonst noch so brauchen konnte.

Ich reiste einige Tage vor dem offiziellen Start an. Der Grund bestand in den „Verhandlungen" mit der Wohnheimleitung. Es ging also nahtlos dort weiter, wo ich vor meinem Urlaub aufgehört hatte. Der Empfang der „Neuen" stand auf dem Programm. Der erste Tag am IFL sollte für sie unvergesslich werden. Das war der Plan. Mit den Jungs meines Studienjahres hatten wir schon in Storkow an einem Programm zur Begrüßung gearbeitet, das galt es jetzt umzusetzen. Die Wohnheimleitung war begeistert und so machte ich mich erst allein und dann später mit Unterstützung der Jungs an die Arbeit. Im Stuk stellte ich die Tische für ein kleines kaltes Buffet, besorgte reichlich Getränke und dekorierte den Raum mit den noch nicht ganz trockenen Bildern. Zum Tag des Empfanges besorgten wir uns Tomaten, Gurken, Radieschen, anderes frisches Gemüse und was es sonst noch so gab und zauberten in gemeinschaftlicher Arbeit ein großartiges Buffet. Am Vormittag nahmen meine Mitstreiter und ich am offiziellen Empfang des Wohnheimleiters teil. Er bat mich, vor den „Neuen" zu sprechen, was ich dann auch tat. So bot sich gleich die Möglichkeit, mit ihnen in Kontakt zu treten. Natürlich nutzte ich die Gelegenheit, um sie auf den Sinn des Studiums hinzuweisen, und den sah ich nicht im Marxismus, sondern in einer umfassenden Allgemeinbildung. Den Marxismus ließ ich einfach weg. Der Einladung zum Empfang durch den Studentenklub folgten sie fast vollständig. So voll war der Stuk nie wieder. Es war ein toller, fröhlicher und unbeschwerter Abend.

Im Rahmen der sogenannten „roten Woche" wurde eine Studentenvollversammlung abgehalten. Ute, die FDJ-Chefin des IFL, sie saß auch im Zentralrat der FDJ in Berlin, also ganz oben, kannte meine Vorhaben und unterstützte sie. Sie forderte mich auf, vor der Vollversammlung zu sprechen. Als ich diese Rede hielt, ahnte ich noch nicht, welche Konsequenzen sich bald für mich entwickeln würden. Ich sprach von unseren Ideen, unserer kleinen Bewegung, den Beobachtungen und wie wir zu ihnen gekommen waren. Dann erläuterte ich unsere Beschlüsse und Zielpunkte.

Einige Beispiele:

* Die Studentenvollversammlung sollte den Charakter des Scheins verlieren. Bisher war es eine Pflichtveranstaltung, auf der die Studenten mit Anwesenheitspflicht stumm und regungslos zuhörten, was immer ihnen vorgetragen wurde. Jeder sollte ein Rederecht haben und hier ehrlich und aufrichtig aussprechen können, was er denkt.
* Aus dem Studentenklub Stuk sollte ein richtiges Studenten Café werden. Getragen und organisiert von den Studenten. Jeweils zwei Studenten sollten zwei Nachmittage in der Woche das Café offen halten, um es so zu einem verlässlichen Treffpunkt werden zu lassen.
* Das Wohnheim sollte zugänglicher werden. Der Zustand, dass nur Ehepartner oder enge Verwandte Zutritt hatten, sollte geändert werden, damit die Peinlichkeit eines Besuches abgestellt wird. Bisher musste man seinen Besuch im kalten Vorraum begrüßen. Jeder, der hinein und hinausging, wurde Zeuge dieser privaten Begegnungen und das war mehr als unangenehm, da es keinen separaten Raum gab.
* Auf Beschluss des Wohnheimrates sollte es den Wettbewerb der „goldenen Türklinke" geben. Damit war die zusätzliche Begrünung des Außenbereichs und Ordnung und Sauberkeit gemeint.
*Jede Seminargruppe sollte einmal im Jahr im Stuk einen Kulturcocktail ausrichten.

Diese Liste war noch länger. Alles war sehr konkret und auf Machbarkeit durchdacht. Nach der Rede wurde kräftig applaudiert, das war aber auch schon fast alles, was passierte. Die Umsetzung gestaltete sich zäh. Das erste Studienjahr fuhr in den Ernteeinsatz und die anderen studierten im alten Trott. So eine kleine Nachmittagsrevolution, bei der man nur zuhören musste, war okay. Aber ansonsten: Bitte nicht stören.

Der Brief

Mit Beginn des zweiten Studienjahres hatten wir eine neue Seminargruppenleiterin bekommen. Sie war eine von den offiziell ganz „Überzeugten". Das sind Menschen, die ihre Fahne nach dem Wind hängen und keine andere Meinung zulassen als die gerade aktuelle. Unsere Abneigung beruhte auf Gegenseitigkeit. Sie vertraute mir nicht, ich war ihr suspekt und umgedreht. Sie war neu und wollte „ihre" Studenten kennenlernen. Darum vereinbarte sie mit jedem aus unserer Seminargruppe einen Termin für ein persönliches Gespräch. Es sollte Vertrauen schaffen. Am 08. September 1988 kam sie zu mir. Sie besuchte mich in meinem Zimmer im Studentenwohnheim. Vermutlich hatte sie gehofft bei uns, ich wohnte mit einem Studienkollegen zusammen, sei es unordentlich und schmutzig. Das war es aber nicht. Ganz im Gegenteil. Wir waren jederzeit auf Besuch vorbereitet. Sie besuchte mich und entgegen meiner sonstigen Gastfreundschaft bot ich ihr nichts an. Ob sie es bemerkte, weiß ich nicht. Ich wollte die Unterredung so kurz wie möglich halten. Sie blieb dennoch eine Stunde. Das „Gespräch" war zäh wie Kaugummi und ich froh, als sie endlich ging. Von Dr. Schapers Sekretärin, mit der ich befreundet war, erfuhr ich später, dass sie sich im Vorfeld intensive nach mir erkundigt hatte und meinem „Treiben" ein Ende setzen wollte. Mit „Treiben" meinte sie nicht etwa unsere Jungenstreiche. So hatten wir mit einem Diaprojektor Aktfotos aus dem „Magazin" auf der Hauswand vom Mädchenwohnheim projiziert. Das war sehr lustig und sorgte für Aufregung. Davon erzählen die Jungs noch heute. Nein, sie zielte auf meine politischen Aktivitäten. Die gingen ihr entschieden zu weit. Sie zählte definitiv zu den Betonköpfen des Instituts. Ich war nach dem „Gespräch", das einer „Gehirnwäsche" glich, frustriert und wollte mir meinen Frust von der Seele schreiben. Also schrieb ich einen Brief. Sinngemäß aus dieser Erinnerung:

An die staatliche Leitung des IFL
Stellv. Direktor Dr. Schaper

Für Sie werden diese Zeilen sicher enttäuschend sein. Aber ich kann nicht anders. Die Resignation in mir hat gesiegt. Sie werden sagen, dass Sie mich in meinem Kampf um positive Veränderungen in und um das IFL unterstützt haben. Das haben Sie auch, jedoch in einem so bescheidenen Maß und in solcher Zurückhaltung, dass ich mich nicht mehr in der Lage sehe, diesen Kampf fortzusetzen. Ein Lehrerstudent braucht eine umfassende Allgemeinbildung, die sich nicht nur auf eine Überzeugung beschränken darf. Man muss damit aufhören, den Kindern den Marxismus mit dem Vorschlaghammer einzuhämmern. Die Studenten werden mit wenigen Ausnahmen nicht in der Lage sein, den Ansprüchen der kommenden Jahre zu entsprechen. Ein Studium darf nicht nur aus Rauchen, Saufen und Heimfahrt bestehen. Die Interessen müssen breit gefächert sein. An diesem Zustand ist nicht zuletzt das Bildungsprogramm schuld. Es wird von Ihnen zwar als "neu" proklamiert, so entspricht es doch vom Effekt her dem "alten". Warum haben ca. 500000 Bürger der DDR einen Ausreiseantrag gestellt? Liegt das nicht auch an der Volksbildung? Sie werden fragen, warum ich das schreibe. Hierfür dürfen Sie gern in meiner Kindheit stöbern. Ich würde mich freuen, eines Tages hierher zurückzukehren und diese Sache verändert zu sehen. Dennoch möchte ich mich für die vielen schönen Stunden bedanken. Ich wünsche Ihnen viel Erfolg in dem jetzt nur noch Ihrem Staat und verbleibe mit freundlichen Grüßen. Tilo Acksel 2K."

Das Schreiben hatte mich erleichtert. Dennoch war ich entschlossen, über die Grenze zu gehen. Ich faste den wahnsinnigen Plan, es am Brandenburger Tor zu versuchen. Es klopfte an der Tür und Maren, ein Mädchen aus dem 3. Studienjahr, stand in meinem Zimmer. Das war eine Überraschung. Ich umwarb sie schon fast ein Jahr. Wir hatten einen guten Draht zueinander, waren befreundet. Sie hatte Zeit und wollte quatschen. Ich nutzte die Gelegenheit und lud sie zum Essen ein. Es war das erste Mal, dass sie eine Einladung annahm. Mein Zimmerkollege kam zurück, er war wegen des persönlichen Gesprächs mit der Seminargruppenleiterin gegangen, auch ihn lud ich ein. Ich musste wieder zum Unterricht. Am Abend wollten wir uns treffen. Mein Mitbewohner hatte gesehen, dass ich etwas verfasst hatte und wollte wissen, was es beinhaltete. Ich ließ ihn den Brief lesen und bat ihn, diesen am kommenden Montag weiterzuleiten. Jetzt schloss ich ihn in meinem Fach ein. Jeder hatte in seinem Kleiderschrank ein Fach mit einem einfachen Schloss für persönliche Wertsachen. Der 08. September 1988 war ein Donnerstag. Mein Mitbewohner war geschockt, als er den Brief gelesen hatte und fing an zu weinen. Beim gemeinsamen Abendessen mit Maren bohrte er so lange, bis ich auch Maren erzählte, was ich vorhatte. Wir diskutierten ohne Vorwürfe. Wir saßen und aßen im besten Lokal der Stadt in einem sehr schönen Ambiente. Das Gespräch verlief sehr aufschlussreich und nachdem ich versprach, weiterzukämpfen und nicht aufzugeben oder gar in den Westen zu gehen, ließ mein Zimmerkollege uns allein. Es war ein sehr romantischer Abend. Maren hatte gute Argumente, mich von der Richtigkeit und Wichtigkeit meiner Arbeit zu überzeugen. Sie erzählte mir glaubhaft, wie geachtet und beachtet ich auch in ihrem Studienjahrgang war. Das sollte sich später bestätigen. Gerade aus dem 3. Studienjahr kamen viele Sympathiebekundungen. Es teilten viele meine Auffassungen, sie hatten nur nicht dem Mumm, es öffentlich zu sagen. Mir machte es neuen Mut.

12 Stunden

Am nächsten Tag ging es mir seelisch nicht gut. Die Nacht war von Albträumen durchzogen und ich stand neben mir. Zum ersten Mal beschloss ich nicht zum Unterricht zu gehen, sondern machte mich auf dem Weg zum Krankenhaus. Ich hoffte auf ein Gespräch mit jenem Psychologen, der mir vor einem Jahr schon einmal geholfen hatte. Ich stand also nicht wie üblich auf, sondern schlief noch einmal eine Stunde länger. Meinem Mitbewohner sagte ich, was ich vorhatte. Im Cottbusser Krankenhaus scheiterte ich an der diensthabenden Schwester. Ohne einen Überweisungsschein sei der Doktor nicht für mich zu sprechen. Auf dem Rückweg kam ich am Bahnhof vorbei und entschloss mich kurzerhand, nach Berlin zu fahren. Ich wollte die geplante „Scheinehe" absagen und wieder Ordnung in mein Leben bringen. Mir war klar, dass ich meine Bekannte erst in den Abendstunden antreffen würde und machte mir in Berlin einen schönen Tag. Ich besuchte das „Operncafé", jenes Café, von dem die Sängerin Inka gesprochen hatte. Sie kam leider nicht vorbei. Anschließend lief ich „Unter den Linden" vor bis zum Brandenburger Tor. Dort saß ich mindestens zwei Stunden. Es war ein herrlicher Herbsttag. Angenehm warm, der Wind streifte die Bäume. Man konnte nicht direkt an das Tor ran. Auf der Höhe der Wilhelmstraße, dort, wo "Unter den Linden" in den "Pariser Platz" mündet, befanden sich große, automatisch zu öffnende Gittertore, davor Blumenkübel. Das „Hotel Adlon" war abgerissen. Der Pariser Platz geteert und rechts und links Rasenflächen mit jeweils vier Blumenrabatten. Umrahmt war der Platz nicht von Häusern, sondern von Bäumen. Die hellgestrichene Mauer mit dem runden

Aufsatz konnte man gut sehen. In den Torbögen standen Betonhindernisse und auf der Quadriga wehte die Fahne der DDR. Gut zu erkennen war die goldene Siegessäule. Obwohl ich nicht mehr abhauen wollte, überlegte ich, wie es möglich sein könnte, diese Hürden zu überwinden. Soldaten waren kein sichtbar, aber mir war klar, dass sie da waren und alles gut im Blick hatten. Der Weg zum Tor und dahinter war zu weit und die Mauer zu hoch. Ich fand keine Lösung, die nicht im Fiasko geendet hätte. Gegen 16 Uhr schoss mir plötzlich der Brief durch den Kopf. Ich wurde sehr unruhig. Klar, ich hatte meinem Zimmerkollegen ursprünglich gesagt erst am Montag weiterleiten und er lag verschlossen in meinem Schrank. Außer ihm wusste keiner davon. Trotzdem ließ es mir keine Ruhe. Ich schickte ihm ein Telegramm. „Es ist alles in Ordnung. Ihr habt gewonnen. Bis Montag in alter Frische. Tilo". Gegen 19 Uhr traf ich meine Bekannte. Es wurde ein kühles und kurzes Gespräch. Eigentlich hatte ich über Nacht bleiben wollen, aber es drängte mich, schnellstens nach Cottbus zurückzufahren. Da ich erst um drei Uhr nachts ankommen würde, rief ich im Wohnheim an und bat die Pforte, mich einzulassen. Das wurde mir zugesichert. Im Zug war mir klar, dass etwas passiert ist, und ich stellte mich auf alles ein. Ich wusste, dass mich der Brief in den falschen Händen vom Günstling zum Gegner machen würde. Ich hätte ihn vernichten müssen. Jetzt würde er mich vernichten. Als ich gegen 2.30 Uhr nachts mein Zimmer im Wohnheim betrat, 12 Stunden nachdem ich Cottbus verlassen hatte, bestätigten sich meine Befürchtungen. Meine Sachen waren offensichtlich durchsucht worden. Der Brief war weg! Nicht nur der Brief. Auch mein Adressbuch, mein Tagebuch und meine Post. Alles weg. Ich wusste sofort, was los war. Aber ich war bereit zu kämpfen. Ich schrieb meinem Zimmerkollegen einen Zettel. „Bitte koche einen Kaffee (stark!!) und wecke mich. Den Kaffee werde ich wohl brauchen. Tilo." Dann ging ich ins Bett und schlief tief. Mein Zimmerkollege nicht. Der hatte sich nur schlafend gestellt.

Hoffnung

Am nächsten Morgen weckte mich mein Zimmerkollege so, wie ich es mir erbeten hatte. Er hatte tatsächlich Kaffee gekocht und war furchtbar nervös, schloss mich weinend in die Arme. Ich fragte ihn unschuldig, was denn los sei, er wisse doch, dass ich Wort halte. „Ich dachte, ich sehe dich nie wieder! Ich dachte, du haust wirklich ab! Ich wollte nicht, dass du stirbst!", stammelte er unter Tränen. Ich blieb ruhig, und es gelang mir, zu erfahren, was am Abend zuvor geschehen war. Er erzählte es mir unter dem Siegel der Verschwiegenheit. Die Stasi hatte ihm verboten, im Falle meiner Rückkehr mit mir zu reden. Noch heute bin ich ihm dankbar, dass er sich in diesem Moment für einen Freund entschied. DANKE René!

Was war in meiner Abwesenheit geschehen? Er kam vom Institut zurück und fand das Zimmer verlassen vor. Ich war nicht da und eine Nachricht von mir konnte er auch nicht finden. Er war beunruhigt und im Laufe des Nachmittags bekam er dann Angst, ich könnte tatsächlich abhauen. Bis etwa 17.30 Uhr habe er gewartet. Als dann noch immer noch nichts von mir zu hören oder sehen war, ging er zur Wohnheimleitung und bat um Hilfe. Danach habe er die Entwicklung nicht mehr aufhalten können. Natürlich wollte man den Brief haben. Er war unsicher, aber sie waren so überzeugend, dass er verriet, wo er den Brief zuletzt gesehen hatte. Kaum hatte die Wohnheimleitung den Brief, wurde auch schon Dr. Schaper ins Wohnheim geholt. Ihm musste er Rede und Antwort stehen. Jetzt holten sie Maren dazu. Das Mädchen aus dem 3. Studienjahr, mit dem wir essen waren. Auch sie wurde befragt und stand felsenfest zu mir. Als mein Telegramm eintraf, war die Staatssicherheit schon da. Sie durchsuchten mein Zimmer nach Beweisen. Maren und er wurden stundenlang verhört. Sie wurden regelrecht auseinandergenommen und bekamen immer wieder dieselben Fragen gestellt. „Wann und wo wollte ich die Grenze überqueren? Wer sind meine Komplizen?" Beide hätten sie sehr geweint. Maren hätte immer wieder betont: „Ich kenne ihn, der kommt wieder. Tilo ist sicher nur in Berlin, um das in Ordnung zu bringen!" – Wie recht sie damit hatte. Als mein Telegramm eintraf, fühlte sie sich nur in ihrer Einschätzung bestärkt. Die Stasi war anderer Meinung und warnte sie beide: „Wenn er zurückkommen sollte, dann nur, weil irgendwas nicht geklappt hat. Dann ist äußerste Vorsicht geboten. Dann ist er zu allem fähig." Das sah nicht gut aus für mich. Ich hatte ihm ruhig, hellwach und aufmerksam zugehört. Ich bat ihn, mir jetzt beizustehen. Irgendwie musste es gelingen, den Schaden zu beheben. Ich war überzeugt: „Dafür das ich mich für den Staat entschieden habe, können sie mich doch nicht bestrafen." Ich blieb optimistisch. Meine Popularität würde mir schon helfen. Dass ich längst unter besonderer Beobachtung stand und man nur auf einen Fehler meinerseits gewartet hatte, wusste ich damals noch nicht.

Ich ging alleine und früher rüber ins Institut. Mein Ziel war es, den anderen einen Schritt voraus zu sein. Ich wusste, Dr. Schaper hatte den Brief gelesen und die Stasi war informiert. Es war also klar, dass sie mich holen würden. Mein erster Weg führte mich zu seinem Büro. Er war noch nicht im Haus. Meine Freundin war leider nicht mehr da, sie hatte aufgehört. Er hatte eine neue Sekretärin. Ich bat sie ihm auszurichten, dass ich ihn dringend sprechen wollte. Dann ging ich zum Unterricht. Russisch! Von den Mädels meiner Seminargruppe wurde ich mit Fragen überhäuft. Gerüchte machen schnell die Runde. Ich wiegelte ab. Der Unterricht begann und ich wurde recht bald aus dem Raum abgeholt und zu Dr. Schaper gebracht.

Wir kannten uns bereits sehr gut und er war mir immer wohlgesonnen. Jetzt war auch er in Bedrängnis, denn die Stasi war involviert. Republikflucht war in der DDR das schlimmste Vergehen. Er ließ sich nichts anmerken. Außer einem Lächeln darüber, dass ich wieder da war. Ich war festes Mitglied seiner Cabaret- Truppe, aber jetzt ging es nicht um einen Sketch, sondern um mein politisches Überleben. Ich hatte Angst, die Wahrheit zu sagen. Also erfand ich die erste Version meiner Geschichte. Ihm gegenüber unfair, denn er war auf meiner Seite, was mir während des Gespräches auch klar wurde. Version 1 war, dass es bereits eine Verlobte in West-Berlin gab und ich diese Verlobung aufgelöst hatte. Er zeigte Verständnis und fragte, warum ich nicht schon früher zu ihm gekommen sei. Die Stasi hatte uns zu sich befohlen, was er mir nun eröffnete. Dr. Schaper begleitete mich dorthin. Auf dem Weg erzählte ich ihm dann die ganze Wahrheit. Er freute sich, dass ich ihm vertraute und doch noch die Kurve bekommen hatte und versprach, mir nach Kräften zu helfen und seinen Einfluss geltend zu machen. Auch er hoffte, dass ich mir aufgrund meiner „klassenbewussten Entscheidung" keine ernsthaften Sorgen machen müsste. Die Stasizentrale in Cottbus war sehr unauffällig untergebracht. Es handelte sich um Wohncontainer, von denen man niemals vermutet hätte, welchem Zweck sie dienten. Ich war x-mal daran vorbeigelaufen. Das Grundstück befand sich in unmittelbarer Nachbarschaft zu meiner Praktikum-Schule in der Innenstadt. Das Straßenbauamt oder die Müllabfuhr hätte man hier eher erwartet. Dort angekommen musste ich erst mal in einem kleinen Raum warten. Endlos warten. Es ist anzunehmen, dass es Doktor Schaper war, der mit viel Geschick und Überzeugungskraft für mich die Kohlen aus dem Feuer holte. Über eine Stunde hatte er mit ihnen gesprochen, dann verabschiedete er sich mit einem kleinen aufmunternden Lächeln für mich. Es war in seinem Gesicht zu lesen, dass er mit dem Erreichten zufrieden war. Schaper war eben kein Betonkommunist, sondern von ganzem Herzen Pädagoge und für seine Studenten da. Auch er hatte in seiner Studienzeit unangenehme Erfahrungen gesammelt, nicht als Revolutionär, sondern als engagierter Student. Das hat er nie vergessen. Jetzt war ich also an der Reihe. Alles erinnerte mich an Eisenach vor ein paar Jahren. Wieder saß ich einem schlecht gekleideten Herrn in zivil gegenüber. Er hatte ein nichtssagendes, leeres Gesicht. Das sind meistens die Gefährlichsten, denn sie handeln emotionslos. Das sind die Menschen, die, egal wie ihre eigenen Überzeugungen im privaten sind, Staatsdoktrinen durchsetzen. Es ist ihnen egal, was mit den Menschen geschieht. Für sie sind es neutrale Fallnummern. Wieder musste ich mich, wie schon in Eisenach, stundenlang einem Verhör unterziehen. Das ist sehr unangenehm, aber ich kannte es schon. Auch dieser Politoffizier war offenbar gut geschult und ließ sein Können aufblitzen. Da ich mich von Beginn an entschlossen hatte, die Wahrheit zu sagen, konnte ich nicht „umfallen". Allerdings entschärfte ich die Heiratspläne, indem ich von der Möglichkeit sprach, "sofern man" eine Frau aus West-Berlin kennenlernen würde. Und ich erzählte stoisch immer wieder das Gleiche. Auch diesmal wurde ich behandelt wie ein Killer oder Verbrecher, als hätte ich den Fortbestand der Menschheit aufs Spiel gesetzt. Nach etwa zwei Stunden fragte ich keck: "Ist es denn strafbar, wenn man nicht abhauen will?" Er war verblüfft und reagierte hinterfotzig. Wenn er wolle, könne er mich auch für mindestens ein Jahr nach Bautzen ins Gefängnis schicken. Das war eine Ansage. Die Planung einer Republikflucht stellt eine schwere Straftat dar und wird hart geahndet. Er wolle aber ein Auge zudrücken, da er mir glaube, dass ich tatsächlich keine Republikflucht geplant und es ja auch nicht mal den Ansatz eines Versuches gegeben hatte. Schließlich sei ich wieder in Cottbus. Es folgte noch ein Vortrag darüber, dass ich im Westen sowieso in der Gosse gelandet wäre. Hier in der Deutschen Demokratischen Republik stünden mir alle Türen offen. Nur hier könnte aus mir ein glücklicher Mensch werden. Ich schaute ihn mit dem mir größtmöglichen Verständnis an. Für die Stasi sei der Fall damit erledigt. Ich solle zukünftig besser überlegen, was ich zu Papier bringe. Wie das Institut für Lehrerbildung entscheiden würde, läge nicht in seiner Befugnis. Was für ein wissender Satz. Ich maß ihm keine Bedeutung zu. Eigentlich war ich in Berlin mit Lothar für dieses Wochenende verabredet. Er verbot es mir. Ich solle in den nächsten vier Wochen besser nicht Berlin fahren. Ich sei in der Hauptstadt der DDR noch immer zur Fahndung ausgeschrieben und hätte Glück gehabt, dass sie mich nicht verhaftet haben, weil ich so schnell noch Cottbus zurückgefahren war. Bis eine solche Fahndung aufgehoben ist, dauere es aber ein paar Tage. Ich hatte also Glück gehabt. Lothar sagte ich telefonisch ab und fuhr zu meinen Eltern in die Mäusevilla. Lothar wollte ganz genau wissen, was los war. Als ich ihm erzählte, ich dürfe nicht nach Berlin und ich käme soeben von der Staatssicherheit, beendete er das Telefongespräch. Für meine Eltern war es ein Déjà-vu. Sie waren wieder in der Nacht rausgeklingelt und von meiner angeblichen Flucht in Kenntnis gesetzt worden. Meiner Mutter freute sich sehr, als ich ankam. Mein Vater reagierte übertrieben theatralisch. Das war so seine Art, mit Stress umzugehen. Kurz nach meiner Ankunft fuhr Lothar mit seinem weißen Lada vor. Er hatte sich direkt nach unserem Telefonat ins Auto gesetzt und kam uns besuchen. Er wollte mich seelisch aufbauen. Politisch kannte er das System bestens. Bei Kaffee und Kuchen erzählte ich, was geschehen war. Mein Vater war über so viel Schwachsinn nur fassungslos. Meine Mutter prophezeite trocken, dass sie davon ausgehe, dass ich tatsächlich in den Westen gehen werde. Mit meinem Vater gab es Zoff über Aktuelles und Vergangenes. Mit Lothar unternahm ich dann einen langen Spaziergang. So konnten wir ungestört reden. Er hat die Situation messerscharf analysiert. Als Mann des Welttheaters in gehobener Position konnte er in den Westen reisen und wusste, wie die politische Lage in der oberen Etage der DDR aussah. Er versuchte, mir klar zu machen, dass ich mit meiner baldigen Exmatrikulation rechnen musste. Alles andere wäre ein Wunder. Ich glaubte an das Wunder.

Vom Günstling zum Gegner

Voller Hoffnung fuhr ich wieder nach Cottbus und es schien, als hätte ich tatsächlich Glück. „Gottes Mühlen mahlen langsam, aber sehr fein" pflegte meine Oma Elschen immer zu sagen, und wenn man Gott mal aus dem Spiel lässt, so traf das bestens auf die DDR zu. Ich ahnte nicht, was sich hinter den verschlossenen Türen zusammenbraute. Ich war offensichtlich Thema in den verschiedensten Gremien der Republik. Der Brief sollte Stein des Anstoßes sein. Schon in meinem ersten Gespräch mit Dr. Schaper hatte ich ihn zurückgefordert, die Zeilen waren nicht für die Öffentlichkeit gedacht. Er konnte ihn mir nicht aushändigen, da er sich nicht mehr in seinem Besitz befand. Am Montag wurde ich erneut zu Dr. Schaper gerufen. Wieder versicherte er mir, dass er sich für mich einsetzen würde. Er rechnete mit einem Disziplinarverfahren und mit einer Verwarnung, verbunden mit der Verpflichtung, mehr fürs Studium tun zu müssen. Meine politischen Aktivitäten sollte ich besser ruhen lassen und in der Masse der Studierenden abtauchen. Das klang hoffnungsvoll und ich gehe davon aus, dass er es auch wirklich so meinte. Die schlimmsten Auseinandersetzungen wurden auf anderen Ebenen ausgetragen. Dass meine Seminargruppe reagieren musste, war mir klar. Also wurde eine Sitzung der FDJ-Leitung der Seminargruppe abgehalten. Es wurde offen geredet. Probleme gab es nicht, die Mädels kannten mich zu gut. Von meinem Brief hatten sie gehört, kannten aber nicht dessen genauen Inhalt. Es ging in unserem Gespräch um einen unentschuldigten Fehltag im Studium, mein kurzzeitiges Schwanken im Klassenstandpunkt. Damit ist der unerschütterliche Glaube an den Sieg des Sozialismus gemeint. Sie rügten mich dafür und ich versprach mich mehr auf das Studium selbst zu konzentrieren. Diese Zusammenkunft war absolut freundschaftlicher Natur. Ich stürzte mich auch sofort ins Studieren. Aus meiner Mitarbeit im Stuk zog ich mich offiziell zurück, ich wollte nur noch beratend tätig werden. Der Stuk-Rat akzeptierte das. Mitglied des Studentenkabaretts blieb ich auf Bitten von Dr. Schaper. Plötzlich hatte ich richtig viel Zeit fürs Studieren und meine Leistungen besserten sich schlagartig. Ob es nur am Druck lag, kann ich schwer einschätzen, zumindest war die „Lernblockade" des ersten Studienjahres weg, vielleicht war auch nur der berühmte Knoten geplatzt. Ich hatte großen Ehrgeiz und wollte es allen beweisen. Selbst in Russisch, einem Fach, in dem ich mich bis dato durchgewunden hatte, ging es zum großen Erstaunen unseres Lehrers voran.

Das änderte sich ab dem 19. September 1988 um 14 Uhr. Unsere Seminargruppenleiterin, deren Namen ich aus meinem Gedächtnis gelöscht habe, berief für diesen Tag zu dieser Zeit eine Sondersitzung der FDJ-Gruppe, also der gesamten Seminargruppe ein. Einziges Thema: Student Tilo Acksel. Sie war gut vorbereitet. Entgegen ihrer sonstigen pädagogischen Fähigkeiten, denn lehren konnte sie nicht, führte sie an jenem Nachmittag sehr überzeugend moderierend, agierend und intrigierend durch die Sondersitzung. Nach einer kurzen Begrüßung zog sie eine Kopie des Briefes aus ihrer Tasche und trug ihn vor. Ernst Busch hätte es nicht besser gekonnt. Sie kannte jedes Wort, jedes Koma auswendig. Wichtige Worte und Passagen wiederholte sie mehrmals. Dieser Vortrag entfaltete wie gewollt seine Wirkung. Selbst ich war beeindruckt. Wäre es eine Aufführung im Theater gewesen, hätte sie ein Standing Ovation verdient. Sie ließ sich Zeit. Dann bat sie die völlig geplätteten Mädels um ihre Diskussionsbeiträge, ob „jemand", der so etwas schreibt, würdig sei, sich Student des Instituts für Lehrerbildung „Clara Zetkin" nennen zu dürfen. Jetzt brach der gewünschte Tsunami der Empörung los. Das war sehr geschickt inszeniert. Es wurde für mich ein Ritt durch die Hölle und aus mir wurde ein Gegner des politischen Systems. Im originalen Brief hatte ich die Formulierung „unfähiger, eintöniger und lahmer Haufen" verwendet. Natürlich bezogen die Mädels das auf sich. Jede auf sich persönlich. Und so wurde auch argumentiert. 32 gegen einen – klare Verhältnisse der Kräfte. Ich war stark und konterte mit einem Argumentationsdonnerwetter nach dem anderen. Wieso stand es mir zu, von einer Misere in der DDR zu schreiben? Es sei eine Unverschämtheit, über „Volksverdummung" zu referieren und eine böse Verleumdung zu behaupten „den Menschen werde schon im Kindergarten das eigenständige Denken aberzogen." Die Seminargruppenleiterin genoss es, dass ich mich wie ein Aal wand und versuchte, diplomatisch zu bleiben. Mit kleinen spitzen Bemerkungen goss sie immer wieder Öl ins Feuer, um die Stimmung weiter anzuheizen. Es ging nicht um den Tag, den ich geschwänzt hatte, auch nicht um ein kurzzeitiges Schwanken im

Klassenstandpunkt. Es ging darum, mich zu brechen. Das dauerte fast zwei Stunden. Mein Argument, selbst die Stasi hätte zugeben müssen, dass ich niemals die Absicht hatte, Republikflucht zu begehen, war vollkommen unwichtig. Es war der erste Tag der Abrechnung mit mir, weil ich es gewagt hatte, den Lehrkörper und die festgefahrenen Strukturen zu kritisieren. Das verstanden die Mädels damals noch nicht. Dr. Bischoff hatte mich im Sommer im Krankenhaus gewarnt. Da war es, was er gemeint hatte. Doch ich gab nicht auf. Die Auseinandersetzung kippte. Aus einer heftigen politischen Diskussion wurden durch geschickte Manipulation durch die Seminargruppenleiterin Verleumdungen.

Auch die Schlussbemerkung meines Briefes „Jetzt nur noch Ihres Staates …", wurde zur Diskussion gestellt. Die Seminargruppenleiterin giftet: „Damit hat Tilo Acksel jegliche Legitimation, Student des Institutes für Lehrerbildung zu sein, verloren." Ich hätte mich ohnehin immer "pro imperialistisch" verhalten! Damit spielte sie auf die „rote Woche" an. Das Studienjahr hatte mit einem Paukenschlag begonnen. Ein Lehrerbildner war in West-Berlin geblieben. Sozusagen ein Dissident. Was war gesehen? Seine Ehefrau war auf offiziell genehmigtem Besuch in West-Berlin. Warum sie nach West-Berlin reisen durfte, erzählten sie uns nicht. Sie erkrankte so schwer, dass sie stationär behandelt werden musste und war nicht transportfähig. Im West-Berliner Klinikum bestand Anlass zur Hoffnung auf eine erfolgreiche Therapie. Das wäre in der DDR so nicht möglich gewesen. Was sie hatte und warum es in der DDR nicht möglich war, erfuhren wir nie. Jener Lehrerbildner erhielt eine Sondergenehmigung, seine Frau im Krankenhaus in West-Berlin zu besuchen. Wenn überhaupt, durfte immer nur eine Person ausreisen. Es war also eine große Ausnahme und er blieb bei seiner Frau. Er kehrte also nicht in die DDR zurück. Am IFL war er bis dahin sehr beliebt und geachtet. Er hatte viel für und mit den ihm anvertrauten Studenten unternommen. Ein Vollblut Pädagoge. Alle waren geschockt. Dennoch verlangte man von uns Studenten ohne konkrete Faktenkenntnis ihn zu denunzieren und diskreditieren. Es sollte alles aufgedeckt werden, denn er war ein Verräter, ein falscher Haase, schon immer… Diese Argumentation wurde in unsere Seminargruppen getragen und wir sollten seine verabscheuungswürdige Tat verurteilen. Da machte ich nicht mit. Ich äußerte mich damals für ihn. „Warum soll ein Mensch, der so viel für uns und unseren Staat getan hatte, plötzlich nichts mehr wert sein? Wir wissen nicht, warum er sich so entschieden hat. Ich bin traurig darüber, dass er sich entschieden hat, seine Arbeit nicht mehr bei uns fortzusetzen. Trotzdem müssen wir es doch akzeptieren, denn offensichtlich war es doch eine sehr private und persönliche Entscheidung." Die Seminargruppenleiterin erinnerte süffisant an meine damaligen Argumente. Damit war doch klar, dass ich keinen Klassenstandpunkt habe. Und wenn, dann einen sehr zweifelhaften. Ich hätte auch immer wieder „vom Einreißen von Mauern" gesprochen, zitierte sie mich tatsächlich richtig mit meiner Rede vor der Studentenvollversammlung. Nur meinte ich damals nicht „die" Mauer, sondern die zwischen dem IFL und der Fachschule für Kindergärtnerinnen im Nebengebäude. Das wäre sehr wünschenswert gewesen, da wir in der Grundschule darauf aufbauten, was die Kindergärtnerinnen an Grundlagen bei den Vorschulkindern legten. Beide Fachschulen waren in einem Gebäudekomplex untergebracht, verbunden mit einer Aula. Der Verbindungsgang war aber tatsächlich zugemauert worden. Mehr als ein Symbol. Nun wurden mir Versäumnisse vorgeworfen: Unentschuldigtes Fernbleiben vom Studium (einen Tag!), nicht abgeschlossene Prüfungen (da war ich im Krankenhaus und wartete auf die Termine), Vernachlässigung des Studiums (stimmt, ich hatte immer etwas anderes im Kopf), und das Schwänzen des Russischunterrichts (stimmt halb, ich hatte mich nachmittags gern hingelegt und tatsächlich ein paar Mal den Russischunterricht um 16 Uhr verpennt, mich aber entschuldigt). Alles an sich Lappalien. Schlimm war die Gruppendynamik. Sie steigerten sich in ihre Verurteilungen hinein, begannen sich gegenseitig zu überbieten. Die Mädels waren alle nicht dumm oder fanatische Kommunisten. Sie waren normale junge Frauen, die Pädagogik studierten, gern mit Kindern arbeiten wollten und ihre Bengels im Kopp hatten. Sie waren keine Denunziantinnen oder schlechte Menschen. Sie wurden von der Seminargruppenleiterin geschickt manipuliert. Die immer mal wieder die Frage nach meiner Studienzulassung in den Raum warf mit dem Ergebnis, das ein Mädchen mich aufforderte, das Studium sofort abzubrechen. Ich sei eine Zumutung für dieses hohe Haus. Das war der Moment, in dem ich zerbrach. Jetzt hatte ich nichts mehr zu erwidern und hörte nur noch wie betäubt zu. Eine einzige Studentin aus der ganzen Seminargruppe hatte den Mut, für mich Partei zu ergreifen, aber sie ging unter. Danke Maren!

Nach fast drei Stunden war der Spuk vorbei. Die Seminargruppenleiterin hatte die „Vertrauensfrage" gestellt. Es wurde abgestimmt und
das „Urteil" verkündet: „Die Seminargruppe 2 K ist nicht bereit, für den
Studenten Tilo Acksel eine Bürgschaft zu übernehmen. Ihm wird kollektiv das Misstrauen ausgesprochen!" Für das bevorstehende Disziplinarverfahren war das eine Art Todesurteil. Es gab mehrere Stufen der
Bestrafung. Beim Spruch „Weiterstudieren auf Bewährung" musste die
Seminargruppe bürgen. Das war damit ausgeschlossen. Ich stand unter
Schockstarre und hatte mit den Tränen zu kämpfen. Aber diese Blöße
wollte ich mir nicht geben. Einige Mädels wollten mir noch persönlich
mitteilen, wie enttäuscht sie von mir waren, das wiegelte ich mit einer
Handbewegung ab und signalisierte ihnen wortlos, dass sie mich in Ruhe
lassen sollen. Die Seminargruppenleiterin war mit dem Ergebnis sicht-
lich zufrieden und rauschte ab. Auch ich schlich aus dem Institut. Ich
hing sehr an meinen Mädels. An allem hier. Ich hatte mich integriert, das
war meine Familie. Ich kannte und mochte sie alle. Wir hatten bis dahin
auch ein gutes Verhältnis und eine gute Zeit miteinander verbracht. Eine
Fahrt nach Berlin zum Berliner Ensemble schoss mir in die Erinnerung.
„Blaue Pferde auf rotem Gras". Ein tolles Stück mit den Studenten der
Schauspielschule Hanns Eisler, die schon im Foyer für ordentlich Stimmung sorgten und Lieder sangen. Das hatte ich organisiert. Das halbe
IFL war mit. Natürlich gab es auch Differenzen. Ich wollte mittags in der
Mensa essen. Die Mädels bevorzugten ihre Tütensuppen, weil es schneller ging. Das hatte Auswirkungen auf den Stundenplan und es blieb bei
der großen Pause. Ob Stuk, Studentenwettbewerb oder Talentwett-
bewerb (hier hatte ich mit Rene statt eines Kampfliedes vom kleinen
grünen Männchen gesungen und für Furore gesorgt), ich war immer für
„meine" Mädels eingetreten. Das war nicht von Bedeutung. Mich zog es
zu meinem Lieblingsplatz. Der liegt hinter dem wunderbaren Bau des
Cottbuser Staatstheaters. Dort gibt es eine kleine parkähnliche Anlage
mit einem großen Jugendstilbrunnen. Das warme, trockene Herbst-
wetter und das Plätschern des Wassers gaben mir wieder Ruhe. Heute
weiß ich, dass ich auch damals Freunde in meiner Seminargruppe hatte. Aber bis auf Maren wagte es keine, ehrlich ihre Meinung zu äußern.
Sie fürchteten um ihren Studienplatz. Einige von ihnen suchten nach

der Versammlung Dr. Schaper auf. Offensichtlich hatten sich meine Gesichtszüge nach dem „Urteil" der Seminargruppe derart verändert und auch meine Reaktion darauf, dass sie Grund zu der Annahme hatten, ich könne mir etwas antun. Sie hinterfragten den Beschluss und hatten ein schlechtes Gewissen. Dr. Schaper freute sich über ihr Engagement, das waren seine Studenten. Er hörte ihnen zu und beruhigte sie. Er war sicher, dass ich nicht gefährdet sei und das schon wegstecken würde. Seine Solidarität mit mir konnte er auch nicht zur Schau tragen. Er behielt mich unauffällig auffällig im Auge. In einer ruhigen Minute hatte er mir in einem persönlichen Gespräch anvertraut, dass auch er der festen Überzeugung war, dass sich in der DDR dringend einiges ändern müsse, wenn sie weiter bestehen wollte. Dieses persönliche Vertrauen habe ich sehr an ihm geschätzt. Wirklich helfen konnte er mir jetzt auch nicht mehr. Es gab Order vom Ministerium für Volksbildung. Dagegen war er machtlos. Davon wusste ich noch nichts. Ich kam nicht mal auf die Idee, dass es so sein könnte. Auch war ich nicht selbstmordgefährdet. Im Gegenteil. Ich wollte um meinen Studienplatz kämpfen. Vertrauen kann man auch zurückgewinnen, dachte ich. Seelisch begann ich zu versteinern, aber ich hatte nicht resigniert. Diese Schlacht hatte ich verloren, darauf war ich so auch nicht vorbereitet, dennoch rechnete ich fest damit, das Disziplinarverfahren zu überstehen.

Farce

Am selben Tag, also am 19. September 1988 am Abend, wollte der Stuk-Rat seine Erfolge des letzten Jahres im Bowlingcenter feiern. Ute, die FDJ-Chefin de IFL hatte dazu geladen. Jene Frau, die in unserer Gaststätte während der Veranstaltung so laut gequatscht hatte, dass ich sie auf die Tanzfläche holte. Während des ersten Studienjahres hatten wir uns super verstanden und eine Menge Aktionen im Stuk gerade durch ihre Hilfe auf die Beine stellen können. Sie kannte mich also besser als viele anderen und ich vertraute ihr. Nach dem Erlebnis des Misstrauensvotums hatte ich keine große Lust kegeln zu gehen, riss mich aber zusammen und ging hin. Schlimmer konnte der Tag nicht werden. So versuchten wir dann zwei Stunden lang den „besten Kegler" zu ermitteln, und die Getränke flossen reichlich. Ich hielt mich an meiner Cola fest, während alle anderen immer „lustiger" wurden. Da die Kegelbahn nur für zwei Stunden gemietet war, sollte die Fete unbedingt bei Ute zu Hause weitergehen. So war es offiziell geplant und so geschah es auch. Nur ohne mich. Kurz vor unserem Aufbruch nahm sie mich beiseite. Sie drückte mir ihr „Befremden" darüber aus, dass ich überhaupt erschienen war und machte mir unmissverständlich klar, dass sie mich aufgrund der „Vorkommnisse" auf keinen Fall in ihrer Wohnung begrüßen wollte. Sie wollte mit mir nichts mehr zu tun haben. Ich ließ mir nichts anmerken und verabschiedete mich sofort, da ich noch dringende Studienaufgaben zu erledigen hatte. Das war mein endgültiger Rückzug aus den Aktivitäten des Stuk. Nur wenige Wochen später wurde er geschlossen und der Stuk-Rat löste sich auf. Die Räume wurden von der benachbarten Bibliothek übernommen.

Es gab aber auch schöne Momente in diesen düsteren Wochen. Ein Mädchen aus dem ersten Studienjahr kam mich auffällig oft besuchen. Sie schwärmte von einem Jungen, den sie so liebte. Ich hörte ihr zu und gab ihr Ratschläge. Sie kam oft und erzählte mir viel Intimes von sich, das man nicht so ohne Weiteres offenbart. Ich dachte mir dabei nichts und war einfach nur lieb zu ihr. Vielleicht war genau das der Zauber, weil ich eben nicht versuchte, mich ihr zu nähern. Auch Maren aus dem dritten Studienjahr kümmerte sich rührend um mich. Wann immer es die Zeit erlaubte, verbrachten wir sie gern miteinander. Das hätte Zukunft haben können.

Der 28. September 1988 war der Tag der Entscheidung. Es war jener Tag, an dem das Disziplinarverfahren in öffentlicher Sitzung gegen mich geführte wurde. Meine Mutter war angereist, um mir beizustehen. Dafür danke ich ihr noch heute sehr. Sie half mir, diesen Tag einigermaßen in Würde zu überstehen. Es waren viele, die mir die Daumen drückten. Antje, so hieß das Mädchen aus dem ersten Studienjahr, besuchte mich kurz vorher noch einmal in meinem Zimmer und fing immer wieder an zu weinen. Erst jetzt verstand ich. Gegen 16 Uhr betrat ich mit meiner Mutter den Vorraum des Wohnheimes. Das Disziplinarverfahren sollte in einem der großen Kulturräume stattfinden. Es war als öffentliches Verfahren angekündigt und um die hundert Studenten aus allen Studienjahren begehrten Einlass. Meinen Brief hatte das Institut öffentlich gemacht. Sie kannten ihn alle. Aber zu meinem Erstaunen teilten sie das Misstrauensvotum meiner Seminargruppe nicht und wollten das auch im Verfahren bekunden. Die Leitung des Instituts, angeführt von unserem Psychologiedozenten Dr. Grimm verkündete, dass nur jeweils ein Vertreter pro Seminargruppe teilnehmen dürfe, und zwar die FDJ-Chefs. Somit waren all meine Freunde und Sympathisanten ausgeschlossen. Der Raum war dennoch übervoll besetzt und meine Seminargruppe vollzählig vertreten. Ich war noch immer guten Mutes. Im Vorgespräch mit Dr. Grimm hatte er von einer „Verwahrung" gesprochen, von Exmatrikulation war keine Rede. Also sprach ich während des Tribunals, als hätte ich Kreide gefressen. Ich wollte unbedingt weiter am IFL studieren. Ich zog so den Schwanz ein und schloss Kompromisse, zu denen ich sonst nie bereit gewesen wäre. Ich verteidigte mich ausgesprochen defensiv. Mit weichgespülten Erklärungen, Entschuldigungen, Willensbekundungen und Nichtreaktionen auf deutliche Demütigungen. Es gibt von Georg Kreisler und Barbara Peters ein wunderbares Lied, das heißt „Der Staatsbeamte". Genauso verhielt ich mich. Ich kroch ihnen bis zum Anschlag in den Arsch und das eineinhalb Stunden lang. Maren aus dem dritten Studienjahr hatte es geschafft, sich einzuschmuggeln und saß geschickt in einer Ecke, sodass ich sie sehen konnte, wie sie mir die Daumen drückte. Das half sehr. Udo, mein inzwischen leider schon verstorbener und damals engster Mitstreiter, hielt eine flammende Verteidigungsrede für mich. Hätte ich damals geahnt, dass es eine Weisung des Ministeriums für Volksbildung gab, mich zu exmatrikulieren, wäre dieses Tribunal sicher anders verlaufen. Ich ging von einer fairen Verhandlung aus. Das, was hier stattfand, war eine Farce. Gerade die eigentlichen Adressaten des Briefes nahmen den Mund besonders voll. Ich wurde vor die Tür geschickt. Und es gab „Beratungen" hinter verschlossenen Türen. Nach kurzer Unterbrechung wurde ich wieder hereingerufen und das Urteil verkündet. Ausschluss vom Studium am Institut für Lehrerbildung wegen zweifelhaften Klassenstandpunktes und Verstoß gegen die eingegangenen Studienverpflichtungen. Die Exmatrikulation erfolgt zum 01. Oktober 1988. Gegen was ich genau verstoßen hatte, wurde nicht erläutert. Bei Bewährung in einem praktischen Beruf oder abgeleisteten Dienst in der NVA ist ein erneutes Studium möglich. Voraussetzungen sind ein fester Klassenstandpunkt und eine gute Beurteilung. Das IFL wird mich bei der Suche nach einer geeigneten Arbeit unterstützen und in einem Jahr könnte ich einen Antrag auf Wiederaufnahme stellen. Ich hatte alles verloren. Innerlich brach eine Welt zusammen. Ich versteinerte. Wie eine Basaltsäule kam ich mir vor. Wie jene Säulen, auf die August der Starke unter dem Fenster der Gräfin Kosel mit seinen Kanonen geschossen hatte, um die Kanonen zu testen. Viele Jahre meines Lebens plagten mich fortan Albträume von diesem Tribunal. Äußerlich gönnte ich mir kein Anzeichen von Schwäche. Ich bewahrte Haltung und sprach ein paar Schlussworte. Die Genugtuung, ihnen zu zeigen, wie sehr sie mich zerstört hatten, wollte ich ihnen nicht gönnen. Ich dankte für die Aufmerksamkeit, all die Mühen, die Zeit, die man bereit war, für mich zu opfern. Aber ich brachte auch die Freude zum Ausdruck, die mir dieses Studium bis zu dieser Stunde bereitet hatte. Ich kündigte an, wiederzukommen. Dann verließen meine Mutter und ich das Tribunal. Sie war in tiefer Sorge um mich. Ich brachte sie zum Bus und beruhigte sie mit meinem Optimismus und meiner Selbstsicherheit. Eines war zumindest erreicht: Es herrschte Klarheit darüber, dass nichts klar war. Wie es weitergehen sollte, wusste ich nicht. Erschöpft trat ich am Abend in den Stuk ein. Dort lag Spannung in der Luft. Die Studenten diskutierten aufs Heftigste. Mein Rausschmiss hatte sich wie im Lauffeuer verbreitet. Sie waren überrascht, mich gefasst zu sehen. Die Studenten hatten begriffen, dass man an mir ein Exempel statuiert hatte. Das kam nicht gut an. Sie waren dabei, Unterschriften zu sammeln, als ich eintrat. Zum Glück konnte ich diese Aktion stoppen. Ich wollte nicht, dass auch sie Probleme bekamen. Eine Eiszeit hatte begonnen, und sie mussten sich jetzt damit engagieren. Mir konnten sie mit einer solchen Aktion nicht mehr helfen, aber sich sehr schaden. Antje aus dem ersten Studienjahr kam völlig verheult und betrunken zu mir. Sie überreichte mir am nächsten Tag einen Abschiedsbrief, dass es mir die Kehle zuschnürte. – Danke, Antje. In den nächsten Tagen bereitete ich meinen Auszug vor. Auch Maren aus dem dritten Studienjahr zeigte ihre Verbundenheit sehr deutlich. Sie legte mir heimlich ein Buch auf meinen Tisch. Er hieß „Der negative Erfolg". – Danke, Maren.

Zum weißen Rössel ...

Herbst liegt auf der Stadt. Ein schöner Tag. Es weht ein leichter Wind.

Eher kalt als angenehm. Der Straßenlärm reißt mich aus meinen Träumen. Ich geh sie entlang, jene lange dreckige Straße, die die beiden Ortsteile miteinander verbindet. Der südliche Teil der Straße, der ganze Ortsteil, sollte bald verschwinden unter den großen Schaufeln der riesigen Baggerschaufeln, die alles fraßen. Ich sehe sie nicht, die dreckigen, stinkend qualmenden Schornsteine der vielen Fabriken, die das Geld in die Stadt bringen. Der Dreck, der mir wie auch sonst immer ins Gesicht bläst, stört mich nicht. Nicht an diesem Tag. Völlig in mich gekehrt gehe ich sie entlang diese Straße. Traurig bin ich und hilflos. In meinem Herzen beginnt die Eisblume zu blühen. Trotz der Verzweiflung spüre ich noch Kraft und Lebenswillen in mir. Etwas Neues würde kommen. Ich würde wiederkommen, nur wie und wann, das wusste ich nicht. Die dreizehn Monate meines Studiums ziehen an mir vorüber. Ich sitze gedanklich im Bus oder auf dem Rad und fahre die vierzig Kilometer, die ich jedes Wochenende zweimal zurückgelegt habe. Je näher meine Gedanken dem IFL kommen, umso größer wird die Ohnmacht. Die Ohnmacht, die mir das Rückgrat rettet. Die, die es zu verantworten hatten, würden selber wenige Monate später vor den Scherben ihrer Existenzen stehen, aber das wusste ich damals noch nicht. Ich war auf dem Weg zu meiner Oma. Zu Elschen. Sie war mir damals eine große Stütze. Was passiert war, verstand sie nicht, das war auch nicht wichtig. Die Geborgenheit, die Fürsprache und das Gefühl, da glaubt jemand an dich, das war wichtig. Mein Vater konnte das damals nicht. Es war gut, dass meine Mutter und er für ein paar Tage Urlaub machten. Ich klammerte mich verzweifelt an einen letzten Strohhalm. Der Direktor des Instituts, Dr. Rainer Geiling, hatte mich zu einem Gespräch nach Cottbus bestellt und mir eröffnet, ich könnte ein praktisches Jahr als Heimerzieher absolvieren. Das war ein Wunder! Ganz wunderbar! Arbeiten mit Kindern. Ich hatte sofort meine positiven Bilder von den Kinderkuren im Kopf. Natürlich nahm ich den Vorschlag dankend und glücklich an. Da war ein Licht am Ende des Tunnels. Ein Jahr arbeiten und dann weiterstudieren. Welch ein Irrtum! 14 Tage fuhr ich täglich zum Institut, um zu erfahren, wann und wo es losgeht. Aber da ging nichts los. Würde es auch nicht. Das war Zermürbungstaktik. Man wollte mich leiden sehen. Dr. Schaper nutzte geschickt einen Moment, in dem wir unter vier Augen sprechen konnten und klärte mich auf. Er war ein echter Freund. Ich war definitiv kein Günstling mehr. Es gab eine Weisung des Bezirksschulrates: „Herr Acksel hat in der Pädagogik nichts mehr verloren. Wir wollen nichts mehr mit ihm zu tun haben." Einen größeren Freundschaftsdienst hätte mir Dr. Schaper nicht erweisen können. Wenn man so etwas erfährt, haut es einen um, aber es eröffnet natürlich auch die Möglichkeit loszulassen und nach neuen Wegen zu suchen. Das tat ich auch sofort. Zwei Stunden nach dem Gespräch mit Dr. Schaper hatte ich Arbeit. Ich wurde Bühnentechniker am Cottbusser Staatstheater. Im Studentenwohnheim durfte ich wohnen bleiben, allerdings wurde mir ein Zimmer in der obersten Etage zugewiesen. Da wohnte ich allein. Die Etage wurde sonst nicht genutzt. Den Studenten ging ich nach Möglichkeit aus dem Weg. Ich gehörte nicht mehr dazu. Meine neue Arbeit machte mir großen Spaß. Kulissen auf- und abbauen. Mit dem riesigen Bollerwagen Utensilien durch Cottbus karren. Viele positive neue Eindrücke stürmten auf mich ein. Neue Gesichter wurden vertrauter. Ich sog die Vorstellungen in mich auf. Für ein paar Tage wohnte ich bei einem Schauspieler, bis mein großer Bruder aus Berlin anreiste und mir anbot, mich bei ihm aufzunehmen, bis ich in Berlin eine Wohnung gefunden hätte. Natürlich zog ich nach Berlin. Zwei Wochen später fand ich durch Lothars Kontakte eine 20 Quadratmeter Parterrewohnung im Hinterhaus. Ein Zimmer mit Kohleofen, Küche mit Kochmaschine, fließend kalt Wasser. Miete 20 Mark. „Das weiße Rössel am Wolfgangsee" war meine letzte Vorstellung in Cottbus. Ich habe es geliebt. Da war Feuer und Spielfreude drin. Ich ließ mir meinen Lohn ausbezahlen und verabschiedete mich nach Berlin.

Bescheidener Wohlstand

Das IFL lag hinter mir. Ich arbeitete jetzt im Einlassdienst des Berliner Ensembles und als Statist auf Bauproben. Das war wunderbar, denn ich erlebte die Größen der Schauspielkunst jeden Abend live auf der Bühne, sah das gesamte Repertoire. Leben konnte ich davon dauerhaft nicht. Ich klapperte die anderen Theater ab. Bis auf einen Job als Nachtportier im Friedrichstadtpalast war auf die Schnelle nichts zu finden. Durch Zufall las ich den Aushang am Christlichen Hotel Hospiz am Bahnhof Friedrichstraße in der Albrechtstraße. Sie suchten Zimmerfrauen. Am 31.10. 1988 betrat ich das Hotel zum ersten Mal und begann am 02.

November 1988 dort als Zimmermädchen bzw. "Wirtschaftshilfe Etage" zu arbeiten. Es begann eine sehr schöne, aber auch arbeitsintensive Zeit. Abends ließ ich die Gäste ins Theater und verkaufte Programmhefte oder bewachte die Garderobe und vormittags putzte ich die Hotelzimmer im Hospiz. Ich hatte eine neue Existenz. Das Hotel interessierte sich wenig für meine „Kaderakte" auf Deutsch: Personalakte. Es war ein Zufluchtsort für Regimegegner. Das waren keine Widerstandskämpfer oder Revolutionäre. Das waren jene Persönlichkeiten, die mit der Partei, also der SED und dem Regime im Konflikt standen und ausreisen wollten. Sie wollten schlicht nicht mehr so leben, wie es vom Staat vorgegeben wurde. Zu 80 % hatte es mit der fehlenden Reisefreiheit zu tun. Meine erste eigene Wohnung lag in der Rudi-Arndt-Straße. Wohnung ist etwas zu viel gesagt. Es war ein Müll-Loch, aber ein unbewohntes Müll-Loch. Alle im Haus waren schwarz eingezogen. Das machte man in Ost-Berlin so. Es gab ein Mietkonto eines unbekannten Besitzers, auf das überwies man die Miete. Als Erstes besorgte ich ein Türschloss und baute es ein. Jetzt war es meine Wohnung. Ich entfernte und entsorgte den Müll und begann damit, sie trocken zu legen. Ein Mitbewohner des Hauses half tatkräftig. Bernd, um die 50, schwul und sehr hilfsbereit und erfinderisch und wie sich Jahre später herausstellte: Mitarbeiter bei der Stasi. Vermutlich „ehrenamtlich". Es gab tausend Gründe, warum die Leute für die Stasi arbeiteten. Die meisten wurden mit irgendwas erpresst. Das ist nur eine Feststellung, keine Entschuldigung! Wir strichen die Wände mit Isoliersalz, besserten die elektrischen Leitungen aus und gipsten sie neu ein. Wir reinigten die Öfen und besorgten neue Sicherungen. Jetzt konnten die Malerarbeiten beginnen. Wände, Fußboden, Fenster, Türen. In wenigen Tagen hatte ich eine schöne, frisch renovierte Wohnung. Gelernt hatte ich das alles zu Hause. Da waren wir immer am Renovieren. Zum Glück wurde ich im Theater jeden Abend bar ausbezahlt. Somit hatte ich das Geld für das Material. Mit Werkzeug half mein Bruder aus. Jetzt brauchte ich Möbel. Zu Hause in Großräschen besaß ich eine komplette Ausstattung, für den Übergang musste ich mir anders aushelfen. Und so lernte ich etwas kennen, was in Ost-Berlin viele machten: „Containern". Bernd, mein Nachbar, machte das fast täglich und schleppte die abenteuerlichsten Sachen an. Ich schloss mich ihm an. Es war überraschend, was die Menschen alles wegwarfen. Schon auf unserer ersten gemeinsamen Tour wurden wir fündig. Ich hatte ein Bettgestell. Das transportierten wir auf einem alten Kinderwagen, den wir ebenfalls gefunden hatten. Mit diesem Transportmittel kutschierten wir unsere Beute teilweise durch mehrere Stadtbezirke Ost-Berlins. Es war also nur eine Frage von Tagen, bis meine Wohnung fürs Erste möbliert war, und ich zog ein. Auch das Hotel half. Für wenig Geld konnte ich eine Matratze, ein Federbett und Wäsche kaufen. Ich war dafür sehr dankbar. Lothar hatte mich am Berliner Ensemble untergebracht, und ich genoss die abendlichen Vorstellungen. Ich blühte richtig auf.

Besondere Freude machten mir die Bauproben, an denen ich an arbeitsfreien Tagen im Hospiz teilnehmen konnte. Ich stand so zum ersten Mal auf dieser wunderbaren berühmten Bühne. Ich lernte Doris Thalmar kennen. Sie war gefühlte hundert Jahre alt. Als Schauspielerin war sie hochgeschätzt und eine berühmte Schauspiellehrerin. Sie gewährte mir die Ehre, mich zu unterrichten. Und das kostenlos, ich musste dafür nichts bezahlen. Wann immer es möglich war, fuhr ich mit der S-Bahn zu ihr nach Adlershof. Sie wohnte im Adlergestell in einem Fünfzigerjahreneubau. Ihre Wohnung bestand eigentlich nur aus Büchern. Sie lebte dort allein mit ihrem Pudel, der mich heiß liebte und immer an meinem Bein hing, wenn ich mit ihr probte. Mein Ziel war es, die Aufnahmeprüfung an der Schauspielschule Ernst Busch, die beste, die es in der DDR gab, zu bestehen. Darauf begann ich mich vorzubereiten. Die Thalmar, wie sie liebevoll von allen genannt wurde, bestärkte mich in meinem Berufswunsch. Hätte sie gesagt: "Lass es besser ...", hätte ich sicher auf sie gehört. Ich wusste, dass ich für ein Schauspielstudium in der DDR eine abgeschlossene Berufsausbildung oder das Abitur brauchte. Darüber begann ich ernsthaft nachzudenken. In Hospiz fand ich eine angenehme Atmosphäre vor. Der Stil des Saubermachens war ein anderer, als ich es von zu Hause gewohnt war, es genügte, wenn es sauber aussah. Aber den Bogen hatte ich schnell raus. Meine Kolleginnen waren interessante Persönlichkeiten. Sechs von ihnen hatten einen Ausreiseantrag laufen. Sie waren jetzt Zimmermädchen im Hotel, obwohl sie studiert hatten. Alle waren im Konflikt mit den staatlichen Behörden, das bestimmte auch die Gespräche. Sehr bald stellte sich heraus, dass es unter uns einen Maulwurf gab. Das ergab sich aus den Vorladungen bei der Stasi, dort wusste man zum Teil wortgenau, was wir besprochen hatten.

Vielleicht gab es auch eine Wanze. Mir war das egal. Wie tüchtig sie bei der Stasi arbeiten, merkte ich an meiner Post. Ich hatte niemanden mitgeteilt, wo ich jetzt wohnte, trotzdem wurde mir meine Post aus dem IFL nachgesandt. Das war Service.

Besuch

Langsam kam ich an in Berlin. Natürlich erkundete ich vorsichtig das Ost-Berliner Nachtleben. Neue Menschen kennenzulernen, war damals gar nicht so schwer. Man begegnete sich. So durfte ich Bekanntschaft mit freien Künstlern des Prenzlauer Bergs machen. Auch sie lebten in „besetzten" Wohnungen. Teils legal, teils illegal. Es gab viele Häuser aus der Gründerzeit, die nicht vollständig bewohnt waren oder sogar leer standen. Sie wurden von jungen Leuten zu neuem Leben erweckt. Ob sie sich, wie ich angemeldet hatten und Miete zahlten, weiß ich nicht. Offiziell bekam man keine Wohnung in Ost-Berlin, da musste man sich schon selbst helfen. Ich nahm teil an solchen Künstlertreffen und lebhaften fröhlichen Unterhaltungen über Kunst, Kultur und Politik. Natürlich wurde da auch geflirtet. Eine junge Frau lud mich zum Winterfest ein. Offensichtlich feierte man die Jahreszeiten. Es sollte am 11. Dezember stattfinden. In jenen Dezembertagen kam mich mein ehemaliger Zimmerkollege vom IFL das erste Mal besuchen. Er erwartete, mich völlig am Boden zerstört vorzufinden. Das war ich innerlich. Äußerlich ging es mir gut. Ich verdiente mein eigenes Geld, hatte eine geregelte Arbeit, meine eigene Wohnung, war mein eigener Herr. Das überraschte. Ich gab mir alle Mühe, ihm ein guter Gastgeber zu sein. Und ich schleppte ihn mit zum „Winterfest". Das fand in einer Hinterhofwohnung statt, in der sich mindesten 20 Personen aufhielten. Der Boden war übersät mit Speiseresten und machte einen sehr verkommenen Eindruck. Dafür gab es viel Alkohol. Die Gäste waren dabei zu musizieren. Als Instrument diente alles, was gerade greifbar war, um damit Töne zu erzeugen. Es war ein höllischer Lärm. Angeführt wurde die Klangexplosion von einem hoffnungslos verstimmten Klavier. Uns brummte nach wenigen Minuten der Schädel, denn das „Konzert" zog sich. Und wir verzogen uns ganz schnell. Wir nutzten die Zeit lieber anders, besuchten den legendären Weihnachtmarkt und natürlich das Berliner Ensemble. René plagte das schlechte Gewissen, weil er den Brief weitergegeben hatte. Ich konnte es ihm nicht nehmen, nur immer wieder sagen, dass ich es ihm nicht übel genommen habe. Er wollte meinen Tod verhindern. Wie soll man das übel nehmen. Für mich war er kein Verräter. Dass sie ihn unter Druck gesetzt hatten, war doch klar. Ich selbst hatte mehrere Verhöre erleben dürfen. Er hatte nichts verraten, was nicht ohnehin öffentlich von mir geäußert worden war. Dass er etwas in Gang gesetzt hatte, was nicht mehr aufzuhalten war, begriff er erst, als es schon zu spät war. An meiner Exmatrikulation war ich selbst schuld. Ich hätte den Brief vernichten müssen. Dass es so menschenzerstörend verlief, war die Fratze des Systems, das bald sterben sollte.

Der Umzug

Angenehm am Hospiz war die Tatsache: Es interessierte sich in diesem Haus niemand an der Verbreitung der allgegenwärtigen sozialistischen Ideologie. Hier wurde gebetet. Für mich eine neue Erfahrung. Ich war in meinem Leben einigen wenigen gläubigen Menschen begegnet: Tante Hanni in Sedlitz („Was würde Thälmann dazu sagen?") und Frau Ursula Kinzel-Schellong, der Pfarrerswitwe in Großräschen, der früheren Opernsängerin und natürlich unserem Stadtpfarrer, der das Wort Feierabend in unserem Lokal nicht kannte und selbst dann noch sitzen blieb, wenn wir die Stühle schon hochstellten und um ihn herum das Lokal wischten. Mehr Kirche und Glauben hatte ich nicht erlebt. Weihnachten waren wir mal in einem Gottesdienst, und ich hatte zwei Jahre in einem kirchlichen Kinderheim gelebt, aber da war ich für wirkliche Erinnerungen noch zu jung. Was Kirche im Stillen in der DDR leistete, erfuhr ich erst im Hospiz. Der wöchentliche Gottesdienst machte mir zumindest Spaß. Es war ein krasser Gegensatz zu dem, was ich bisher kannte. Die Bildungspolitik der sozialistischen Länder hielt die Menschen möglichst fern von Gotteshäusern. Überlebt haben sie dennoch. Gerade die Geächteten des Staates fanden unter dem schützenden Dach der Kirchen Zuflucht und Arbeit. Die Kirchen hatten in Polen genauso wie in der DDR einen großen Anteil an den späteren Veränderungen. In den späten 80ern versuchten die Kirchen zu vermitteln und suchten das Gespräch mit den Machthabern. Das hat so manches Schicksal gemildert oder manchen Ausreiseantrag beschleunigt. Welchen Preis sie dafür zu zahlen bereit waren, kann ich nicht abschätzen. Ob sie tatsächlich Informationen an die Stasi weitergaben, wie später immer wieder behauptet, kann ich weder verneinen noch bestätigen. Es entzieht sich meiner Kenntnis. Es ist aber mit Sicherheit davon auszugehen, dass die Stasi auch in den Kirchen ihre Informanten hatte. Im Dezember 1988 bewarb ich mich bei den Berliner Verkehrsbetrieben (BVB) als U-Bahnfahrer. Mein Bruder hatte mich auf die Idee gebracht. Für ein Schauspielstudium war eine angeschlossene Berufsausbildung nötig und der Dienst an der Waffe. Die BVB bot die Möglichkeit, innerhalb von 12 Monaten eine Berufsausbildung im Rahmen der „Erwachsenqualifizierung" abzuschließen. Diese Chance wollte ich nutzen.

Das Problem war jetzt noch der Wehrdienst. Mir lief die Zeit davon. Für ein Schauspielstudium durfte man nicht älter als 24 Jahre sein. Die Hoffnung gab ich nicht auf. Allerdings vergaß ich gern den „kleinen Punkt" in meiner Kaderakte (Personalakte). Die DDR war ein bürokratischer Staat. Damals voll analog. Darum dauerten manche Sachen etwas. Aber sie waren gründlich. Wenn es möglich war, hinderlich zu sein, entwickelten Behörden eine erstaunliche Geschwindigkeit. Nicht nur ein Phänomen in der DDR. Es ging um meine kleine Wohnung. Wir waren alle inoffiziell eingezogen. Klar, dass es den Behörden irgendwann auffiel. Das Haus gehörte einem Mann aus West-Berlin. Er besaß einige Häuser im Osten und behielt sie auch. Für diese Häuser gab es eine private Verwaltung, an welche ich mich wegen eines Mietvertrages gewandt hatte. Meine Miete zahlte ich vom ersten Tag an pünktlich. Es waren 20 Mark. Ich zahlte Gas, Wasser und Strom, auch Rundfunk und Fernsehgebühren. Das war neu für die staatliche Wohnraumlenkung. Im November standen die vor unseren Wohnungstüren und besichtigten unsere Behausungen. Die Genossen wollten, dass wir wieder ausziehen. Das taten wir nicht. Das ging einige Wochen hin und her. Doch dann geschah ein Wunder. Wir bekamen die heiß begehrte Zuzugsgenehmigung, da wir das Haus auf eigene Kosten wieder in einen bewohnbaren Zustand gebracht hatten. Wir teilten uns zwar zu sechst nur ein einziges funktionierendes Klo auf der halben Treppe im dritten Stock, aber das störte uns nicht weiter. Außerdem konnte jeder der Bewohner einen aktuellen Arbeitsvertrag in Berlin vorweisen. In der DDR mussten Umzüge von den Behörden genehmigt werden. Für Ost-Berlin galt eigentlich ein Zuzugsstopp.

Im Januar holte ich dann endlich meine Sachen aus Großräschen. Erstaunlich, was alles in so einer kleinen Wohnung untergebracht werden kann. Ich kaufte mir eine kleine Waschmaschine und Schleuder und hatte sogar einen Farbfernseher. Um etwas sehen zu können, musste ich selbst in Berlin eine Antenne auf das Dach bauen. Kohlen hatte ich auch gekauft. Es wurde also kuschelig. Weihnachten verbrachte bei meinem Bruder und Silvester erlebte ich im Einlassdienst die letzte Vorstellung von „Bezahlt wird nicht" im Berliner Ensemble. Unvergessen, wie Peter Bause Zuschauer der ersten Reihe, die fünf Minuten nach Beginn der Vorstellung in der ersten Reihe erschienen, direkt ansprach: „Schön, dass Sie noch kommen, wir haben uns schon Sorgen gemacht." Das war ein großer Lacher.

Lehrzeit

Ungarn führte als erstes Land des Ostblocks das Mehrparteiensystem ein. Ein Beschluss der ungarischen sozialistischen Arbeiterpartei Anfang Februar 1989 von großer Tragweite. Ich trat am 16. Februar 1989 in den Dienst der BVB. Meine Bewerbung hatte Erfolg und ich begann die Ausbildung zur Bahnhofsaufsicht. Ausbildungsbahnhof war Biesdorf-Süd. Ein neuer U-Bahnhof über Tage. Die Strecke war gerade fertig geworden und sollte noch bis Hönow weitergeführt werden. So erlernte ich das Führen eines U-Bahnhofes. Die technische Seite war dabei nicht das Interessanteste, sondern das Milieustudium. Die U-Bahn ist eine eigene Welt. Egal ob die Strecke jetzt unter Tage oder über Tage verläuft. Die Arbeit der Bahnhofsaufsicht ist eine verantwortungsvolle, anstrengend langweilige Tätigkeit. Heute größtenteils durch Überwachungstechnik ersetzt. Damals hatte jeder Bahnhof eine Bahnhofsaufsicht. Wir passten nicht nur auf. Wir waren ansprechbar und fertigten die Züge ab. Die Schwierigkeit bestand eigentlich darin während der Nachtschicht nicht einzuschlafen. Das kam schon mal vor. Allerdings machten sich die Züge dann bemerkbar, denn ohne unser Grün konnten sie den Bahnhof nicht passieren. Am 17. März bestand ich meine Prüfung als Bahnhofsaufsicht. Der Prüfer war Bahnhofsobermeister. Ein sympathischer rundlicher Mann aus dem Norden der Republik. Stunden später trug er eine orangefarbige Uniform und gehörte zur Reinigungsbrigade. Daran war ich nicht schuld. Er war degradiert worden. Das kam bei der U-Bahn öfter vor, dass Vorgesetzte plötzlich in Orange herumliefen. In diesem Fall ging es angeblich um Korruption. Er hatte sich zu viele Überstunden geschrieben und war aufgeflogen. Allerdings legte er das Orange bald wieder ab und wurde Verkaufsstellenleiter. Für mich war der Wechsel nicht gut, denn er verzögerte meine Weiterqualifizierung. Ich wollte so schnell als möglich einen Fahrerlehrgang besuchen.

Zunächst musste ich aber zum Wehrkreiskommando! Die NVA rief. Meine Unterlagen aus Cottbus waren eingetroffen. Ich fand eine Aufforderung zu einem Gesprächstermin in meinem Briefkasten. Das ich da nur schwer drum rumkommen würde war mir klar. Wehrdienst war eine der Voraussetzungen für das Schauspielstudium. Also erschien ich erwartungsvoll und neugierig. Der Herr in Zivil war freundlich und erkundigte sich über meine beruflichen Pläne. Dass ich Schauspieler werden wollte überraschte ihn erstaunlicher Weise wenig. Staubtrocken erklärte er mir, dass ich nur eine Chance für ein erneutes Studium in der DDR erhielte, wenn ich mich freiwillig für 3 Jahre verpflichten würde und das bei den Grenztruppen! Hammer! 3 Jahre und dann auch noch an die Grenze! Ich würde mit Sicherheit nicht auf unsere Leute schießen! Aber das äußerte ich nicht. Ich folgte meinem Instinkt und tat ihm den Gefallen und unterschrieb. Vielleicht bot sich die Möglichkeit abzuhauen, wenn ich wirklich an die Grenze muss, dachte ich. Des Risikos war ich mir vollkommen bewusst. Aber noch war es nicht soweit.

Anfang April kam es in Tiflis, der Hauptstadt von Georgien zu Protesten. Am 4. und 5. April demonstrierten tausende Menschen und forderten die Loslösung von der Sowjetunion. Die Hardliner in Moskau reagierten und schickten, ohne Gorbatschow und Schewardnadse (sowjetischer Außenminister) zu informieren, Truppen nach Tiflis, welche am 09. April 1989 die Proteste gewaltsam auflösten. Fünfzehn Frauen und vier Männer starben, über dreihundert Personen wurden verletzt. Gorbatschow und Schewardnadse distanzierten sich und verurteilten den Einsatz und die Gewalt und auch das sinnlose Blutvergießen. Im Westen wurde darüber berichtet, die DDR hüllte sich in Schweigen.

Am 10. April 1989 begann endlich, nach schier unendlich langen

Nachtschichten als Bahnhofsaufsicht, meine Ausbildung als U-Bahnfahrer. Meine Schichten in Biesdorf-Süd hatten mich zu einem spontanen Besuch bei Inka verleitet. Eine Kollegin kannte ihre Familie. Ich besaß eine mit Bauermalerei verschönte alte Milchkanne. Also eine richtig alte aus dem Kuhstall. Damit machte ich mich auf dem Weg zu ihrem Häuschen und klingelte. Ihre Schwester war da und kam an den Gartenzaun. Höflich schüchtern überreichte mein Präsent für Inka. Wir unterhielten uns und ich fragte sie was sie denn so beruflich machte. Sie sagte sie sei Tontechnikerin. Ich hatte von Tonstudios noch nichts gehört und vermutete sie töpfere, was sie sehr erheiterte und mir sehr peinlich war.

Der Fahrerlehrgang war eine sehr angenehme Zeit. Der Unterricht begann vor dem Aufstehen, aber dafür war ich selten nach 14 Uhr zu Hause. Es war ein sehr schön warmer Frühling. Ich genoss es und verbrachte viel Zeit auf dem Dach unseres Wohnhauses, das machten viel Ost-Berliner so. Sonnen auf den Dächern. Manchmal winkten wir uns zu. Hin und wieder lag ich auch auf der Sonnenwiese im Volkspark Friedrichshain. Der Park und das Sport- und Erholungszentrum lagen direkt vor meinem Haus. Ich musste nur über die Straße gehen. Das SEZ war ein multifunktionaler Gebäudekomplex und bot alles, was das Herz begehrte. Die Schweden hatten es für die DDR gebaut. Es gab das Bad mit beheiztem Außenbereich und Wellenbad, Wasserfall und Sprungturm und die große Eis- und im Sommer Rollschuhlaufbahn und viele andere Möglichkeiten der sportlichen Betätigung. Von außen konnte man die großen Sportsäle sehen, von denen aus Gymnastische Übungen im Fernsehen übertragen wurden. Außerdem beherbergte das Haus einige gastronomische Einrichtungen. „Zur Molle" mochte ich sehr. Da habe ich oft frischen Hackepeter gegessen. Ich war öfter dort schwimmen und im Winter Schlittschuhlaufen. Was ich eigentlich gar nicht konnte. Aber es hat Spaß gemacht. Hier machte ich auch die Bekanntschaft mit einer jungen Pantomime Künstlerin. Sie heiß Kathlen und verdiente in ihrem Halbtagsjob als Kindergärtnerin nur sehr wenig Geld. Mir ging es bei der BVB wirtschaftlich viel besser und es machte mir große Freude ihr heimlich und anonym Umschläge mit Geld von Zeit zu Zeit unter der Wohnungstür durchzuschieben. Wie bei jeder Fahrschule ging es mit der Theorie los. Wir haben uns wochenlang die theoretischen Lehrbücher in allen Landesdialekten der DDR vorgelesen. Halle war besonders oft vertreten. Das Beste am Lehrgang waren die Pausen, die sehr gründlich eingehalten wurden. Wir verbrachten sie meistens in einem Café am Alexanderplatz. Es gab auch eine BVB-Kantine. Auch hier wurde sehr gründlich auf Pausenzeiten geachtet. Mit dem richtigen Dienst kam man als Fahrer immer genau zur Kantinenpausenzeit an und die endete mit Beginn der nächsten Runde. Als mir das passierte, habe ich für ordentlich Stunk gesorgt. Ich war so hungrig und sauer. Die dicke Kantinenchefin genoss in aller Ruhe ihr Frühstück und ihren Kaffee. Mir hat sie nichts verkauft. Sie hatte jetzt Pause. Der Krach eskalierte so, dass bald alle Kantinenmitarbeiterinnen in der Kantine standen und mich rausschmeißen wollten. Sie waren nicht so begeistert, als ich ihnen sagte Orange würde ihnen besser stehen, da könnten sie ihre Pausen besser einteilen. Sie holten den aktuellen Bahnhofsobermeister. Was sie sehr erstaunte, er schloss sich meinem Protest an. Es könne nicht angehen, dass Kollegen 3 Runden a mindestens 60 Minuten fahren müssten, ohne in ihrer Betriebskantine ein Brötchen oder einen Kaffee kaufen zu können. Sie müssen doch nicht alle gleichzeitig Pause machen. Ich zumindest bekam dann immer was zu essen und meinen Kaffee. Solche Auseinandersetzungen gab es öfters.

Mit unseren Ausbildern Arno und Erika hatten wir Glück. Die wussten, wie der Hase läuft, hatten richtig Ahnung von dem was sie taten und lehrten und sie hatten Achtung vor den Persönlichkeiten ihrer Schüler. Die vielen großzügigen Pausen und der frühe Feierabend waren keine Zufälle. Sie verstanden uns zum Büffeln zu motivieren. Und es gab eine Menge Theorie. Heute muss ich schmunzeln, wenn ich an meine erste Fahrstunde zurückdenke. Ich suchte im Führerstand das Lenkrad. Das sorgte für große Heiterkeit. Ich hatte es doch in der Straßenbahn gesehen! Aber auch da war es kein Lenkrad. Damit wurde gebremst. Die U-Bahn war wie jede andere Bahn ein schienengeführtes Fahrzeug! Klar. Die Provinzler. Man glaubt es kaum aber aus meinem Lehrgang bestanden alle die Prüfungen. Sowohl in der Theorie als auch in der Praxis. Wir waren aber auch ordentlich gedrillt worden. Das war auch gut so. Einen großen Teil der Ausbildung machte die Vorbereitung auf Personenunfälle aus. So hieß das, wenn jemand vor die U-Bahn springt. Keine schöne Vorstellung. Bei der Einfahrt in den Bahnhof ist immer größte Aufmerksamkeit geboten, aber man hat erst ab etwa der Hälfte des Bahnhofes eine Chance, den Zug rechtzeitig zum Halten zu bringen, wenn man eine Person ausmacht, die dort springen will. Unschön ist auch das Entleeren eines Zuges auf offener Strecke. Da ist schon ordentlich Power, eine Gleichspannung von 750 Volt in den Stromschienen, die neben den Gleisen verlaufen. Sie muss man dann kurzschließen. Davor hatte ich immer Schiss. Es wurde die Geschichte von einem Fahrer erzählt, der mit seinem Schlüsselbund an die Stromschiene gekommen war und einmal quer durch den Zug geschleudert wurde von der Heftigkeit des Stromschlages. Zum Glück bin ich nie in eine solche Situation gekommen.

Nun war ich also U-Bahnfahrer oder Triebfahrzeugführer U-Bahn kurz TFU. Wir arbeiteten in Schichten. Am unangenehmsten war die geteilte Schicht. Die ging mit dem Berufsverkehr morgens los, dann hatte man 3 Stunden frei und es folgte der zweite Teil. Da war ich immer tot müde. Und ich war immer dreckig. Also meine Uniform und die Hemdkragen. Schwarze Brühe wusch ich raus. Das lag am Bremsstaub. Mein Dienstbeginn war immer am Alexanderplatz. Der Platz in der Deutschen Demokratischen Republik. Hier war das Herz des Ostgermanischen Arbeiter und Bauern Staates römischer Nation. In Ost-Berlin gab es offiziell nur zwei U-Bahnlinien. Also zwei Linien für die Ost-Berliner. Die West-Berliner fuhren fleißig für harte D-Mark unter Ost-Berlin durch verdunkelte zugemauerte und als künstliche Ruinen erhaltene U-Bahnhöfe durch. An den U- Bahnhöfen Alexanderplatz und Stadtmitte wurden die Umsteigemöglichkeiten zugemauert. Man konnte die U-Bahn hören aber nicht sehen. Die alten echten Berliner wussten das. Geschlossen wurden diese Bahnhöfe für den Ost-Berliner am Tag des Mauerbaus. Und die Bahnhöfe blieben bis zur Maueröffnung unverändert. Es waren nur die Eingänge verschwunden. Und sie wurden gut getarnt von der Stasi und den Grenztruppen bewacht. Ich erinnere noch gut den ersten Ausflug zum U-Bahnhof Potsdamer Platz. Bis hierher fuhren die Ost-U-Bahnen allerdings ohne Fahrgäste, für die war eine Station vorher Endstation. Wir setzten die Züge hier um. Der U-Bahnhof diente als sogenannte Kehranlage. Also wir fuhren vorwärts in den leeren Bahnhof ein, rüsteten den Zug um und fuhren entgegengesetzt wieder raus über eine Weiche zwischen den Bahnhöfen. (Jeder Zug hatte zwei Führerstände, für beide Richtungen. Um die Fahrtrichtung zu wechseln musste die Elektronik des Zuges umgeschaltet, umgerüstet werden.) Endstation für die Fahrgäste war Otto-Grotewohl-Straße früher Reichskanzlei. Den Marmor der abgerissenen Reichskanzlei hatten sie im U-Bahnhof wiederverarbeitet. Am Potsdamer Platz hingen noch die Werbeplakate vom 13. August 1961. Das war spannend anzusehen. Man konnte die Geschichte förmlich riechen. Am Ende des Bahnhofs in Fahrtrichtung ging es zu einem Ausgang, der zugemauert war. Dort gab es eine weiße Linie, gut vierzig Zentimeter vor der Mauer. Das war die Grenze. Wir sind bei der ersten Besichtigung alle rüber nach West-Berlin. Das war nur ein kurzer Ausflug für vierzig Zentimeter.

Die Zugtechnik war schon etwas in die Jahre gekommen. Wir fuhren auf zwei verschiedenen Profilen. Die Großprofillinie E, heute U5 Und die Kleinprofillinie A, heute U2. Hier kamen verschiedene Fahrzeuge zum Einsatz. Auf der Kleinprofilinie fuhren 1989 noch immer Züge aus den Vorkriegsbaureihen AI und AII – damals fast 80 Jahre alt – und eine DDR-Eigenbau GI. Auf der Großprofillinie waren es der E III/4 und EIII/5, das waren umgebaute Fahrzeuge der S-Bahn und DI (Dora) Züge die hatte man aus West-Berlin importiert. Die waren Baujahr 1957 und fuhren sich wunderbar. Für Die Linie A (U2) hatte ich keine Fahrerlaubnis. Hier war ich, wenn dann als Zugbegleiter mit auf der Strecke. Das machte großen Spaß, weil man da schön quatschen konnte. Besonders liebte ich die uralten Züge AI und AII. Die hatten etwas Nostalgisches. Allerdings wurden die nach und nach verschrottet. Als Zugbegleiter musste man den Blickkontakt mit der Bahnhofsaufsicht suchen bevor der Zug losfahren durfte. Auf meiner Hauptstrecke kämpften wir mit den alten EIII/4 und EIII/5 Zügen. Es war immer wieder spannend ob der Zug eine ganze Runde durchhält. Sie blieben öfter schadhaft liegen. In unserer Betriebswerkstatt wurde kräftig geschraubt und improvisiert. Aber die Züge hatten einfach ihr Alter erreicht. Ich bin die Dinger nicht so gern gefahren. Eine schöne Panne leisteten sich unserer Gleisbauer. Die U-Bahn wurde damals meist nachts gewartet. Da wurden Gleise aus und neue wieder eingebaut. Dass es neue Gleise waren, hörte man am Quietschen. Die mussten dann erst eingefahren werden. Die Kumpels haben es tatsächlich vollbracht in einer Nachtschicht eine Schiene nicht wieder einzubauen. Die machten Feierabend vor der ersten Betriebsfahrt, fuhren mit ihrem Bauwagen in eine andere Richtung und weg waren sie. Der Kollege, der die morgendliche Betriebsfahrt absolvierte staunte nicht schlecht. Der hatte Glück, dass er nicht entgleist ist. Die Folge war wunderbares Chaos im morgendlichen Berufsverkehr. Wie das ist mit einem schadhaften Zug zufahren lernte ich recht bald kennen. Unsere Ausbildung hatte uns auf die Tücken der Züge vorzubereiten versucht. Jede U-Bahn hat mehrere Aufstellgleise. Das ist der Parkplatz der Züge, die nicht im Umlauf sind. Hier werden sie je nach Fahrplan abgestellt oder wieder in den Umlauf gebracht. Eines dieser Aufstellgleise befindet sich am U-Bahnhof Frankfurter Allee. Hier sollte ich meinen Zug fahrbereit machen und in den Umlauf einscheren. Ein normaler alltäglicher Vorgang. Man meldet sich als Zugführer im Stellwerk, betätigt im Zug die nötigen Schalter, was als „aufrüsten" bezeichnet wird, löst die einzelnen Bremsen und dann kann es theoretisch losgehen. Jeder Zug hat ein eigenes Funkgerät, was man natürlich einschalten muss. Allzu oft hatte ich das noch nicht gemacht und der Zug und ich kämpften miteinander. Ich stand auch unter Zeitdruck. Es gab einen Fahrplan einzuhalten. Es ging los mit der Handbremse. Was hab ich gefummelt bis sich das Ding endlich lösen ließ, dann wollte der Funk nicht bis ich draufkam, dass ich ihn nicht eingeschaltet hatte. Juhu, mein Zug fährt, der Funk funktioniert. Das muss meinen Zug so gefreut haben, dass er anfing zu hüpfen. Das Tunnellicht geht an, mein Zug hat die Spannung geschmissen. Ich lass den Fahrschalterknopf los, jetzt müsste mein Zug langsamer werden, wird er aber nicht. Der Knopf hatte sich verkanntet. Ich haue richtig drauf, er springt zurück. Sehr gut. Und da ist schon der U-Bahnhof. Bremsen. Bremsen!! So ein Zug hatte drei verschiedene Bremsen. Bremse eins: nö, keine Lust. Bremse zwei: blblblblblbl. Bremse drei elektrisch: rumps – mein Zug hält an, lässt sich dann aber wieder durch Gefummel lösen. Ich funke die Leitstelle an. Ich muss weiterfahren. Jetzt mit Fahrgästen. Immerhin kam ich bis zur Schillerstraße, einen Bahnhof vor dem Alexanderplatz. Hier ging nix mehr. Sofort kamen erfahrene Fahrer zu Hilfe geeilt. Das Problem war ein Einfaches. Jeder Zug hat ein Notbremssystem eingebaut. Das muss man als Fahrer regelmäßig alle paar Minuten per Fuß bedienen, damit es nicht auslöst und den Zug abbremst. Ich hatte es nicht kräftig genug gelatscht. Theoretisch war es kein großes Problem, es gab einen Hebel, den man bedienen musste, wenn es ausgelöst war, damit sich wieder genug Druck aufbauen konnte für die nächste Bremsung, den hatte ich nicht bedient. Mein Zug dachte ich will oder kann ihn nicht fahren. Ich wollte und konnte auch nicht mehr. Ich bat den Zug tauschen zu dürfen. Mein Meister war gnädig und ich bekam einen meiner geliebten Dora Züge. Da setzte ich mich rein, betätigte zwei Hebel und schon ging es los. Bequem, angenehm ruhig und flott. So drehte ich bis Feierabend meine Runden. Die Dora-Züge mochten dafür nur schönes Wetter. Kälte oder Hitze bekam ihnen weniger gut, da versagte gern die Elektronik. Kleinste Mengen an Kondenswasser und die Probleme gingen los.

Gebaut wurde an den Gleisen nicht nur nachts. Bei größeren Sachen musste Pendelverkehr eingerichtet werden. Ich hab es gehasst. Alle zwei Stationen den Zug umrüsten. Besonders schön war es mit einer Zugeinheit die frisch aus der Werkstatt kam und den ganzen Tag in der prallen Sonne gestanden hatte. Die Dinger kochten regelrecht und kühlten natürlich auch nicht ab, wenn man immer nur zwei Bahnhöfe hin und her fuhr. Beeindruckt hat mich auch das Fahrverhalten eines Zuges im Verhältnis zur Fahrgastzahl. Auf einer meiner Ausbildungsfahrten dachte ich, mein Zug wäre schadhaft, denn er zog so schlecht an, hatte richtig zu kämpfen. Mein Fahrlehrer meinte nur: „Gib Gummi. Der ist nicht kaputt, der ist nur voll, mein Junge, wir sind im Berufsverkehr." Auf einer anderen Tour dachte ich, die Fahrgäste kloppen sich hinter mir im Wagen. Die kloppten wie die Wilden an die Türen. Türen! Das war es! Ich hatte sie nicht entlüftet, so dass sie sich nicht öffnen ließen. Die Fahrgäste waren sicher begeistert, als ich wieder losfuhr und sie erst eine Station später aussteigen durften. Zumindest habe ich mich über das Mikrophon, mit dem man die Stationen ansagte, entschuldigt und hörte sie lachen. Die schönsten Dienste waren die Bereitschaftsdienste. Mit etwas Glück gammelte man den ganzen Tag im Mannschaftsraum. Gammel ist die richtige Beschreibung. Die Luft war zum Schneiden, denn man durfte damals noch rauchen – und das taten alle. Es war also blau. Die Möbel waren typisch Osten und sauunbequem, die Tapeten und Gardinen vergilbt. Der Gedanke an den Feierabend drängte sich schon zu Beginn der Schicht auf. In diesen Stunden las ich meistens Zeitungen oder Bücher. Ich wurde Zeuge der Gespräche und der Gesinnung der Kollegen. Die war nicht sozialistisch. Es erinnerte mich an die Pionier-Skins in Cottbus. Während des Studiums machte dieses Problem die Runde. Es gab Gruppen von Kindern, die rechts eingestellt waren und agierten, geführt von Männern um die 60 unter dem Deckmantel des Sports. Um Sport ging es in der U-Bahn nicht. Eher um rechtslastiges Gedankengut. Das waren alles hilfsbereite gestandene Männer und Frauen, aber was sie so losließen, ließ mir das Blut in den Adern gefrieren. Aussagen wie „Unter Adolf hätte das nicht gegeben" fielen bei mir nicht auf fruchtbaren Boden. Das kannte ich so nicht. Ich hielt mich da raus und las lieber Zeitung. Da stand alles drin, nur nicht das was, mich brennend interessierte. So zum Beispiel, was in Ungarn geschah. In Ungarn war seit 1988 Miklós Németh Ministerpräsident. Und der konnte rechnen. Sein Vorgänger János Kádár hatte lange regiert und 17 Milliarden US-Dollar Staatsschulden angehäuft. Die DDR gab, wie wir heute wissen, jährlich 1 Milliarde DDR-Mark für die „Sicherung" ihrer Staatsgrenze aus. In Ungarn waren es damals 200 Millionen Dollar, die für die „Instandhaltung des Signalsystems" verbraucht wurden. Die sparte Németh jetzt ein. Er hatte die Niederschlagung des Volksaufstandes 1956 durch die Russen nicht vergessen und begann probeweise in den ersten Märztagen 1989 mit der Entfernung des Stacheldrahts an der Grenze zur Slowakei bei Rajka. Um auf Nummer Sicher zu gehen besucht er im März 1989 Gorbatschow in Moskau. Überliefert vom Journalisten Joachim Jauer ist Gorbatschows Reaktion, wie sie Németh Jahre später schilderte: „Das ist Deine Angelegenheit, Miklós, für die Sicherheit der Grenze bist Du verantwortlich." Gorbatschow habe an seinen Stuhl gefasst und weitergesagt: "Miklós, solange ich hier auf diesem Stuhl sitze, ich kann nicht sagen, wie lange ich hier sitze, aber solange ich hier sitze, wird sich 1956 nicht wiederholen." Németh nutzt die Gunst der Stunde und lässt vom Verteidigungsministerium sofort die Grenzanlagen abbauen. Am 02. Mai 1989 findet am Grenzort Hegyeshalom, das ist der Straßen- und Eisenbahn-Übergang Budapest-Wien, eine Pressekonferenz statt. Die staunenden Journalisten werden darüber informiert, dass Ungarn aus Kostengründen seine Grenzanlagen abbaut und seine politische Grenzideologie ändert. Joachim Jauer und sein Kamerateam filmen die Pioniere, die mit ihren Bolzenschneidern zügig den Stacheldraht durchtrennen und dokumentieren wie Spezialmaschinen die rostigen Reste aufwickeln und die Betonpfähle aus dem Boden ziehen. Das ZDF sendet diesen Bericht im

„heute-journal" und ich habe ihn gesehen, wie zehntausende andere DDR-Bürger auch. Auch Honecker hat ihn wohl gesehen und bestellte seinen Verteidigungsminister Armeegeneral Heinz Kessler ein. Dieser versicherte ihm es sei nur eine „kosmetische Maßnahme", die Ungarn würden ihre Grenze weiter sichern. In der DDR fanden am 07. Mai 1989 „Kommunalwahlen" statt. Kreise, Städte und Gemeinden sollten ihre „Volksvertreter" wählen und zwar in Einheitslisten der „Nationalen Front". Das Besondere an diesen Wahlen war, dass die Wahlergebnisse schon vor der Wahl feststanden. Diese Volkskammerwahlen wurden für die DDR zum Desaster, denn die Wahlfälschungen flogen auf und konnten nachgewiesen werden. Es gab nur eine Wahlliste, die entweder mit „ja" oder „nein" zur Wahl stand. Einzelne Kandidaten standen nicht zur Wahl. Immer nur die ganze Liste oder gar nicht. Und viele Wähler entschieden sich für nein. Das war gar nicht so leicht. Man musste jeden einzelnen Namen sauber waagerecht durchstreichen, nur dann war es eine Neinstimme. Viele Wähler nahmen sich die Zeit und strichen die Namen sauber durch. Nur spiegelte sich das nicht in dem von der Staatsführung beschlossenen Wahlergebnis. Egon Krenz verkündete am 07. Mai 1989 das „beschlossene" Wahlergebnis im Fernsehen. Die Opposition im Untergrund wurde dadurch derart bestärkt, dass es nach der Wahl jeden 07. im Monat zu Demonstrationen auf dem Alexanderplatz und vor Kirchen kam. An 27. Juni 1989 gibt es wieder spektakuläre Bilder von der ungarischen Grenze. Der österreichische Außenminister Mock und der ungarische Außenminister Gyula Horn zerschneiden medienwirksam den „Eisernen Vorhang", der da schon eiligst für diesen Termin aus Alu-Draht nachgebaut worden war. Diese Bilder gingen um die Welt. Die Idee dazu hatte der Wiener Fotoreporter Bernhard Holnerdem.

Noch ein anderes Ereignis im Juni 1989 ist von großer Bedeutung die gewaltsame Niederschlagung der Studentenproteste am „Tian´anmen-Platz" in Peking, besser bekannt als „Platzt des Himmlischen Friedens". zweitausendsechshundert Menschen kamen bei diesen Auseinandersetzungen ums Leben, rund siebentausend wurden verletzt und die Führung der DDR huldigte China. „Die Chinesische Volksmacht habe sich gezwungen gesehen Ordnung und Sicherheit unter Einsatz ihrer bewaffneten Kräfte wiederherzustellen. Dabei sind bedauerlicherweise zahlreiche Verletzte und auch Tote zu beklagen." Zitat von Ernst Timm Abgeordneter der Volkskammer. Margot Honecker (Bildungsministerin der DDR, auch genannt die lila Kuh wegen ihrer lila gefärbten Haare) brachte es auf den Punkt in dem sie äußerte: "In einer kämpferischen Zeit müsse man den Sozialismus notfalls auch mit der Waffe in der Hand verteidigen." Das wirkte auf uns alle wie ein Brandbeschleuniger.

Geheimpakt

Bereitschaftsdienst bedeutete aber nicht immer "gammeln". Wenn auf den beiden Linien wer ausfiel, musste man einspringen. Das war der Sinn der Bereitschaft. Als Fahrer auf der E-Linie und als Begleiter auf der A-Linie. Die war durch den Mauerbau stark verkürzt und ich genoss es, den alten Fahrern und ihren Geschichten zuzuhören. Sie konnten es auch 28 Jahre nach dem Mauerbau nicht verwinden und bezeichneten den 13. August 1961 als den schwärzesten Tag in ihrem Leben. Da ich da noch nicht geboren war, konnte ich das nicht sagen. Aber jedes Mal, wenn wir den zum „Kehrbahnhof" degradierten Potsdamer Platz U-Bahnhof betraten, war diese Geschichte mehr als lebendig. So auch an der Warschauer Brücke. Das war ein U-Bahnhof, der seit 1902 als End-bahnhof der ersten Berliner Untergrund und Hochbahnlinie diente. Am 13. August 1961 wurde er geschlossen und diente der BVB als Kleider-kammer. Erst 1995 ging er wieder für die heutige U1 ans Netz. Die Fahrer erzählten mir, wie die Grenzer und Staatssicherheit sich im Untergrund eingenistet hatte und dass kurz nach dem Mauerbau einige Fluchtver-suche durch die U-Bahntunnel unternommen worden waren. Selbst die Kanalisation war vor Fluchtwilligen „geschützt". Als „normaler Bürger" hatte man das alles nicht in letzter Konsequenz zu Ende gedacht, was es bedeutet, eine gewachsene Stadt zu trennen und als Staatsgrenze, die nicht zu passieren war, dichtzumachen. Man kannte „nur" die Mauer und die zugemauerten Fenster, hatte miterlebt, wie ganze Häuserblocks ab-gerissen worden waren, sogar intakte Kirchen gesprengt wurden. 1985 die Versöhnungskirche in der Bernauer Straße. Selbst Friedhöfe wurden geteilt. Das sah ich, als wir Max Jaaps Grab besuchten. Das war schon merkwürdig. Anfang Juli 1989 hatte ich wieder einen solcher Bereit-schaftsdienste und fuhr als Zugbegleiter auf der A-Linie mit einer jungen

Kollegin meine Runden. Wir „kehrten" unseren Zug am Potsdamer Platz und kamen ins Quatschen. Ich berichtete von meinem „Westausflug" hinter die weiße Linie. Und wir bestaunten die abfallenden Kacheln des alten U-Bahnhofes. Wir vertrauten uns und hatten über Stunden viele Themen. Sie berichtete von ihren Ausreiseproblemen. Ihre Eltern hatten schon vor Jahren einen offiziellen Ausreiseantrag gestellt, doch der Staat ging nicht darauf ein. Sie durfte kein Abitur machen und die Eltern verloren ihre Arbeit, aber ausreisen durften sie nicht. Die Familie war psychisch am Ende. Sie wurde richtig zornig, als sie es mir erzählte. Aber wie konnte man sonst aus der DDR ausreisen, ohne vorher in den Knast zu gehen? Ich dachte darüber nach und mir kamen die Berichte aus Ungarn ins Gedächtnis.

Das war die Chance, und ich entschloss mich, es zu wagen. In der Mittagspause traf ich meinen Kollegen. Mit Frank hatte ich den Fahrerlehrgang besucht und wir hatten uns befreundet. Er hatte ein loses Mundwerk, nicht nur was die DDR betraf. Er war oft bei mir zu Besuch und in letzter Zeit etwas geknickt, denn seine besten Freunde aus Halle waren erst vor wenigen Tagen offiziell ausgereist. Ich hatte das Gefühl, auch er war am Grübeln. Mein Gefühl war richtig. Ich erzählte ihm von Ungarn. Wir schlossen einen „Geheimpakt". Gemeinsam wollten wir über Ungarn in den Westen türmen. Allerdings brauchten wir für eine Reise nach Ungarn ein Visum. Nur in die Tschechoslowakei durfte man als DDR-Bürger mit dem Personalausweis reisen. Also gingen wir noch am selben Tag ins „Haus des Reisens" am Alexanderplatz, das Reisebüro der DDR und buchten eine Badereise nach Ungarn. Sie sollte am 13. September 1989 beginnen. Die benötigten Visa wurden durch das Reisebüro beantragt. Der Tag dieser Entscheidung war der 11. Juli 1989.

Da hatten wir uns eine harte Bewährungsprobe aufgehalst. Siebzig Tage durchhalten. Sich nicht verdächtig machen, die Klappe halten. Es waren viele Vorbereitungen zu treffen und keiner durfte etwas merken. Besonders die eigene Familie und der engste Freundeskreis nicht. Ich wusste nur zu gut, wie gefährlich es war und wie sie von der Stasi fertiggemacht würden. In einem solchen Fall ist ein ahnungsloser Mensch mit echtem Nervenzusammenbruch besser dran als ein ängstlicher Lügner. Ich wollte verhindern, dass für sie durch meine Flucht Konsequenzen entstünden. Sicher war das nicht und aus heutiger Sicht sogar sehr naiv.

Die Verhöre hatte ich selbst erlebt. Wobei meine Erlebnisse verglichen mit den Schilderungen anderer harmlos waren. Lothar und meine Familie wirkten so, als hätten sie keine Angst, aber sie waren auch nie mit einer solchen Situation konfrontiert. Es ist aber ein großer Unterschied, ob man nur über etwas redet oder sich tatsächlich in der Situation befindet, dass ein anderer darüber entscheidet, wie dein Leben weitergehen wird.

Jetzt ging es darum, den Plan in die Tat umzusetzen. Ich wollte dem Staat nicht die Möglichkeit geben, sich mein Eigentum unter den Nagel zu reißen. Für die Möbel war schnell eine Käuferin gefunden. Sie wollte es für ihre Schwester erwerben. Der Abtransport sollte einen Tag nach unserer Abreise im September erfolgen. Der vereinbarte Preis lag deutlich unter Wert, aber das war mir egal. Verlieren würde ich die Sachen ohnehin. Nur bestimmte persönliche Dinge wollte ich retten. Dafür sollte sich auch noch eine Gelegenheit finden. Ich traf mich mit einer anderen Kollegin, die zu einer Bekannten geworden war. Sie lebte mit ihrem Mann und einer kleinen Tochter in Lichtenberg. Ich bat sie, meine Papiere und persönliche Sachen von mir zu verwahren und machte ihr unmissverständlich klar, dass das nicht ungefährlich ist und sie die Klappe halten muss. Dafür wurde sie von mir fürstlich entlohnt. Sie sollte den Rest meiner Wohnungsausstattung erhalten. Dafür hatte ich jahrelang viele Altstoffe durch Großräschen gefahren ..., und sie hat uns nicht verraten.

Den Urlaub beantragte ich auch noch am Tag der Reisebuchung. Das war wieder mit Kampf verbunden. Erst als ich mit Kündigung drohte, wurde er genehmigt. Gerade ausgebildete Fahrer wollte man nicht riskieren zu verlieren, das war mein Glück. Im Berliner Ensemble wurde im Sommer gebaut. Darum gastierten sie in der Akademie der Künste. „Carmen Kittel" von Georg Seidel. Ein Stück, das in einer Kartoffelfabrik spielte. Ich hatte daran großen Spaß. Das BE würde ich vermissen. Damals konnte keiner ahnen, dass dieses wunderbare Ensemble so bald nicht mehr existieren würde. Wie oft und wie gern hatte ich Arno Wyzniewski in der „Dreigroschenoper" als Peachum, als Kardinal Inquisitor in Brechts „Galileo Galilei" oder als Lenin in Schatrows „Blaue Pferde auf rotem Gras" gesehen. Er starb mit nur 58 Jahren in den Armen seiner Frau Claudia an Depressionen und Entkräftung. Das „neue BE" hatte für ihn nur noch sehr wenig Verwendung gefunden, das konnte er nicht verkraften. Noch schlimmer erging es Peter Bause, der immer einsprang, wenn eine Vorstellung im BE ausfallen musste. Dann stand er mit seinem Einpersonenstück von Patrick Süskind „Der Kontrabass" auf der Bühne und spielte, damit die Zuschauer nicht enttäuscht nach Hause gehen mussten. Ihm teilte die neue Leitung 1993 mit, er könne gerne weiterhin ins BE Kommen, aber als Zuschauer. Das war kurz vor der Unkündbarkeit seiner Zugehörigkeit am Theater. Sie verlängerten seinen Vertrag nicht. Aber das war im Juli / August 1989 nicht zu erwarten. Ich war dabei mich zu verabschieden, ohne mich zu verabschieden. Nach außen sah alles normal aus. Die Vorbereitungen der Flucht gingen behutsam in die heiße Phase über. Im An- und Verkauf, so eine Art "eBay des Ostens", nur ohne Internet, versilberte ich einige Sachen, wie zum Beispiel schweren Herzens meinen Schmalfilmprojektor und meine Schmalfilmkamera. Aber die Reise würde Geld kosten und mitnehmen konnte ich nichts. Meinen Nachbarn, mit dem ich „Containern" war, weihten wir in unsere Pläne ein. Noch hatten wir keinen Bescheid vom Reisebüro, das war also hochriskant darüber zu sprechen. Und wie ich heute weiß, hat er für die Stasi gearbeitet. Bis zum 13. September, dem geplanten Beginn der Reise, konnte noch viel passieren. Ich hatte für ein paar Tage Urlaub und fuhr mit Lothar nach Wittenberg. Dort hatte er Hotelzimmer mit Klo bekommen. Das war am 19. August 1989.

Abends schauten wir die Westnachrichten und sahen die Bilder vom Paneuropäischen Picknick in Sopron. Ich fiel fast vom Stuhl und kroch regelrecht in den Fernseher. Otto von Habsburg, ältester Sohn von Karl I., dem letzten Kaiser von Österreich und König von Ungarn, Enkelsohn von Franz Joseph I., jenem Kaiser von Österreich, der mit seiner Kriegserklärung an Serbien nach dem Attentat von Sarajevo den Bündnisfall und somit den 1. Weltkrieg ausgelöst hatte. Ausgerechnet dieser Otto von Habsburg, ein erklärter und praktizierender Gegner der Nazis, inzwischen angesehener Europapolitiker und für die CSU Abgeordneter des Europäischen Parlaments sowie Präsident der internationalen Paneuropa-Union, schaffte es gemeinsam mit seinen ungarischen Freunden vom Ungarischen Demokratischen Forum, dieses Picknick zu organisieren. DDR-Bürger waren mit Flugblättern über dieses Picknick informiert worden und sie kamen. Es sollte von 15-18 Uhr einen improvisierten

Grenzübergang geben. Um 15 Uhr wurde der Stacheldraht symbolisch durchschnitten. Die ersten DDR-Bürger nutzten ihre Chance, rissen das provisorische Tor auf und stürmten nach Österreich. Die ungarischen Grenzsoldaten ließen sie gewähren. In den Westnachrichten waren die Wellen der Flüchtlinge zu sehen und natürlich ihre glücklichen Interviews. Das waren die ersten 600 bis 700 DDR-Bürger, die so den Eisernen Vorhang querten. Die Stasi konnte nur noch die zurückgelassenen Fahrzeuge der DDR-Bürger in die DDR zurücktransportieren. Es war die dritte und entscheidende Nachricht, die uns in der DDR erreichte: In Ungarn wird nicht mehr geschossen! Eigentlich erwartete jetzt jeder eine eindeutige Reaktion der DDR-Regierung, zumindest verschärfte Reiseregelungen.

Am nächsten Tag verletzte sich Lothar am Knie, wir brachen unseren Urlaub ab und fuhren zurück nach Berlin, um das Knie behandeln zu lassen. Am 21. August 1989 kam ich gegen 22 Uhr in meine Wohnung und mich erwartete eine Überraschung.

Stasi-Schweine

In meiner Wohnung brannte Licht. Mein Kollege Frank aus Halle war da. Er war baff, dass ich in Berlin war und ich war überrascht ihn in meiner Wohnung anzutreffen. Schließlich wollte er doch „krank" feiern, um seine Wohnung in Halle aufzulösen. Er war ziemlich aufgelöst, hatte schlechte Nachrichten. Unsere Visa für Ungarn waren abgelehnt worden. Das hieß, eine offizielle Reise nach Ungarn war für uns nicht möglich. Außerdem hatte er einen Einberufungsbescheid zur NVA erhalten. Frank beim Dienst an der Waffe war schon eine sehr komische Vorstellung, nur war uns nicht sonderlich zum Lachen. Unsere Lage hatte sich grundlegend verändert. Frank hatte den Einberufungsbescheid sofort zerrissen und seinen Wehrpass besaß er auch nicht mehr. Es musste eine Entscheidung getroffen werden. Wir gingen in die „Molle", jenes Lokal mit dem guten Hackepeter und besprachen uns. Ich stellte trocken fest: „Dann müssen wir sofort aufbrechen. Noch heute Nacht. Über die tschechisch- slowakisch-ungarische Grenze müssen wir illegal."

Es folgte eine hektische Nacht. Die allernotwendigsten Vorkehrungen mussten erledigt werden. Ich fuhr mit einem „Schwarztaxi" nach Lichtenberg und klingelte unsere Kollegin raus. (Da es in Ost-Berlin zu wenige Taxis gab, fuhren vor allem nachts viele privat Leute mit ihren Autos rum und nahmen gegen Geld „schwarz" Fahrgäste mit.) Unsere Kollegin kam mit in meine Wohnung und half beim Packen. Jetzt kam sie in den Genuss der gesamten Wohnungseinrichtung. Sie musste lediglich schnell einen Transport organisieren, bevor irgendwer mitbekam, dass wir getürmt sind. Ich bat sie, meinen Farbfernseher nach ein paar Wochen zu meinem Bruder zu bringen. Den sollte meine Oma zum 70. Geburtstag erhalten. Sie begleitete uns noch zum Bahnhof und entschwand in der Nacht. Meine persönlichen Unterlagen wie Zeugnisse und dergleichen hatte sie bei sich. Die wertvollen Familienstücke hatte ich schon unter Vorwänden an meine Brüder abgegeben. Morgens um 6 Uhr saßen wir im Zug und sagten: „Good bye Honniwood", also auf Wiedersehen Ost-Berlin. Ost-Berlin hatte im Volksmund den Spitznamen „Honniwood", weil die DDR zur 750 Jahresfeier Berlins so dicke aufgetragen hatte.

Wir waren überzeugt, mindesten sieben Jahre nicht mehr in die DDR einreisen zu dürfen. So war es zumindest üblich. Die erste Etappe der Reise war Halle. Frank übergab seiner Mutter seine Wohnungsschlüssel und verabschiedete sich von ihr. Ich war erstaunt, seine Wohnung fast leer zu sehen. Er hatte schon wochenlang Pakete in den Westen zu seinen Freunden geschickt, jetzt musste nur noch seine Waschmaschine einen neuen Besitzer finden. Von Halle starteten wir über Dresden nach Prag. Die Grenze zur damaligen Tschecho- Slowakischen Republik konnten DDR-Bürger mit dem Personalausweis passieren. Wir machten es uns gemütlich und dachten, ganz in Ruhe bis Prag durchfahren zu können. Doch kaum hatte sich der Zug in Bewegung gesetzt, kam die ostdeutsche Grenzpolizei. Wir wurden gefilzt bis auf die Socken. Ich hatte ein kleines Zelt dabei. Jenes kleine Zelt, mit dem ich Fleckenzechlin mit meiner Mutter unter dem Apfelbaum gezeltet hatte, die Äpfel spürte ich jeden Morgen, denn meine geliehene Luftmatratze war undicht. Im Spreewald in Lehde bei den Gerlachs hatte ich auch schöne Tage mit meinem Rettungsschwimmerkumpel Jens Lehmann verbracht, da stand das Zelt auf dem Hof und wir stakten mit dem ollen Kahn durch die Kanäle. Das waren schöne Erinnerungen, die hochkamen, als ich es komplett auspacken musste. Die Grenzpolizisten löcherten uns mit Fragen.

Wohin wir fahren, blöde Frage. stand ja auf den Fahrkarten, wie lange wir bleiben, wo die Leute wohnen und wer diese Leute sind. Wir hatten unsere U-Bahnfahrerausweise dabei und behaupteten, dass wir uns zu einem Erfahrungsaustausch mit tschechischen U-Bahnfahrern treffen würden. Dabei wussten wir nicht mal sicher, ob Prag überhaupt eine U-Bahn hat. Londons U-Bahn gab es seit 1863, in Budapest fuhr man seit 1896, in Berlin seit 1902 und in Prag erst seit 1974. Gut gepokert. Es war keine schlechte Notlüge, aber sie blieben skeptisch. Zwei Bücher erregten nun ihr Interesse. Ich weiß leider nicht mehr die Titel, aber die müssen westlich geklungen haben. Das ging minutenlang hin und her. Bis sie im Umschlag den Verlag „Junge Welt" entdeckten. Der war nun eindeutig nicht regimefeindlich, hatte seinen Sitz in Ost-Berlin und war das Zentralorgan der FDJ. Unangenehm wurde es, weil aus einem Buch ein 10 DM Schein fiel. Sie nahmen uns das Westgeld aber nicht weg, belehrten uns allerdings, dass es verboten sei, Devisen aus der DDR aus- zuführen. Man werde bei unserer Rückreise prüfen, ob wir das West- geld wieder mitbrächten. Dann verließen sie unser Abteil. Das war auch genau der Moment, in dem der Zug die Grenze zur Tschechoslowakei passierte. Wir waren erleichtert.

Am späten Abend erreichten wir die "Goldene Stadt", unser erstes Reiseziel. Wir suchten uns ein Taxi und machten uns auf dem Weg zur Botschaft der Bundesrepublik Deutschland. Die liegt am Fuße des Hrad- schin, der wunderschönen Prager Burg auf der Kleinseite im Palais Lob- kowitz. Für mich war es der dritte Aufenthalt in Prag, nur hatten wir dies- mal für die unfassbare Schönheit dieser Stadt keine Augen, wir waren auf der Flucht. Das Taxi hielt auf der Nordseite der Botschaft vor dem Haupteingang. Wir zahlten und stiegen aus. Als wir an der Tür schellten, hatten schon über 150 DDR-Bürger in der Botschaft Zuflucht gesucht. Daraufhin wurde die Botschaft geschlossen. Das war gerade wenige Stunden zuvor erfolgt. Wir standen vor dem Schild: "Bis auf weiteres bleibt die Botschaft geschlossen!" Es war der Abend des 22. August 1989. Wir sahen die tschechoslowakischen Sicherheitsleute, die uns schon im Auge hatten und beobachteten. Klar, sie kamen zu uns und fragten, was wir hier wollen. „Eine Auskunft!" war unsere schlichte Antwort und wir durften wenigstens klingeln. Die Überwachungskameras müssen uns gesehen haben. Wir klingelten und uns wurde gesagt: „Kommen sie bitte zu den Öffnungszeiten wieder." Pech gehabt. Wir liefen etwas um das Gebäude herum, denn von dort war ein Stimmengewirr und ausgelassene Fröhlichkeit zu vernehmen. Wir klopften an das Holztor, offenbar die Ausfahrt. Auf einen Zettel schrieben wir, ob sie uns mit Landkarten aushelfen könnten, wir wollen nicht in die Botschaft. Es dauerte eine Weile, bis sich etwas tat. Was sich tat, überraschte uns sehr. Ich versuche, es wörtlich wiederzugeben: "Hallo könnt ihr uns hören? Könnt ihr uns helfen? Wir kommen aus der DDR und sind auf der Flucht vor der Stasi." riefen wir. Die Antwort von drinnen: „Haut ab, ihr Stasischweine!" Das ging noch eine Weile so weiter. Irgendwann nach einigen heftigen weiteren Beschimpfungen wurde es still. Das Tor öffnete sich langsam und wir dachten: "Super, jetzt wird uns geholfen." Es kam ein Botschaftsauto herausgefahren, doch die Insassen zeigten uns einen Vogel! Das hatten wir so nicht erwartet. Dann müssen wir es eben ohne Unterstützung wagen. Bratislava (deutsch: Preßburg, ungarisch: Pozsony) müsste doch in Richtung Ungarn liegen. Das war nicht falsch, aber auch nicht ganz richtig. Bratislava liegt im Dreiländereck Tschechoslowakei (heute Slowakei), Österreich und Ungarn.

Der erste Versuch

Wir verbrachten einige Zeit mit der Suche nach einem Taxi, das uns nach Bratislava fahren würde. Das waren stolze 300 km! Kronen hatten wir genug dabei. Die Fahrt war angenehm und der Fahrer stellte keine Fragen. Er freute sich über den Umsatz und dachte sich sicher seinen Teil. In der Beifahrertür befand sich ein tschechischer Atlas. Den studierte ich. So kam ich auf Rusovce (deutsch: Karlburg, ungarisch: Oroszvár). Rusovce liegt im Süden Bratislavas an der Grenze zu Ungarn, auf der rechten Seite der Donau. Der Taxifahrer ließ uns an einer Bushaltestelle aussteigen und entschwand grinsend. In der Bushaltestelle sahen wir ein schmächtiges Männchen mit einem Einkaufsbeutel sitzen. Den wollten wir nach dem Weg fragen. Aber zunächst schlugen wir uns ins Feld hinter der Bushaltestelle, um endlich zu pinkeln. Dieses Bedürfnis war nach der langen Autofahrt übermächtig. Kaum hatten wir unser Gepäck abgestellt und die Hosenställe offen, hörten wir es schon brüllen.

„Hände hoch!" Wir nahmen jeweils eine Hand hoch. Mit der anderen waren wir noch beschäftigt. Das Männchen kam mit einer gezogenen Kalaschnikow auf uns zu. Er sah, was wir taten und nutzte die Zeit, um via Funk Verstärkung anzufordern. Wir waren gerade mit Pinkeln fertig, da kam auch schon ein Militärjeep angeschossen, mit Kalaschnikow im Genick ging es nicht ganz so schnell wie gewünscht. Der Jeep brachte noch mehr dünne Männchen und einen dicken mit Kalaschnikows. Die trugen aber im Gegensatz zum Bushaltestellenmännchen Militäruniformen. Der Ton war rau. Einer sprach deutsch. Der dolmetschte den anderen meine Erklärung. Ich zeigte auf der Karte den Grenzübergang zu Ungarn. Das Symbol sah mit viel Fantasie aus wie ein Zelt. Ich erklärte mit unschuldiger Miene, das ist doch ein Zeltplatz und da wollen wir hin. Frank nickte nur. In seinen Augen konnte ich sehen, wie er sich das Lachen verkniff. Als die Soldaten lachten, lachten wir auch. Das sollte uns aber bald vergehen. Uns wurde befohlen aufzusitzen. Die Personalausweise hatten sie uns abgenommen und in wilder Fahrt durch die Nacht wurden wir ins Gefängnis verbracht. Es war eine wunderbare laue Sommernacht, man brachte uns in eine Art Militärcamp. Das Bushaltestellenmännchen hatte seine Kalaschnikow wieder im Einkaufsbeutel verstaut und sich wieder in die Haltestelle verzogen, als wir losfuhren. Offensichtlich hielten uns die Grenzer für bescheuert. Sie lachten immer wieder während der Fahrt und so wurden wir auch „übergeben" – lachend. Im Camp angekommen wurden wir getrennt. Frank verbrachte die nächsten Stunden irgendwo auf dem Gang und ich in einer Art Schulungsraum. Das war wie im Film. In der Front des Zimmers saßen zwei schwer bewaffnete Grenzsoldaten. Außerdem waren noch mindestens acht ebenfalls junge, offenbar DDR-Flüchtlinge im Raum. Für sie war es aber nicht wirklich bequem, denn die saßen völlig verschüchtert da und waren mit Handschellen an Stühle, Bänke und Heizung gekettet. Das sah nicht angenehm aus. Mir und, wie ich später erfuhr, auch Frank blieb das erspart. Sie hielten uns für bekloppt. Das zahlte sich positiv aus. Der Raum war in dezenten Militärfarben gehalten. Die Fenster mit einem schweren schwarzen Vorhang zugezogen. Offenbar sollten wir nicht sehen, wo wir sind, oder sie wollten uns nicht erkennen lassen, ob es Tag oder Nacht war. Dabei hatte doch jeder eine Armbanduhr. Das Zimmer war hell und grell erleuchtet. Zwischendurch wurden die Grenzsoldaten abgelöst. Man war bemüht, uns am Schlafen zu hindern. Sprechen war verboten, rauchen durften wir natürlich auch nicht. Die Grenzsoldaten schon. Die Stunden vergingen äußerst langsam. Warten, warten, warten. Auch wenn ich im Vergleich zu den anderen bequem sitzen konnte, so tat mir doch irgendwann der Hintern weh. Wir hatten viel Zeit zum Nachdenken. Ich wollte aber nicht nachdenken. Denken zermürbt. So viel wusste ich schon von meinem Untersuchungshaftaufenthalt in Eisenach. Du kannst denken, so viel du willst – was passiert, erfährst du erst, wenn es so weit ist. Ich sorgte mich um Frank. Dass er die ganze Zeit im Flur saß, wusste ich nicht. Dass man uns in die DDR abschieben würde, war mir klar und was uns da erwarten würde – auch. Ich blieb ruhig und beschloss abzuwarten. Im Bautzener Zuchthaus sah ich mich nicht.

Schließlich musste ich wieder dringend aufs Klo und traute mich auch, das zu äußern. Ein Grenzsoldat erbarmte sich und führte mich zum Pissoir. Das war Geruchskino pur. Das Beste: Er kam mit und hielt mir seine durchgeladene Kalaschnikow in den Rücken. Natürlich konnte ich nicht. Nicht ein Tröpfchen. Daran hatte er großen Spaß. Vielleicht hatten sie sonst wenig Abwechslung. Unverrichteter Dinge ging es zurück in den Schulungsraum. Auf dem Gang hatte ich einen Blick auf Frank erhaschen können, der gerade in einen anderen Raum geführt wurde und dick grinste. Nach und nach wurde einer nach dem anderen von seinen Handschellen befreit und zum Verhör geleitet. Das war das sogenannte „Verhör ohne Zwänge". Der Offizier der Grenztruppen war betont freundlich, führte mich in ein schlecht gestrichenes graues Bürozimmer und bot mir einen Stuhl an. Auf dem Tisch stand ein Aschenbecher und ich durfte sogar rauchen. Alles so, als würden sich alte Bekannte zu einem Kaffee treffen. Der Kaffee fehlte, mal abgesehen vom ungemütlich kargen Zimmer, das auch als Deko für einen Film in 2. Weltkrieg hätte dienen können. Der Dolmetscher übersetzte. Wir waren also zu dritt. „Schildern sie das bewusste Ereignis und sagen sie bitte die Wahrheit." Wurde mir übersetzt. Und so begann ich von den schönen Zeltplätzen zu schwärmen, dass wir das schon immer machen wollten. Besonders in dieser schönen Gegend. Wir haben extra 2360 Kronen in eine Taxifahrt investiert, um von Prag möglichst schnell hierherzugelangen. Ich schaute sehr enttäuscht und traurig, dass es nicht gelungen war, ihn zu finden. Die Genossen waren sehr gut gelaunt und lachten immer wieder, wenn der Dolmetscher meinen Stuss übersetzt hatte. Dann gratulierten sie mir zu 8 Wochen freier Kost und Logis in einem tschechoslowakischen Gefängnis. „Wenn sie das so wollen, können sie auch gern noch länger unser Gast sein. Ihr Kollege hat längst gestanden und glauben sie uns ihr Aufenthalt bei uns wird nicht so gemütlich, wie sie sich das vielleicht vorgestellt haben." Frank und mir war schon vor unserem Aufbruch klar, dass es wenig Sinn macht, in eventuellen Verhören zu lügen, also war vereinbart, schlichtweg die Wahrheit zu sagen. Damit fährt man in der Regel am besten. Das hatten wir von meiner Großmutter väterlicherseits gelernt. Sie hatte nach dem Krieg auf dem Schwarzmarkt zwei Koffer mit Margarine ergattert und wurde beim Einsteigen in den Zug nach Hause von Polizisten kontrolliert und gefragt: „Was haben sie im Koffer?" Ihre Antwort: „Margarine Herr Wachtmeister, Margarine und die ist sehr schwer. Könnten sie mir bitte beim Einsteigen helfen und die Koffer hochreichen?" Was die dann auch taten und lachten. Wenn sie die Koffer auf gemacht hätten, wären sie beschlagnahmt worden. Ganz in diesem Sinne fragte ich die beiden Männer: „Was denken sie wohl, was wir vorhaben? Warum fährt man mit einem Zelt 300 Kilometer mit dem Taxi an die Grenze nach Ungarn? Weil an der ungarischen Grenze zu Österreich nicht mehr geschossen wird! Bei euch schon. Und in der DDR erst recht. Also ist der von ihnen geäußerte Verdacht, wir wollten von der Tschechoslowakei nach Österreich falsch und unsinnig. Abknallen hätten wir uns auch in der DDR schon lassen können, das wäre billiger!"

Damit war ich fürs Erste fertig und wurde in einen besenkammerartigen Raum geführt. Wenige Minuten später tauchte Frank ebenfalls in diesem Raum auf, womit dieser auch voll war. Nachdem wir uns angeschaut hatten und sahen, dass uns körperlich nichts fehlte, mussten wir lachen. Frank hatte denselben Mist erzählt wie ich. Die Idee mit dem Zeltplatz fand er zu komisch. Es dauerte nicht lange und wir wurden zum Protokoll gebeten oder gebracht. Wieder der Dolmetscher und diesmal zwei Soldaten zur Bewachung. Der Dolmetscher wollte uns glaubhaft machen, dass „Grenzverletzer" in der DDR straffrei blieben und wir unser Leben wie bisher weiterführen könnten. Doch zum Entsetzen des Dolmetschers gingen wir darauf nicht ein. Frank war so richtig in seinem Element und zog über die DDR her. Er hatte auch tatsächlich einiges sehr

Unangenehmes erlebt, was er zu Protokoll gab. Ich beschränkte mich auf andere Tatsachen. „Wir wollen nicht in diesen bürgerfeindlichen Staat, in diese „sogenannte DDR" (eine Begrifflichkeit aus dem Kalten Krieg, auf die die Genossen in der DDR besonders allergisch reagierten) zurückkehren. Wir sind entschiedene Gegner dieser Betonkopfregierung und bedauern es zutiefst, dass die Tschechoslowakei mit den Behörden der DDR zusammenarbeitet. Wir protestieren aufs Schärfste gegen die Behandlung der DDR-Bürger unter ihrer Verantwortung." Da war noch viel mehr, aber das ist mir inzwischen leider entfallen. Wir waren uns der Wirkung dieser Aussagen bewusst. Der Dolmetscher fragte mehrmals nach, ob wir das so formulieren wollten. Wollten wir. Wir waren fest davon überzeugt, nicht in die DDR zurückzukehren. Wir unterschrieben unsere Aussagen und wurden zurück in das Schulungszimmer geführt.

Nach und nach trafen auch die anderen Verhafteten ein und es wurden immer mehr. 16 waren wir schließlich und man verzichtete darauf, sie wieder mit Handschellen zu quälen. Sie wirkten auch so verängstigt genug. Dafür gab es jetzt etwas zu beißen. Das meine ich wörtlich so. Es war eine Art fette Suppe mit fetten, zähen Fleischbrocken, Brot und was zu trinken. Mir schmeckte die Suppe nicht schlecht und ich kaute fleißig. Frank hat fast auf seinen Teller gekotzt, als er die Fettaugen und fetten Fleischklumpen sah. Er hielt sich an seinem Brot fest und ich aß seine Suppe mit. Ich hatte richtig Hunger und wer weiß, wann wir wieder etwas bekommen.

Wir verbrachten den Tag auf unseren Stühlen im abgedunkelten Raum und warteten darauf, dass etwas geschehen würde. Die Soldaten wurden abgelöst und die gesamte Atmosphäre etwas erträglicher. Man zog die schweren Vorhänge auf und ließ Luft in den Raum. Jetzt durften wir rauchen und uns unterhalten. Offensichtlich war es den Männern, die jetzt Dienst hatten, unangenehm, uns zu bewachen. Wir boten ihnen von unseren Zigaretten an und sie nahmen an. Wir begannen uns Witze zu erzählen:

Warum gingen in der DDR immer alle so gebückt?
Weil es seit 40 Jahren steil bergauf ging.

Wie lautet die Tagesordnung eines SED-Parteitages?
1. Hereintragen der Mitglieder
2. Einschalten der Herzschrittmacher
3. Wählen des ältesten Knackers
4. Letzter Punkt der Tagesordnung:
Singen des Liedes: "Wir sind die junge Garde."

Honecker oben beim lieben Gott. Er steht vor einer Wand voller Uhren. Er fragt nach deren Bedeutung. Der liebe Gott erklärt ihm: „Diese Uhren zeigen an, wie in einem Land die Menschenrechte eingehalten werden." Honi sucht die Uhr der DDR. Der liebe Gott zeigt an die Decke: „Dort ist sie – der Ventilator."

Es wurde herzhaft gelacht. Mittlerweile war es draußen schon dunkel und uns übermannte die Müdigkeit. Schlafen im Sitzen ist sehr unbequem. Aber man hinderte uns nicht mehr daran, dämmte sogar das Licht. Mitten in der Nacht knallten plötzlich die Türen. Eine Patrouille kam offensichtlich zurück. Sie brachten keine neuen Gefangenen, dafür schalteten sie das grelle Licht wieder an und einer der Soldaten zog seine Pistole und lief durch unsere Reihen, dabei fuchtelte er mit seiner Pistole herum. Er hielt sie mir und auch anderen an die Schläfe und es machte „klick". Das fanden die Soldaten sehr komisch. Ich nicht so sehr. Ich hab mir vor Schreck fast in die Hose geschissen. Es ging auch alles so wahnsinnig schnell. Knall. Licht an und „klick". Ich war jetzt wach, obwohl sie das Licht wieder ausmachten und sich mit Gepolter und Gelächter entfernten. Ich bewunderte die Mitgefangenen, die davon nicht mal wach geworden waren. Vielleicht traf es genau aus diesem Grunde uns, weil wir den Kopf gehoben hatte. Tief einschlafen konnte ich nicht. Nur so vor mich hindösen. Am Morgen bekamen wir zum dritten Mal unsere Fettaugensuppe mit den fetten, zähen Fleischklumpen, Brot und Tee. Frank konnte sich noch immer nicht überwinden, etwas davon zu essen. Wir wurden nun offiziell darüber informiert, dass unsere Abschiebung in die DDR unmittelbar bevorsteht. „Unmittelbar" erwies sich als ein sehr zeitlich dehnbarer Begriff. Es zog sich über den ganzen Tag. Wir konnten Telefonate hören und hektisches Hin- und Herlaufen. Schließlich war es soweit. Wir sollten unsere Sachen zusammenpacken und uns bereithalten. Unsere Ausweise würden wir an der Grenze zur DDR wiederbekommen. Die Personen, die mit eigenen Fahrzeugen aufgegriffen worden waren, erhielten ihre Ausweise mit dem Stempel der Ausweisung zurück und wurden aufgefordert, das Land binnen 24 Stunden in Richtung DDR zu verlassen. Sie wurden als erste aus unserem Raum geführt. Ich nutzte die Zeit und zog mich um. Meinen schwarzen Nadelstreifenanzug fischte ich aus meinen Sachen. Frank zog auch seine dunklen „Exquisit"-Samtklamotten an. Die anderen Mitgefangenen fragten uns, was das soll. Wir sagten ihnen, dass wir es auf jeden Fall noch einmal versuchen werden. Einige wollten sich uns anschließen. Als wir schließlich auf den Hof geführt wurden, lachten die Grenzsoldaten über uns. Es folgte eine zweite eindringliche Warnung. Sollten wir nochmals in der Tschechoslowakei aufgegriffen werden, also nochmals versuchen, die Staatsgrenze zu überqueren, dann gehen wir für mindestens 6 Monate hier ins Gefängnis, bevor man uns an die DDR ausliefern würde.

Jetzt befahl man uns, auf den Jeeps aufzusitzen, und wir erlebten eine rasante Fahrt durch Feld und Wald. Man brachte uns zu einem kleinen Provinzbahnhof. Dort mussten wir uns auf dem Bahnsteig versammeln. Einige neue Personen in Zivil waren jetzt dazugestoßen. Offensichtlich Stasi. Es dauerte eine Weile, dann hielt ein Zug. Es war klar, dass er nicht planmäßig stoppte. Es war der Intercity Budapest-Berlin. Der hielt sonst nicht an so einem Bahnhof. Für uns wurde eine Ausnahme gemacht und wir aufgefordert einzusteigen. Was wir auch taten. Die Herren in Zivil folgten uns. Es war allerdings ein öffentlicher Zug und wir waren nicht gefesselt oder hatten Handschellen. Wir suchten uns mit unserem Gepäck ein Abteil und setzten uns erst mal. Nach ein paar Minuten schauten wir vorsichtig nach draußen, was unsere Bewacher so taten. Die standen an der Ausstiegstür und quatschten. Prompt wurden wir vom Schaffner nach unseren Fahrkarten befragt. Wir hatten keine. Wir verwiesen lautstark auf unsere Stasibewacher, die daraufhin abtauchten. Zumindest sahen wir sie nicht mehr. Der Schaffner forderte uns auf, beim nächsten Halt den Zug zu verlassen. Dieser Aufforderung wollten wir gerne Folge leisten. Erstmals wanderten Frank und ich durch den Zug und trafen auf andere DDR-Bürger. Sie hatten uns beobachtet und sprachen uns direkt an. Unsere Idee, die Bewacher wegen unserer Ausweise zu bestechen, wiegelten sie als lächerlich ab. „Die rücken eure Personalausweise niemals raus." Damit hatten sie wohl Recht und Westgeld in ausreichender Menge hatten wir ohnehin nicht. Wir merkten sofort, dass auch sie gescheiterte DDR-Flüchtlinge waren und folgten ihnen in ihr Abteil. Auch sie waren abgeschoben worden und hatten es mit dem Zug versucht. Die tschechoslowakische Grenzpolizei hatte sie im Zug aufgegriffen und bis zum ungarischen Bahnhof begleitet und in den Gegenzug gesetzt. Sie waren also bis Ungarn gefahren und mussten wieder zurück. Wie bitter. Im Abteil saß eine junge Mutter mit zwei kleinen Kindern. Sie weinte. Sie wollte ihren Mann in Budapest treffen, aber ohne Visum ging das eben nicht. Wir beratschlagten unsere Situation. Mit der jungen Frau und den Kindern wären wir 10 Personen. Das wird schwer. Ich war dafür, es zu wagen und machte ihr klar, was sie in der DDR erwarten würde. Sie und eine weitere junge Frau waren überzeugt, dass die ihnen zugesicherte Straffreiheit galt. Sie zogen die Rückkehr in die DDR einem weiteren Fluchtversuch vor. Sie hatten schreckliche Angst. Ich war mir der Konsequenzen für sie sicher und später doch erschrocken, als ich von ihrem weiteren Schicksal erfuhr. Somit waren wir noch 6 Personen. Frank und ich gingen zu unserem Abteil und holten den roten Lederbeutel, der randvoll mit Zigaretten und den Landkarten war, aus dem Taxi. Unser Gepäck ließen wir zurück. Das heißt, Frank hatte auch einen Beutel dabei voll mit seiner Unterwäsche, da war er eigen.

Die Flucht mit dem Krokodil

Langsam rollte der Zug in den Bahnhof ein und es gab das übliche Gedränge auf den schmalen Gängen. Frank, der fremde junge Mann und ich standen direkt an einer Tür. Auch er hatte sein Reisegepäck bis auf eine kleine Tasche im Abteil zurückgelassen. Unsere Gruppe bestand aus sechs Personen und wir hatten uns an zwei Türen aufgeteilt. Wir öffneten unsere Tür und sahen unsere „Bewacher" nicht. Sie waren im Getümmel der anderen Reisenden untergetaucht. Direkt vor unseren Füßen gab es eine Bahnsteigtreppe. Wir stiegen ruhig und „normal" aus und gingen diese Treppe hinunter und stiegen die nächste Treppe zum Nachbarbahnsteig wieder rauf und mischten uns unter die Reisenden, die auf den angekündigten Zug warteten. Das machten wir jetzt auch.

Unseren neuen Begleiter hatten wir verloren. Offensichtlich hatte er einen anderen Weg genommen, obwohl ich dieses Vorgehen im Zug schon vorgeschlagen hatte. Frank und ich konnten beobachten wir unsere „Bewacher" und ein paar andere Männer in Zivil durch den Tunnel zum Bahnhof rannten und uns offenbar suchten. Die Abfahrt des Zuges nach Berlin wurde durchgesagt und sie rannten zurück. Der Zug fuhr ab. Dann kam unser „neuer" Begleiter zu uns und berichtete, die anderen drei aus unserer Gruppe sind aus dem Zug gesprungen, losgerannt und sofort von Männern in Zivil verfolgt, aufgehalten und abgeführt worden. Man hatte sie zurück in den Zug nach Berlin verbracht. In einer solchen Situation darf man nicht rennen. Das fällt sofort auf. Wir waren gespannt, wie sich unser „neuer" Begleiter getarnt hatte. Er hatte sich nach dem Aussteigen, als er die anderen rennen sah, auf eine Bank auf dem Bahnsteig neben andere Wartende gesetzt und gemütlich eine geraucht, bis der Zug abgefahren war. So konnte er auch beobachten, wie unsere Bewacher uns suchten und Richtung Bahnhofshalle rannten und in letzter Sekunde in den abfahrenden Zug einstiegen. Erst dann war er aufgestanden und zu uns gekommen, er wusste ja, wo wir warten würden. Erleichtert verließen wir im normalen Schritttempo den Bahnhof und das Bahnhofsgelände in Richtung Stadt. Unter Menschen fällt man als Fremder am wenigsten auf. Wir suchten uns ein schattiges Café, denn es war sehr heiß an diesem späten Nachmittag. Eine Stärkung hatten wir uns verdient und Frank konnte endlich etwas essen, was ihm genehm war.

Unser neuer Begleiter besaß sehr gute Karten und wir studierten sie. Es musste doch eine Möglichkeit geben, nach Ungarn zu gelangen, ohne durch die breite und gefährliche Donau schwimmen zu müssen! Wir entschieden uns für „Levice" als Ausgangspunkt für unseren Fußmarsch. Das war ein kleiner Ort und noch einige Kilometer von der Grenze entfernt. Hier war nur ein schmaler Fluss eingezeichnet. Gegenüber unserem Café gab es ein vornehmes Hotel mit Pagen und rotem Teppich. Wir baten ihn um ein Taxi und fuhren nach „Levice". Das Taxi war unfassbar teuer, aber das war uns egal. Wir bezahlten und machten uns auf den Weg Richtung Grenze. Inzwischen dämmerte es und wurde bald dunkel. Unser neuer Begleiter kam aus Berlin, darum tauften wir ihn auf den Namen "Berliner". Wir hatten einen gigantischen Fußmarsch vor uns.

Der "Berliner" wollte sich durch die Wälder schlagen. Das hielt ich für keine gute Idee. Zu leicht konnten wir die Orientierung verlieren. Unser Ziel war das kleine Dorf „Pastovce". Es sollte an einen kleinen Fluss grenzen und dahinter dann Ungarn sein. Wir liefen und liefen. Anfangs sprangen wir bei jedem herannahenden Auto in den Straßengraben. Das ließen wir aber bald sein. Wir liefen in die Nacht. Kamen durch einige kleinere Ortschaften. Eine Militärstreife hätte uns sehr leicht aufgreifen können. In einer Ortschaft wurden wir von einer älteren Bauersfrau angesprochen. Wir versuchten herauszubekommen, ob wir richtig liefen, bekamen aber keine Antwort. Sie wollte uns in ihr Haus bitten, was wir ablehnten. So groß war unser Zutrauen nicht. Das Schlimmste, wenn man nachts durch Dörfer läuft und nicht entdeckt werden will, sind die Hunde. Jedes Gehöft hat einen Hund. Die legten richtig los. Es grenzt an ein Wunder, das wir nicht verraten oder aufgegriffen wurden. Uns taten die Füße weh. Erst das tagelange Sitzen und jetzt dieser Gewaltmarsch. Wir motivierten uns gegenseitig weiterzulaufen, gönnten uns keine Pause, trauten uns auch nicht zu rauchen. In unseren dunklen Sachen waren wir sehr schlecht zu sehen. Das war auch der Plan, als wir uns umgezogen haben. Eine glimmende Zigarette wäre da nicht so gut gewesen.

Nach ein paar Stunden machten wir dann doch Pause und kontrollierten die Karte und teilten uns eine Zigarette und versteckten die glimmende Glut so gut es ging in den Händen. Gegen vier Uhr morgens erreichten wir das Grenzdorf. Am Ortseingang gab es einen Betrieb. Ausgerechnet als wir ihn passierten, kam der Nachtwächter raus. Wir dachten, das war es. War es aber nicht. Vielleicht hat er uns auch nicht bemerkt. Wir kamen ungehindert in die Ortsmitte, überquerten eine bahnhofsähnliche Anlage, schlüpften durch einen Zaun und standen vor einem Feld. Zwei Meter große Sonnenblumen. Rechts davon ging ein Weg entlang. Dem folgten wir instinktiv und plötzlich war da ein Fluss. Besser gesagt: ein Flüsslein. Etwa drei Meter breit, vielleicht auch fünf. Es war der Grenzfluss zu Ungarn! Wir zogen uns aus. Ich band meine Sachen zu einem Knäuel zusammen und wollte rückwärts schwimmen. Nach etwas tiefer Pampe stellte ich fest, der Fluss war nicht tief. Er führte offensichtlich nicht viel Wasser. Es reichte mir gerade bis zu den Oberschenkeln. Ich konnte durchlaufen oder waten. Ich war in Ungarn! Es folgte der Berliner. Meine Schuhe baumelten um meine Hals, meine Sachen legte ich vorsichtig ab und drehte mich um. Wo war Frank? Der stand auf der anderen Seite der Grenze und fuchtelte mit den Armen. Er steckte in der Pampe fest. Der Berliner hatte sich schon angezogen und wollte weiter und Frank seinem Schicksal überlassen. Ich watete zurück und zog ihn raus und wir erreichten gemeinsam die ungarische Seite. Da hatten wir uns einen tollen Kameraden eingefangen! Frank und ich ließen uns nichts anmerken und freuten uns über die ungarischen Grenzschilder. „Geschafft", dachten wir und rauchten genüsslich eine Zigarette oder zwei. Dabei zogen wir uns an und ich merkte, dass meine Schuhe weg waren. Die waren bei der Aktion, Frank aus der Pampe zu ziehen, verloren gegangen. Frank und der "Berliner" fanden das sehr komisch. Auf der ungarischen Seite gab es auch ein großes Feld, nur waren hier die Sonnenblumen abgeerntet. Man konnte in der Ferne Häuser und eine Bushaltestelle sehen. Ich durchsuchte meinen Zigarettenbeutel und stieß auf meine Rettungsschwimmerbadehose und auf ein Krokodil aus meiner Puppentheaterzeit. Kurzentschlossen legte ich die Badehose in den linken Strumpf und das Krokodil benutzte ich als Schuh für den rechten Fuß. Wir überquerten das nicht enden wollende, abgeerntete Sonnenblumenfeld. Die Stümpfe von den abgeernteten Sonnenblumen sind sehr hart. Es war eine Tortur.

Völlig erschöpft erreichten wir die erste Straße auf ungarischem Staatsgebiet. Wir machten Rast in der beleuchteten Bushaltestelle. Keiner von uns konnte ungarisch, also hatten wir auch keine Chance, den Fahrplan zu entziffern. Wir beschlossen weiter zu gehen, mehr ins Landesinnere. Unsere größte Sorge war, aus Versehen wieder zurück in die Tschechoslowakei zu laufen. Unweit der Bushaltestelle gab es einen Trampelpfad. Dem folgten wir und landeten im Ort. Vor uns tauchte ein Kulturhaus oder eine Gaststätte auf. Morgens um fünf hatte die geschlossen, war aber von außen beleuchtet. Plötzlich hielt ein Bus. Vermutlich ein Schichtbus. Wir stiegen ein und fragten, ob er uns in Richtung Budapest mitnehmen könnte, was er bejahte. Wir wollten in DM bezahlen, was er ablehnte. Meinem Krokodilschuh hatte ich ausgezogen. Trotzdem fehlten die Schuhe und unsere Hosen waren vom Marsch über das aberntete Sonnenblumenfeld mit Dreck bespritzt. Man sah uns an, dass wir illegale Flüchtlinge waren. Wer sonst läuft so sonst durch die Nacht ein paar Meter hinter der grünen Grenze? Der Fahrer bot uns sehr freundlich und hilfsbereit an Platz zunehmen und fuhr los. Wir hatten auf der letzten Bank Platz genommen und schauten neugierig aus dem Fenster. Er fuhr in den Ort. Die Fahrzeit war übersichtlich kurz, denn schon nach wenigen Straßen hielt er wieder an und stieg aus. Das hatte noch nicht so viel zusagen, wenn das Gebäude, vor dem er gehalten hatte, nicht so nach Polizei ausgesehen hätte. Wir drei lachten. Es kann nicht sein!

Die Überraschung

Wir beobachteten, wie der Fahrer lautstark diskutierte, konnten aber nicht sehen, mit wem und rutschten beunruhigt auf unseren Plätzen hin und her. Dann kamen plötzlich aus dem Nichts ungarische Grenzsoldaten angerannt. Sie kamen direkt zu uns in den Bus und forderten uns auf mitzukommen. Also stiegen wir aus und sahen, wie unser Busfahrer grinsend in der Nacht mit seinem Bus verschwand. Das Haus, das wir für die Polizei hielten, war harmlos. Jetzt sahen wir, dass es ein öffentliches Telefon gab. Der Fahrer hatte offensichtlich die Grenzer angerufen. Ob es „Fangprämien" gab? Die ungarischen Grenzsoldaten eskortierten uns zu ihrer spartanischen Dienstelle und boten uns Sitzplätze an. Wir nahmen an einem langen Tisch Platz, so als würden wir gleich eine Pressekonferenz geben. Uns empfing ein etwa fünfzigjähriger, grau melierter, freundlich aussehender Mann in Uniform. Er hatte gute Augen, das gefiel mir. Ich vermute, er hatte den Dienstrang eines Offiziers, zumindest verhielt er sich so. Ein Mann der sogenannten „alten" Schule, allerdings im positiven Sinne. Er brachte uns Respekt entgegen und wir hatten Respekt vor ihm. Dieser Mann strahlte vom ersten Moment an Freundlichkeit aus. Anfangs mit einem kühlen Ton, er musste ja auch erst herausfinden, mit wem er es zu tun hatte. Auf den rauen Ton reagierten wir bockig. Wir saßen an der langen Holztafel und starrten vor uns hin, waren auch müde und erschöpft. Einer der Soldaten schüttete auf Befehl des Offiziers unsere Beutel aus und wir sollten unsere Sachen identifizieren. Als da waren Franks Unterhosen, 'ne Menge Schachteln Club-Zigaretten, mein Krokodil und ein paar Landkarten. Jetzt spielten wir ein bisschen „La Traviata für Arme", sehr operngerecht griffen wir unsere Hände. „Das bin ich, ich bin ich und er ist auch ich. Er ist er, ich bin er und er ist auch er. Wir sind eins!" Der Offizier reagierte mit einem höflichen, aber bestimmten: „Schön!" Er gab jedem von uns einen Stift und einen Zettel. „Ihre persönlichen Daten bitte. Wo kommen Sie her? Wo wurden Sie geboren? Wer ist Ihre Mutter? Bitte schön, schreiben Sie!" Wir behaupteten, Bürger der Bundesrepublik Deutschland zu sein und wollten unsere Botschaft sprechen. „Sehr schön, bitte schreiben Sie." Er blieb ruhig, gelassen und freundlich. Und sprach Deutsch mit wunderbarem ungarischen Akzent. „Ich habe eine Dolmetscherin für Sie gerufen", teilte er uns mit. Wir füllten die Zettel korrekt aus. „Wir wollen politisches Asyl in Ungarn!" Er lächelte, nahm unsere Zettel und verschwand damit in einem Nebenraum. Seine Kollegen gaben uns frisches Wasser und ließen uns reden und rauchen.

Natürlich waren wir sauer auf den Busfahrer. Wir wussten nicht, wie die Ungarn sich verhalten würden. Es dauerte nicht sehr lange und die angekündigte Dolmetscherin traf ein. Wir wurden jetzt der Reihe nach einzeln befragt. Dazu brachte man uns nacheinander in einen separaten Raum. Das, was uns hier erwartete, war überraschend. Normal wäre ein scharfes Verhör. Wir hatten schließlich illegal die Grenze übertreten. Die ungarischen Beamten interessierten sich selbstverständlich dafür, wer wir waren. Sie wollten genau wissen, wo wir lang sind, wann und wie. Überraschend war die Frage nach dem „Warum?" Diese Frage nahm bei jedem von uns viel Zeit in Anspruch. Sie wollten erfahren, wie wir in der DDR gelebt hatten und warum sich jeder von uns dazu entschlossen hatte, diese zu verlassen. Welche Erfahrungen jeder von uns mit der Stasi hinter sich hatte und wie uns die Kollegen in der Tschechoslowakei behandelt hatten. All diese Fragen und die Art und Weise, wie sie gestellt wurden, gaben Grund zu der Hoffnung, dass sie uns nicht ausweisen würden. Allerdings wussten wir genau, dass die Ungarn aufgrund eines Abkommens mit der DDR verpflichtet waren, DDR-Flüchtlinge abzuschieben. Es wurde sehr spannend. Nach den „Gesprächen" saßen wir wieder an dem großen Tisch und der Offizier kam alle paar Minuten und scherzte mit uns. Die Dolmetscherin verabschiedete sich und wünschte uns von Herzen alles Gute. Unser Offizier fragte, wie weit denn die tschechoslowakische Grenze weg sei. Wir schätzten einige wenige Kilometer, denn wir waren mit dem Bus ja nur einige Minuten gefahren, bevor wir verraten wurden. Es waren gerade mal 800 Meter! Es gab Objekte, die standen noch näher an der Grenze! Er versicherte uns, sie würden alles versuchen, um uns zu helfen. Wir fragten, warum einige abgeschoben werden und andere bleiben dürfen? Er erklärte uns, dass jeder Fall anders sei und einzeln bewertet und geprüft wird. Es hängt zum Beispiel davon ab, ob die ungarischen Gesetze verletzt wurden. Uns war nicht sofort klar, was er damit meinte, aber es machte uns Hoffnung. Wenig später wurden wir davon unterrichtet, dass wir in ein anderes Gebäude verlegt werden. Der Offizier entschuldigte sich bei uns, dass er uns nun Handschellen anlegen müsste. Uns wäre es lieber gewesen, er hätte darauf verzichtet. Laut Vorschrift durfte er es nicht.

Wir fuhren mit einem Militärjeep in den Morgen und konnten klar erkennen, dass die Grenze immer näher kam. Am letzten Gebäude vor dem Schlagbaum stiegen wir aus. Unsere Herzen pochten. Sollten wir uns so geirrt haben? War das alles nur Show? Wir wurden in einen hellen nicht unfreundlichen Raum verbracht und nahmen Platz. Die Handschellen blieben. Wir waren aneinandergekettet und ich saß in der Mitte, hatte also an beiden Händen welche. Anfangs fanden wir das noch lustig und spielten damit rum. Dadurch wurden sie immer enger und ließen sich nicht wieder weitermachen. Das war sehr unangenehm. Wir konnten aus dem Fenster sehen und sahen den Schlagbaum. Der Raum war eine Art Aufenthaltsraum und Kantine. Die Soldaten kamen in Turnschuhen und Trainingsanzug zum Mittagessen und gaben sich freundlich und lässig. Unser Offizier besorgte uns etwas zu essen und zu trinken. Wir bekamen einen riesigen Teller mit Schmalzbroten und dazu frisches kaltes Wasser. Ohne dieses dämliche „eisenhaltige Abführungsmittel", nämlich die Handschellen, hätten wir uns glatt wohlfühlen können. Im Nebenzimmer haben wir einen Motorradfahrer entdeckt und waren Zeugen, wie er herausgeführt und am Schlagbaum „übergeben" wurde. Das war nicht sehr beruhigend. Wir hörten ständig das Telefon läuten und bekamen mit, dass viel und teilweise laut gesprochen wurde. Unser Offizier kam öfter nach uns schauen. Er beantwortete auch unsere Frage, warum der Motorradfahrer abgeschoben worden ist. Der Motorradfahrer hatte die ungarische Grenze gewaltsam durchbrochen, war durchgerast, hatte andere in Gefahr gebracht. Darum wurde er ausgewiesen. Bei uns sei noch keine Entscheidung getroffen worden. Nachmittags um drei war es dann soweit. Uns wurden endlich die Handschellen abgenommen. Wir wurden nicht zum Schlagbaum geführt. Unser Offizier lächelte uns an und teilte uns mit, dass wir frei sind. Wir sollten uns umgehend nach Budapest zur Botschaft der Bundesrepublik Deutschland begeben. Wir haben die Grenze nicht verletzt und auch nicht gegen ungarische Gesetzte verstoßen. Wir waren verraten worden. Außerdem sollten wir wissen, dass die DDR uns als Republikflüchtige zur Fahndung ausgeschrieben und um Amtshilfe ersucht habe. Ungarn habe der DDR daraufhin mitgeteilt, dass man nichts von unserem Aufenthaltsort wisse und wir vermutlicherweise längst in Österreich wären. Das war unglaublich. Wir lachten sehr erleichtert.

Die Malteser kommen

Die Aktion der Ungarn, ihre Grenzsicherungsanlagen abzubauen, entfaltete in der Ausreiselust der vor allem jungen DDR-Bürger eine ungeheure Dynamik. Nicht wenige hatten sich in die Botschaft der Bundesrepublik Deutschland in Budapest durchgeschlagen. Noch konnte man nicht einfach so über die Grenze nach Österreich. Am 13. August musste die Botschaft wegen Überfüllung mit 181 „Zufluchtssuchenden" für den Publikumsverkehr geschlossen werden. Ungarn war in einer nicht einfachen Situation. Die Doktrinen der Bundesrepublik besagten, dass sie alle „Deutschen" vertreten. Ungarns Behörden waren aber an Verträge mit der DDR gebunden, und Ungarn hatte auch als einziges Ostblockland die Flüchtlingskonvention der Vereinten Nationen unterzeichnet und sich verpflichtet, Flüchtlingen zu helfen. Darauf war Ungarn so nicht vorbereitet, und es lag auch nicht im Interesse der ungarischen Politik. Unterstützen ja, aber auf Dauer Tausende DDR-Flüchtlinge versorgen – das musste anders gelöst werden. Es war schließlich ein innerdeutsches Problem. Dieses Thema wird am 13. August im Garten der ungarischen Botschaft erörtert. Es muss eine belastbare Lösung gefunden werden. Csilla von Boeselager nahm an dieser Unterredung teil. Sie hatte gerade einen Spendenkonvoi mit Kleidung, Medikamenten und medizinischen Gerät nach Ungarn gebracht, bot spontan ihre Hilfe an und griff dabei auf die Tradition des Seligen Gerhard Tonque zurück, der als Ordensgründer der Malteser bei der Belagerung Jerusalems im Jahre 1099 Ähnliches geleistet hatte. Die Malteser hatten Jahrhunderte alte Erfahrungen im

Umgang mit Flüchtlingen, sie sind eine der ältesten Institutionen der westlichen Zivilisation. 1956, während der Ungarnkrise, waren die deutschen Malteser drei Jahre nach ihrer Gründung zu ihrem ersten Auslandseinsatz ausgerückt und hatten an der österreichisch-ungarischen Grenze ungarische Flüchtlinge betreut. Seit einiger Zeit arbeitete Freifrau von Boeselager mit dem katholischen Pater Imre Kozma in Budapest-Zugliget zusammen. 1988 war es ihr mit ihm zusammen gelungen, den ungarischen Wohltätigkeitsdienst des Malteserordens zu gründen. Den ersten Hilfsdienst in einem Ostblockland. Von Boeselager dachte sofort an das eingezäunte Gelände rund um die Kirche von Zugliget, um dort DDR-Flüchtlinge unterzubringen und zu versorgen. Am 14. August 1988 öffneten sich die Tore. Von Boeselager löste in Deutschland den Katastrophenalarm für die Hilfsorganisation des Ordens aus. Auf dem Gelände der Kirche von Zugliget entstand ein exterritoriales Gebiet des Malteser Ordens. Die DDR-Flüchtlinge standen somit unter dem Schutz des im Jahre 1048 von den Kaufleuten von Amalfi gegründeten kirchlichen Ritterordens. Nur dass die Malteser moderne Rüstungen, nämlich neutrale Dienstkleidung trugen und die Verteidigung mit dem Schwert nicht nötig war. Von Boeselager hatte eine Fahne und ein Schild des ungarischen Malteser Hilfsdienstes am Tor angebracht und Pater Imre Kosma ein Schild mit der Aufschrift "Das Tor steht offen, mehr noch das Herz". Hilfe aus Deutschland und Österreich setzte sich sofort in Bewegung. Ab dem 16. August schafften die Malteser Zelte, Ausrüstung und Verpflegung nach Ungarn und sie aktivierten ihre Mitglieder größtenteils zum ehrenamtlichen Einsatz in Budapest. 2019 gelang es mir anlässlich eines Festaktes zum 30. Jahrestag endlich zu erfahren, wer unsere Helfer damals waren. Ich bekam ihre Namen mit der ausdrücklichen Genehmigung, diese Namen auch öffentlich bekannt geben zu dürfen.

Unsere Helfer waren:
Ahl, Magarete aus München; Alexander, Georg aus Gladbeck; Altenburg, Friedrich aus Salzburg; Antoine, Christoph aus Köln; Bank, Heinz aus Kirchzarten; Bank, Markus aus Freiburg; Bank, Michael aus Kirchzarten; Bank, Peter aus Kirchzarten; Banki, Tamás aus Budapest; Bauer, Clemens aus Wien; Bauer, Florian aus Wien; Bäume, Beatrix aus Mamminkeln, Binder-Krieglstein, Christa und Elisabeth aus Wien, Buda, Gerd

aus Weiden; Csáky, Claudia aus Wien; Czerni, Marie aus Grafenstein; Dickscheidt, Peter aus Essen; Freifrau von Böselager, Csilla aus Arnsberg; Freifrau von Wrede, Aleka aus Willebadeessen; Gloth, Markus aus Paderborn; Gerd Neul aus Gladbeck, Joachim Temme und seine Mutter aus Höxter, Astrid Zumann aus Frankfurt. Graf Schmettau, Wolfgang aus Bergisch-Gladbach; Graf von Ballestrem, Friedel aus Köln; Gräfin Schönburg, Beatrix aus München; Grammelsbacher, Peter aus Augsburg; Hansch, Andrea aus Bergisch Gladbach; Hatschenk, Niki und Veronika aus Wien; Hernacz, Gerd aus Gladbeck; Höfling, Gerlinde aus Linbach; Kaldunski, Marcus aus Waldrach; Kaltenegger-Riederhorst, Barbara aus Wien; Kößler, Reinhard aus München; Lehnen, Reiner aus Köln; Lennkh, Claudia und Peter aus Wien; Löw-Baselli, Bernhard aus Wien; Lüvkenotte, Gerd aus Bottrop; Magyarsy, Evi aus München; Mandl, Regina aus Grafenstein; Markus, Steffen aus Essen; Methe, Goldi aus Wien; Miekisch, Joachim aus Essen; Möhle, Bernhard aus Oberhausen; Mühlberg, Hans aus Essen; Neumeyer, Dr.med. Matthias aus Pullach; Nostitz, Fritz aus Salzburg; Otto, Michael aus Ahrensburg; Peér, Benedikt aus Konstanz; Polanyi, Thomas aus Wien; Ramspeck, Paul aus Jülich; Ramunski, Klaus aus Köln; Röver, Wolfgang aus Paderborn; Schneider, Klaus aus Trier; Schröder, Friedhelm aus Hövelhof; Schulzky, Christian aus Gladbeck; Seltmann, Conny aus Bonn; Studemann, Rainer aus Essen; Tállay, Andreas und Marianne aus Budapest; Te Hessen, Michael aus Bottrop; Temesváry, Paola aus Budapest; Toerring, Clarissa aus München; Triller, Wolfgang aus München; von Lengerke, Gerorg aus Bad Salzuflen; Wagner, Wolfgang aus München; Waldburg, Sebastian aus München; Weiser, Johannes aus Köln; Wenger, Josef aus Waidhofen; Wildfeuer, Andreas aus München; Nack, Michael aus Dortmund.

Csillebérc

Noch kannten wir die Malteser nicht. Wir wurden am Nachmittag auf freien Fuß gesetzt. Unser Offizier schickte uns nach Budapest zur Botschaft der Bundesrepublik Deutschland. Wir sollten so schnell wie möglich mit dem Zug nach Budapest reisen und uns in der Botschaft melden. Auf nach Budapest! Es war wieder ein herrlicher Sommertag und wir liefen über eine endlos lange staubige Straße Richtung Bahnhof. Dabei wurden wir immer wieder von einem Jeep beobachtet. Wir entdeckten darin unseren Offizier. Offensichtlich passte er auf, dass uns nichts passiert, dass wir nicht noch einmal verhaftet werden. Das gab uns ein gutes Gefühl. Nach gefühlt einigen staubigen Kilometern kamen wir endlich in der Nähe des Bahnhofs an. Wir machten Rast an einer dieser neuen Imbissstände und stärkten uns mit westlichem Getränk. Wechselten unser Westgeld in Landeswährung und liefen rüber zum Bahnhof. Unser Geld reichte genau für drei Fahrkarten nach Budapest. Auf dem Bahnsteig lernten wir einen bärtigen Mann kennen. Richard war in Begleitung zweier Kinder im Alter von acht und neun Jahren. Sie kamen auch aus der DDR, aus Brandenburg. Ihre Flucht war etwas dramatischer verlaufen als unsere, auch hatten sie andere Gründe, die DDR zu verlassen. Er war ein kräftiger Mann, lebte in Scheidung mit seinen beiden Söhnen in Brandenburg und war Hausmeister eines kirchlichen Gutes. Seine Ex-Frau und Mutter der Kinder stand zur Betreuung der Kinder nicht zur Verfügung, darum kümmerte er sich allein. Sein Job wurde überdurchschnittlich gut bezahlt, seine Kinder für ihn das Wichtigste. Ein Junge hatte eine schwere Kinderlähmung durchlitten, es war ihm aber gelungen, dem Kind mit viel Hingabe und Einsatz ein normales Leben zu ermöglichen, sodass es gesundete. Sie führten ein glückliches und harmonisches Familienleben in der kirchlichen Umgebung und hielten sich fern von sozialistischer Erziehung. Genau diese Entscheidung gegen die Pionierorganisation brachte das Unglück über das Familienwohl.

Kurze Zeit nach der Weigerung, die Kinder in die Pionierorganisation eintreten zu lassen, bekam er einen Einberufungsbefehl für die NVA. Er versuchte, mit der Musterungsstelle, mit dem Militär zu reden. Er war alleinerziehend. Doch es gab kein Pardon, er sollte seinen Dienst an der Waffe ableisten und die Kinder solange ins Kinderheim, in staatliche Obhut verbracht werden. Bis zur letzten Minute kämpfte er gegen diesen Bescheid. In der letzten Nacht vor dem Einberufungstermin hatte er seine Kinder ins Auto gesetzt und war losgefahren in Richtung Ungarn. Bis zur tschechoslowakischen Grenze ging es ohne Probleme. Sie fuhren kreuz und quer durch die Tschechoslowakei und wurden dabei ständig von zwei Autos verfolgt. Das war den Kindern aufgefallen. Er versuchte, seine Verfolger abzuschütteln, was nicht gelang. Darum entschloss er sich, das Auto aufzugeben und ausgerüstet mit dem Nötigsten zu Fuß weiterzugehen. Mit Karte und Kompass durchwanderte er mit seinen Kindern die halbe Tschechoslowakei und sie schlugen sich durch die Wälder bis nach Ungarn durch. Mit völlig zerkratzten Körpern saßen sie uns gegenüber. In Ungarn angekommen hatten sie Glück. Sie begegneten Westlern, die in Ungarn in unmittelbarer Grenznähe Urlaub machten und sie aufnahmen und versorgten. Die Westler waren wohlhabende Österreicher. Mit etwas Kleingeld und Proviant ausgestattet waren sie nun in Richtung Budapest gestartet. Wir beschlossen, vorerst zusammen zu bleiben. In Budapest angekommen, nahmen wir uns ein Taxi und ließen uns zur Botschaft der Bundesrepublik Deutschland fahren. Wir stiegen aus und lasen das Schild. Die Botschaft ist geschlossen! Für Hilfesuchende aus der DDR stand die Adresse von Zugliget an der Tür. Kaum waren wir aus dem Taxi ausgestiegen, wurden wir auch schon fotografiert. Die als Touristen getarnten Mitarbeiter der Stasi machten sich erst gar nicht die Mühe, nicht aufzufallen. Wir lachten und schickten schöne Grüße in die Heimat und stiegen wieder in das Taxi mit Ziel Zugliget.

Den Moment der Ankunft dort, die Freundlichkeit und Hilfsbereitschaft werde ich niemals vergessen. Das hat mich zutiefst berührt. Man bat uns herein und wir trugen uns in eine Liste ein und wurden sofort umsorgt. Ich hatte noch nicht einmal etwas gesagt, da nahm mich schon ein Malteser an die Hand und führte mich in ein Zelt, das voll war mit Sachen und sagte: "Dann wollen wir doch mal Schuhe für Dich besorgen." Die Malteser hörten sich unsere Fluchtgeschichte an und baten uns, noch ein bisschen Geduld zu haben. Sie wären gerade dabei, ein zweites Lager einzurichten, das am nächsten Tag richtig eröffnet werden soll. Aber sie würden uns sechs heute Abend schon mit nach Csillebérc nehmen. Zugliget war zu diesem Zeitpunkt bereits am Rande seiner Kapazität angekommen. Es standen die großen Versorgungs- und Schlafzelte von den Maltesern in dichten Reihen, sie hatten sanitäre Anlagen aufgebaut, es gab ein Küchenzelt, ein Spielzelt für Kinder, ein Versorgungszelt voll mit Spenden aus Deutschland, hier habe ich meine Schuhe bekommen, das Zelt für die Anmeldung und unzählige Zelte von DDR-Bürgern. Das war alles gut durchdacht und organisiert. Wir fuhren am Abend ins neue Lager Csillebérc. Das war 8 Kilometer entfernt. Unsere Betreuer Evi, Friedel und Clarissa sorgten dafür, dass wir in einem Bungalow untergebracht wurden. Das war absoluter Luxus, denn diese Plätze waren schon fast alle vergeben oder reserviert für Familien mit Kindern. Somit hatten wir es auch Richards Kindern zu verdanken, dass wir in einem warmen, trockenen und sauberen 10-Personen-Bungalow unterkamen. Das Lager selbst war ein ungarisches Pionierlager, mit einigen Bungalows, modernen Toilettengebäuden, Duschen, einem Selbstbedienungsrestaurant und Speisesälen und einer Turnhalle. Es war nicht für Massen ausgelegt. Die Malteser entluden Lkw für Lkw mit Material: Betten, Matratzen, Decken, Zelte über Zelte und bauten ein Katastrophenschutzzelt nach dem anderen auf. Am ersten Abend waren wir zu erschöpft, aber schon am nächsten Morgen packten wir fleißig mit an und so entstanden wunderbare Freundschaften und unvergessliche Momente des miteinander.

Mit Evi und Clarissa hatte ich viel Spaß. Und ich war baff, wie die Mädels ranklotzen konnten. Sie waren sich für nichts zu schade. Natürlich waren sie nicht allein. Es gab sehr viele fleißige Malteser, die herumwuselten und ackerten wie die Wahnsinnigen. Als die Zelte standen, mussten die unzähligen Liegen ausgepackt und instandgesetzt werden. Decken wurden verteilt, Waschzeug. Und ständig kamen neue Flüchtlinge an. Das hörte nicht auf. Jeden Tag kamen Menschen, Menschen, Menschen. Das Lager füllte sich wahnsinnig schnell. Trotzdem gab es hervorragendes Essen. Wie sie das geschafft haben, bleibt mir bis heute ein Rätsel. Frühstück, Mittag, Abendessen und guten Kaffee. Auch in Csillebérc gab es ein Kleiderzelt, in dem Spenden an die Flüchtlinge verteilt wurden. Auch ich besaß nun wieder eine richtige Hose und einen Pullover, Unterwäsche, Strümpfe, eine Jogginghose und eine Reisetasche und Waschzeug, also alles, was man so als absolute Grundausstattung braucht. Ich war dafür sehr dankbar und konnte die Hilfsbereitschaft kaum fassen. Umso mehr schämte ich mich für jene Landsleute, die diese Hilfe ausnutzten, obwohl sie der Hilfe gar nicht bedurften. Sie standen teilweise mit ihren Wohnwagen auf dem Gelände und schauten fast täglich im Kleiderzelt nach, welche neuen Klamotten eingetroffen waren, um sich damit einzudecken.

Im Lager gingen Gerüchte um, die Stasi sei unter uns. Was davon zutraf oder Fantasie war, ist schwer zu sagen. Eine Frau war offensichtlich in der Nasszelle überfallen worden. Man hatte versucht, sie zu entführen. So etwas machte schnell die Runde und sorgte für Unruhe im Lager. Wenn es die Stasi war, so war genau diese Unruhe gewollt. Aus der DDR gab es erste Reaktionen auf die Fluchtwelle. Honecker, selbst an Krebs erkrankt, tauchte für Wochen unter, nahm nur wenige Termine wahr. Am 14. August hatte er seinen berühmten Spruch: "Den Sozialismus und seinen Lauf – halten weder Ochs` noch Esel auf" anlässlich der Übergabe erster Funktionsmuster von 32-Bit-Mikroprozessoren geprägt. Er schloss nahtlos an seine im Januar 1989 gemachte Äußerung: „Die Mauer wird auch in 50 bis 100 Jahren noch stehen." Zum Regieren war er in jenen Tagen zu schwach und sein Politbüro überfordert. Sie hatten einen Botschafter nach Budapest gesandt, der mit den „Flüchtlingen" über ihre geordnete Rückkehr in die DDR sprechen sollte. Bei freiwilliger Rückkehr sollten sie straffrei bleiben.

In einem kleinen Wohnwagen auf der Straße vor dem Malteserlager saß der Vertreter der DDR tagelang in praller Sonne, aber keiner wollte mit ihm reden. Nachdem aus unserem Lager zwei Kinder verschwanden, waren viele fest von der Anwesenheit der Stasi überzeugt und organisierten eine „Nachtwache". Die Malteser fanden das gut. Sie stellten uns ein Zelt auf, versorgten uns mit Taschenlampen, Regencapes, Trainingsanzügen, Decken und heißem Kaffee. In Gruppen liefen wir fortan als Streife durch das Lager und wechselten uns ab. Es brachte Ruhe ins Lager. Inzwischen durfte ich auch Wolfgang Wagner aus München kennenlernen. Er war der Chef der Malteser in Budapest, eigentlich Stadtgeschäftsführer und Katastrophenschutz-Referent des Malteser Hilfsdienstes in München. Wolfgang Wagner hatte immer ein offenes Ohr für die Sorgen und Nöte der Flüchtlinge und führte die Lager mit ruhiger und besonnener Hand. Er achtete auf seine vielen freiwilligen Helfer genauso wie auf uns. Das hat uns damals sehr beeindruckt. Auch wie er es mit seinen Helfern schaffte, immer ausreichend Nachschub zu organisieren. Wir waren viele. Und alle hatten Hunger, Durst und sonstige Bedürfnisse und jeden Tag kamen mehr. Oftmals wurde noch bis in die späten Abendstunden nach Schlafmöglichkeiten für die „Neuankömmlinge" gesucht und Decken aufgetrieben. Wolfgang Wagner und ich verstanden uns prächtig. Und wenn er mal eine kleine Bitte hatte, so war es mir eine Ehre, sie zu erfüllen. Drei Malteser Helfer sind mir in besonderer Erinnerung, weil sie uns schon vom Tag unserer Ankunft an begleiteten: Evi Magyarosy, sie sprach ungarisch und übersetzte oft für alle anderen, Clarissa Toering und Friedel Graf von Ballestrem, von dem wir nicht erfuhren, dass er Graf war. Mit ihnen haben wir zusammen Betten aufgebaut und Kisten geschleppt, viel gequatscht und gelacht. Sie sagten uns, wie wir zu unseren neuen Pässen, zu bundesdeutschen Pässen, kämen und sie schauten und achteten darauf, dass es uns gut ging. Das taten die anderen Helfer auch, aber mit diesen drei Personen war der Kontakt besonders intensiv und herzlich. Eines Nachmittags, ich glaube, es war am zweiten nach unserer Ankunft in Csillebérc, erzählte ich wieder Witze, was ich gerne tat. Plötzlich hing an der Turnhalle ein selbst gemaltes Plakat. „Der große Lange wird kommen!" – „Heute Abend um 20 Uhr in der Turnhalle", dazu eine Karikatur. Ein Werk von Clarissa. Ich fand das toll und äußerte gleich meine Begeisterung: „Das ist toll, da komme ich auch." Die Malteser lachten. „Wäre gut, wenn du kommst. Hast du dich denn auf dem Plakat nicht erkannt? Der große Lange bist du!" Da war ich erst mal platt. Aber ich kniff nicht und unterhielt die Flüchtlinge mit Witzen und a cappella-Gesang. Wir hatten viel Spaß.

Sieben Abende haben wir das so gemacht. Wobei der erste Abend für mich der Erinnerung nach der schönste war. So kamen „Zickenschulze", „der Leierkastenmann" und „die Circe" nach Budapest. Nach dem Programm ging ich dann zur Nachtwache. Am Abend des ersten Programms wurden wir um Hilfe gebeten und es sollte sich herausstellen, dass die Nachtwache durchaus ihre Berechtigung hatte. Jene Frau, die um Hilfe bat, war stumm, aber nicht taub. Ihre Papiere und ihr Geld waren gestohlen worden. Die Spur führte zu einem Mann, der schon in meinem Programm versucht hatte zu stören, damit aber nicht durchgekommen war. Mein Instinkt war richtig, er arbeitete für die Stasi. Wir informierten die Malteser und die wiederum ihre Leute vom BND. Sie sorgten unauffällig für unseren Schutz. Diese Männer durchsuchten die persönlichen Sachen des „Verdächtigen", waren dabei aber sehr höflich und das, obwohl er lautstark protestierte und sie der Stasi bezichtigte. „Unsere" BND-Helfer wurden fündig. Mehrere DDR-Ausweise, Führerscheine, auch der Ausweis der jungen Frau fanden sich in seinen persönlichen Sachen. Hinzukam, dass er schon seit drei Jahren Bundesbürger war. In Deutschland wäre er verhaftet worden. Hier ging das nicht, er wurde des Lagers verwiesen. Zwei Tage später tauchte er wieder auf mit seinem nächsten Opfer. Er versuchte es mit der „fürsorglichen Masche", fing hilfsbedürftige Flüchtlinge am Bahnhof in Budapest ab und brachte sie nach Csillebérc und versuchte so, möglichst viel über sie zu erfahren. Ich wurde von Lagermitbewohnern vom Mittagessen geholt und zu ihm geführt. Sie wussten, dass ich zur Nachtwache gehörte, und sie hatten mich erkannt. Ich sagte dem Mann, ich könnte jetzt Alarm schlagen oder er verschwindet ganz schnell und kommt am besten nie wieder, dann begleitete ich ihn zum Tor und informierte die Lagerleitung. Wiedergesehen habe ich ihn nicht mehr, auch nichts mehr von ihm gehört.

Ansonsten verlief unser Leben im Lager unaufgeregt und entspannt. Wir warteten alle auf eine erlösende Nachricht. Wolfgang Wagner gab jeden Tag eine Pressekonferenz, nur die erlösenden Worte, dass wir ausreisen dürfen, konnte er nicht sagen, zumindest nicht offiziell. Die Malteser wussten, dass die Ungarn der DDR ein Ultimatum von zwei Wochen gestellt hatten, das durften sie uns aber nicht mitteilen, das war geheim. Natürlich machte sich eine gewisse Spannung breit. Wir setzten voll auf Gorbatschow, aber sicher sein konnte sich niemand. Was, wenn die russischen Panzer doch wieder kämen, so wie in den Fünfzigerjahren? Die überwiegende Anzahl der Flüchtlinge waren junge Leute, gut ausgebildet oder gerade mit der Schule fertig. Die wollten arbeiten und was erreichen in ihrem Leben und vor allem auch reisen, die Welt sehen, sie wollten sich nicht länger von einer Riege alter Männer und Frauen vorschreiben lassen, wie sie leben sollen. Die Annehmlichkeiten der DDR spielten für sie keine Rolle, daran waren sie so sehr gewöhnt, sodass jeder glaubte, die im Westen auch haben zu können. Arbeitslosigkeit, Lehrstellenmangel, Wohnungsnot, Sozialamt, all das war vollkommen fremd. Jeder von uns war der Überzeugung, dass sobald Honecker wieder genesen ist, die Zügel angezogen werden, es also jetzt eine einmalige Chance sei, in den Westen zu gelangen. Anfang September begann die Stimmung zu kippen. Wilde Gerüchte machten die Runde im Lager, wir sollten in Züge verbracht werden. Ausreisetermine wurden genannt und verfielen. Am dritten September räumen die Malteser das Lager Csillebérc und übergaben es dem ungarischen Roten Kreuz. Das war ein großer Einschnitt, denn das Lager wurde nun anders geführt. Die Menschlichkeit und Herzlichkeit zog mit den Maltesern aus. Es herrschte eine andere Organisation, die meinten es auch gut, aber sie waren im Ostblock ausgebildet und beheimatet und so benahmen sie sich auch. Die Nachtwache wurde durch andere Leute ersetzt. Offiziell sollten wir uns ausruhen. Richard schnappte seine Kinder und seine Sachen und zog ins untere Lager nach Zugliget. Unser „Berliner" Fluchtgefährte war schon in den ersten Tagen verschwunden. Wir hatten ihm all unser tschechisches und Ost-Geld anvertraut, um es in ungarisches zu tauschen. Er war damit verschwunden. In seinem Bett schlief jetzt die stumme Frau mit ihrer kleinen Tochter, deren Papiere und Geld vom Stasimann geklaut worden waren. Frank war viel in Budapest unterwegs. Als er endlich kam, bequatschte ich ihn, das Lager mit mir zu verlassen. Begeistert war er nicht, aber er kam mit. Wir packten also unsere geschenkten Sachen zusammen und zogen runter nach Zugliget. Unsere Malteser herzten uns und schafften es irgendwie, uns in einem der überfüllten Zelte unterzubringen. Wir erlebten die Enge, die Fülle, die Nässe und Kälte. Der Regen hatte das Lager durchweicht. Wir entschlossen uns sofort am nächsten Morgen die Flucht nach Österreich zu wagen. Clarissa hatte uns eine Adresse aus München hinterlassen. Wir adressierten unsere wenigen geschenkten Sachen und vertrauten sie den Maltesern an und brachen gegen Mittag auf.

Ausflug

Friedel, unser adeliger Malteser, nahm uns in seinem Auto mit bis in die Nähe der Grenze. Wir hatten eine sehr unterhaltsame und kurzweilige Fahrt miteinander und verabschiedeten uns herzlich. Irgendwo in der Nähe von Hegyeshalom, also nahe der Grenze, stiegen wir aus. Wieder mit unserem roten Beutel bestückt, zogen wir los. Wir hatten nur unseren tschechischen Autoatlas, die anderen „guten" Landkarten hatte der „Berliner" mitgenommen, waren auch seine. Die Grenze konnte nicht weit weg sein. Im Ort trafen wir auf ein westdeutsches Auto mit bundesdeutschem Kennzeichen. Von uns angesprochen, zeigten sie uns den

Weg und sie schenkten uns Proviant. Das war sehr gut und hilfreich. Allerdings hatten sie sich mit ihren Entfernungsangaben etwas verschätzt. Statt der erwarteten 14 Kilometer war die Staatsgrenze nur noch knapp zwei Kilometer entfernt. Das erfuhren wir von einem ungarischen Grenzoffizier, den wir kurze Zeit später kennenlernen sollten, und der uns lieber hätte laufen lassen, das aber nicht konnte. In der Tschechoslowakei hatten wir pinkeln müssen und die Kalaschnikow im Genick. Doch nun war es ein größeres und dringendes Geschäft. Es ließ sich nicht vermeiden – also ab in die Büsche am Straßenrand. Und, als wäre das nicht schon unangenehm genug, wurden wir beim Kacken auch noch beobachtet. Also ich. Da kann man nicht so einfach aufhören und weglaufen. Das muss man schon fertigmachen. Also zumindest ich tat es und habe mir fast auf meine Schuhe geschissen, als ich den Wachturm entdeckte und die Feldstecher, die genau auf mich gerichtet waren. Ich fragte Frank: "Siehst du den Wachturm da?" "Ja, sehe ich." „Der beobachtet uns." „Zum Glück muss ich nicht kacken." Dann lachten wir los. „Siehst du den Jeep?" „Ja, sehe ich." „Der fährt direkt zu uns." Wir mussten so lachen, dass wir keine Zeit hatten, Angst zu bekommen. Ich schaffte es gerade noch, mein „Geschäft" zu beenden, da war der Jeep auch schon bei uns, und wir lachten schallend. Der Offizier stieg aus, grüßte freundlich und bat um unsere Papiere. Wir zogen unsere nigelnagelneuen Reisepässe der Bundesrepublik Deutschland hervor. Der Offizier bat uns einzusteigen. Es fehlten die Einreisestempel. Wir waren ja auch gar nicht aus dem Westen eingereist. Das Militärcamp war nur wenige Hundert Meter entfernt am Rande eines gerade frisch abgeernteten Feldes. Dadurch hatte uns der Politoffizier der Truppe auch so gut beobachten können. Er hatte den Befehl gegeben, uns zu verhaften. Der Kollege, der uns aufgriff, hätte uns lieber laufen lassen. Bis zum inoffiziellen Übergang waren es nur wenige Hundert Meter. Aber er durfte und konnte nicht, es hätte ihn seine Stellung gekostet. Die Formalitäten gingen diesmal sehr schnell. Unser Offizier war sehr freundlich und brachte uns persönlich ins Gefängnis. Die Zellen waren sauber und frisch gestrichen und warm. Dennoch erinnerte alles ein wenig ans Mittelalter. Verglichen mit der kalten Nacht im Zelt in Zugliget war es erst einmal eine Art Erholung, wir sollten über Nacht ihre Gäste bleiben. Proviant hatten wir. Es ging uns also gut. Rauchen durften wir auch. Einzig die Ungewissheit blieb. Lassen sie uns laufen oder schieben sie uns in die DDR ab. In unserer Zelle nächtigten noch zwei junge Männer, die gerade aus der „Heimat" gekommen waren. Sie hatten so wunderschön blauäugige Vorstellungen von dem, was sie im goldenen Westen erwarten würde. Ich rechnete für mich persönlich mit den größten Problemen, was sich später noch als stark traumtänzerisch herausstellen sollte. Am nächsten Morgen holte uns unser freundlicher Offizier wieder ab und brachte uns zu einer Art Behörde in den Ort. Ein großes helles Gebäude aus der Stalinära. Dort stellte man uns die lang ersehnte Aufenthaltsgenehmigung aus, allerdings behielt die Behörde im Gegenzug unsere schönen neuen Bundesdeutschen Reisepässe. Wir wurden aufgefordert, nach Budapest zurückzufahren. Die Grenze werde in einer Woche geöffnet. Das mögen wir doch bitte in Budapest abwarten und es nicht noch einmal vorher probieren. Der ganze Papierkram wird für Ungarn zu teuer, sie würden uns dann abschieben. Ein Offizier ein Wort. Das mit der Grenzöffnung glaubten wir nicht, das mit der drohenden Abschiebung nahmen wir sehr ernst.

Das Wetter war toll, das Geld war weg, also mussten wir nach Budapest trampen. Wir hatten Glück. Ein Gastwirt nahm uns bis Mosonmagyaróvár mit und schenkte uns etwas ungarisches Geld. Von dort nahm uns eine deutsche Frau aus Bonn mit und fuhr uns direkt nach Zugliget bis vor das Tor vom Malteser Lager an der Kirche. Sie war sehr hilfsbereit und freundlich und wünschte uns viel Glück. So standen wir eineinhalb Tage nach unserem Aufbruch wieder bei unseren Maltesern und wurden geherzt und gedrückt. Unser Gepäck war noch da. Die Malteser waren zunächst überrascht, glaubten sie uns doch längst in Österreich. Über unser Pech wurde herzhaft gelacht, wer wird schon erst beim Pinkeln und ein zweites Mal beim Kacken verhaftet? Sie zeigten mir voller Freude eine Ausgabe der Daily News. Eine Zeitung, die in jenen Tagen auf Deutsch erschien. Sie hatten über mich und mein Unterhaltungsprogramm in Csillebérc geschrieben. Leider habe ich kein Exemplar der Zeitung. Damals hat mich das sehr gefreut. Es war auch schmeichelhaft geschrieben. Den Maltesern um Wolfgang Wagner gelang es abermals, uns unterzubringen. Wir bekamen ein Zweimannzelt, das etwas abschüssig stand und von Flüchtlingen zurückgelassen worden war, die offensichtlich nicht beim Kacken an der Grenze zu Österreich verhaftet worden waren. Die Nacht wurde unangenehm kalt und auch nass. Ich rutschte mit meinen Beinen immer wieder nach unten aus dem Zelt und wachte so am nächsten Morgen auch auf. Halb im Zelt und halb außerhalb des Zelts. Ich begann zu kränkeln, Husten und Fieber kündigten sich an. Die Malteser reagierten sofort. Ich bekam Medikamente und Wolfgang Wagner sorgte für eine neue Unterkunft.

Hárs-Hegy – Lager III

Das dritte Lager in Budapest wurde eröffnet. Diesmal wurden wir auf dem Campingplatz Hárs-Hegy untergebracht, der war nicht weit von Zugliget entfernt und sehr gepflegt und schön. Empfangen wurden wir von einem Münchner Journalisten und seinem Team. Fritz wollte unbedingt Bilder fürs TV drehen. Wir waren die ersten DDR- Flüchtlinge, die dort untergebracht wurden. Uns war es eine Gaudi, mehrmals dieselben Wege zu gehen und möglichst überrascht in die Kamera zu schauen. Die Kamera folgte uns, als wir mit dem Schlüssel in der Hand auf unseren Bungalow zuliefen, Großaufnahme vom Aufschließen. Jetzt wollte er Jubelschreie der Begeisterung einfangen, aber was sie einfingen, waren Lachsalven. Wir hielten uns die Bäuche vor Lachen, als wir die winzigen Bungalows sahen. Wir waren dankbar und glücklich, aber zu den gewünschten Jubelschreien einfach nicht in der Lage. Sehr zur Enttäuschung des Journalisten aus München. Er wollte gerade seine Ausrüstung einpacken, da fragte er, ob wir wissen, wer denn dieser Alleinunterhalter sei, über den die Zeitung geschrieben habe. Nun brachen alle Dämme. Es wurde alles, was sie dabei hatten, aufgebaut und ausgeleuchtet. Frank wurde interviewt von vorn, von hinten, durch das Fenster, was machbar war. Dann war ich dran. Für ihn war ich der Krokodilmensch und Spaßmacher von Csillebérc. Wir schickten herzliche Grüße in die Heimat. Leider wurde das Material nicht gesendet, denn es war bereits nach wenigen Tagen geschichtlich überholt. Ich habe später versucht, es zu bekommen, aber Fritz hatte die Beta-Kassette offenbar mit einem anderen Beitrag überspielt.

Die nächsten Tage waren sehr schön und erholsam. Eine kirchliche Reisegruppe junger Leute war auch zu Gast auf dem Campingplatz und sie sangen und feierten am Lagerfeuer. Wir gesellten uns dazu. Ich verbrachte den Abend mit einem Mädchen aus Bayern und hatte großen Spaß an ihrem „ja mei" und „son Schmarrn". Leider reisten sie am nächsten Morgen schon ab. Sie schenkte mir fünfzig Mark West zum Abschied. Selbst war sie arm wie eine Kirchenmaus. Schülerin eben. Wir haben uns noch ein paar Jahre geschrieben. Ich werde ihr diese Großzügigkeit nie vergessen. Wir tauschten das Geld um und hatte so ein paar wirklich schöne Tage. In der deutschen Botschaft beantragten wir neue deutsche Pässe. Die bekamen wir diesmal nicht, weil wir keine Personalausweise besaßen, die hatte die Stasi. Vierzehn Tage vorher war das noch kein Problem. Wir sollten Behelfspässe bekommen. Doch noch bevor die fertig waren, geschah das Unfassbare. Ungarn öffnete seine Grenzen! Ich erlebte die Verkündung im Campinglager, Frank in Zugliget. Es lag den ganzen Tag schon in der Luft. Am Abend würde der ungarische Außenminister eine Erklärung im Fernsehen vortragen. Und tatsächlich trat Gyula Horn am 10. September abends vor die Kameras und Csilla von Boeselager übersetzte: „Die DDR-Bürger können mit ihrem DDR-Pass das Land verlassen." Diese Bilder gingen um die ganze Welt. 55000 DDR-Flüchtlinge haben die Hilfe der Malteser in Anspruch genommen. Was für eine logistische Meisterleistung! Csilla von Boeselager wird zu Recht „Der Engel von Budapest" genannt. Sie starb am 23. Februar 1994. Wir werden sie nie vergessen, denn ihrem Engagement verdanken wir nicht nur unsere Verpflegung und Unterkunft, sie war es, die uns DDR-Flüchtlingen politisches Gewicht verlieh und dank der Zusammenarbeit von Pater Kozma und den Maltesern auch Schutz bot.

Im Campinglager wurden wir von einem Vertreter der deutschen Botschaft informiert. Natürlich hatten wir es auch im Fernsehen gesehen und der Jubel war in ganz Budapest zu hören. Die deutsche Botschaft empfahl, noch ein paar Tage in Ungarn zu bleiben, die Grenze bliebe für uns offen. Es werden Busse organisiert, die uns dann in die Bundesrepublik bringen würden. Wir gingen an diesem Abend früh schlafen. Am nächsten Morgen packte ich unsere Sachen. Alles stand zum Aufbruch bereit. Ich wollte in der Botschaft nach unseren Ersatzpässen fragen, dort standen unendliche Schlangen von Menschen, die offenbar dasselbe vorhatten. Wir hatten noch nichts gefrühstückt, hungrig wollte ich mich nicht anstellen, also ging ich nach Zugliget, um uns Frühstück zu besorgen. Dort sichtete ich Fritz, den Journalisten vom Bayerischen Rundfunk aus München und erfuhr, dass er dabei war, einen Pressebus zu organisieren, der bald eintreffen sollte. Er wich meinen Fragen aus, er wusste, dass wir keine Pässe besaßen und wollte uns nicht dabeihaben. Niemand konnte wissen, wie sich die Ungarn an der Grenze verhalten würden. Eine Ungarin, die für ihn übersetzte und offensichtlich seine rechte Hand bei dieser Unternehmung war, ergriff für uns Partei. Ich informierte Frank und in Windeseile holten wir unsere Sachen aus dem Campinglager. Wir drückten ein letztes Mal unsere Malteser und Schwups waren wir im Pressebus der ARD und verdrückten uns in die vorletzte Reihe auf der rechten Seite. Das Abenteuer konnte beginnen.

Mit dem U-Bahndienstausweis nach Deutschland

Unsere Busfahrt in die Freiheit kann man einfach oder spannend erzählen. Einfach: Wir stiegen ein, fuhren mit dem Bus erst über ungarische, später über österreichische und final über deutsche Autobahnen, bis wir am Reiseziel ausstiegen. Es war dann aber doch etwas spannender und unterhaltsamer, denn wir hatten keine gültigen Ausweispapiere! Wir starteten in Zugliget und hatten mit Fritz, dem Reporter vom Bayerischen Rundfunk ausgemacht, möglichst unsichtbar zu bleiben, falls es an der Grenze zu Problemen kommen sollte. Daran hielten wir uns auch. Darum sind wir auch auf den inzwischen historischen Bildern im TV nicht zu sehen. Wir kannten die Strecke in Ungarn schon gut und genossen die Fahrt. Während der Reise wurde viel gefilmt und angehalten, um die Spannung der Reise einzufangen. Es wurden viele Interviews geführt. Man wollte genau wissen, wie sich die DDR-Flüchtlinge fühlten und ihre Emotionen einfangen. Die Stimmung war gut. Kurz vor der österreichischen Grenze wurde ein letztes Mal gestoppt, um das restliche ungarische Geld auszugeben. Dann war er da, der Moment, den wir alle entgegengefiebert hatten. Grenzkontrolle. Wir wurden aufgefordert, unsere Reisepässe bereitzuhalten und die ungarischen Grenzer drückten jedem einen fetten Stempel in den neuen Bundesdeutschen Reisepass, wo gerade Platz war. Wir hatten keine. Ein Raunen ging durch den Bus. Wir zeigten unsere Dienstausweise, die von der BVB abgestempelt waren. Die Beamten gingen mit unseren Dienstausweisen nach draußen.

Fünf Minuten Stille. Wir waren etwas nervös. Mussten wir tatsächlich raus aus dem Bus? Nein, mussten wir nicht. Mit einem breiten Grinsen kamen die Grenzbeamten wieder, überreichten uns unsere Dienstausweise und wünschten eine gute Fahrt. Im Bus wurde gejubelt. Sie stiegen aus und der Bus passierte die Grenze. Auf österreichischer Seite wurde sofort gestoppt, alle stiegen aus und fielen sich in die Arme. Jetzt waren wir also Bundesbürger, dachten wir zumindest. Wir kauften uns eine billige Uhr als Erinnerung und weiter ging die Fahrt über die österreichischen Autobahnen bis nach Deggendorf. Dort erwartete uns eine Zeltstadt. Man hatte eiligst ein erstes Auffanglager errichtet, und es gab warmes Essen, das so wunderbar schmeckte, dass ich mir x-mal Nachschlag holte. Eigentlich sollten wir die Ersten sein, aber alle, die einen privaten Pkw hatten, waren schneller. Das Lager füllte sich rasch. Wir schliefen in Katastrophenschutzzelten auf Feldbetten und konnten es kaum glauben: Wir waren in Bayern!

Die bleierne Zeit

Wir hatten das provisorische Auffanglager noch nicht richtig betreten, da lernten wir schon mit dem real existierenden Kapitalismus kennen. Offensichtlich hielten uns einige für Affen. So hungrig nach Bananen konnte niemand sein. Aber die Werbezigaretten nahmen wir dankend an. Vorräte werden immer gebraucht. Zumal wir bald alleine zurechtkommen müssen. Der erste Tag war von vielen behördlichen Aktionen geprägt. Registriert waren wir schon, jetzt ging es um das Willkommensgeld. 250 Euro Friedlandhilfe. Super. Kaum hatten die Neuankömmlinge etwas Westgeld, stürmten sie die wenigen Telefonzellen. Jeder wollte wissen, wie es den Angehörigen im Osten ging und mitteilen, dass man gesund im Westen angekommen war. Die Stasi wird beim Abhören ihre wahre Freude gehabt haben. Auch ich meldete mich in Berlin. Wir erfuhren jetzt auch, dass diejenigen, die mit dem Zug zurück in die DDR gefahren waren, egal ob wieder eingefangen in Bratislava oder ohne weiteren Fluchtversuch eingeschüchtert, zurückgereist waren. Sie saßen alle in Bautzen im Gefängnis. Wir wurden gebeten, die Familien nicht mehr anzurufen, sie hätten schon genug Probleme. Ich war mit dem festen Ziel München in Berlin aufgebrochen und Frank schloss sich mir an.

Im Lager gab es ein sogenanntes "Schwarzes Brett". Da hingen schon am ersten Tag Jobangebote und Wohnmöglichkeiten für die DDR-Flüchtlinge. Das war spontane Hilfe aus dem gesamten Bundesgebiet. Manche suchten tatsächlich Fachkräfte, einige hatten andere Ideen, wozu die Ossis so nützlich sein könnten. Nicht wenige Flüchtlinge wurden direkt von ihren zukünftigen Arbeitgebern abgeholt. Ich telefonierte fleißig Münchner Angebote ab. Wir brauchten auch eine Unterkunft. Bei den Pritzls hatten wir Glück. Eigentlich wollten sie nur einen einzigen „Zoni" – wie sie es nannten – aufnehmen, ließen sich dann doch überzeugen, dass wir zu zweit waren. Schon am 2. Tag unserer Ankunft in Bayern saßen wir im Zug nach München und kamen am 13. September 1989 um 16.00 Uhr in München an und wurden von unserer Gastfamilie am Hauptbahnhof abgeholt. Sie waren sehr freundlich und wir bekamen eine Wohnung in der Nähe des Harras. Es war ihre Zweitwohnung. Eigentlich lebte die gesamte Familie in wilder Ehe in der Wohnung von Elke. Herr Pritzl und Elke waren von Beruf Sozialhilfeempfänger. Ich kann es so schreiben, weil es erstens stimmt und zweites beide schon seit Jahren verstorben sind. Warum sie sich einen „Zoni" abgreifen wollten, wurde uns schon am ersten Tag mitgeteilt. Sie suchten ein kostengünstiges, also kostenneutrales Kindermädchen. Eine Aufgabe, in die Frank hineinwachsen sollte. Ihn hatten sie sofort ins Herz geschlossen, mich nicht. Daraus machten sie auch keinen Hehl. Trotzdem halfen sie mir bei den Behördengängen und davon gab es einige. Dass ich Schauspieler werden wollte, fanden sie genauso bekloppt wie mein Vater früher. Ich war dennoch dankbar, denn ich hatte eine Basis, von der aus ich mein Leben organisieren konnte. Ich musste es schnell schaffen, wirtschaftlich auf eigenen Beinen zu stehen und mir eine eigene Unterkunft suchen. Außerdem brauchte ich dringend einen Personalausweis.

Als Erstes beantragte ich Arbeitslosengeld. Daraus wurde Arbeitslosenhilfe. Egal, sie wurde bezahlt. Dann konnte ich von „meinem Recht auf Kleidung" Gebrauch machen. Dass es so etwas gab, erfuhr ich von meinen Gastgebern. Zur Auswahl standen verschiedene modische Klamotten. Ich fragte nach einem Anzug. Das überraschte etwas, aber ich bekam einen Anzug, Unterwäsche, Strümpfe, ein paar schwarze Schuhe und einen Mantel habe ich mir auch noch ausgesucht. Es würde sicher bald kälter werden. Jeden Tag studierte ich die Zeitungen und fand immer wieder kleine Anzeigen. Das kleine Kellertheater Saramouche suchte einen Techniker. Ich rief an und lernte die Regisseurin Heike Anna Koch und Elisabeth Vondrak, die Inhaberin des Theaters, kennen. Sie planten als Nächstes die Produktion von Margarete Trotta „Die bleierne Zeit". Ein Theaterstück über die RAF. Ich bekam den Job. Elisabeth spielte die weibliche Hauptrolle und Markus Fennert die männliche. Monika Geranoff und Dorothee Rogal übernahmen die weiteren Rollen. Heike Anna Koch führte sehr gekonnt Regie. Das kleine Theater war gut besucht. Meine Gastgeber drängten schon nach kurzer Zeit sehr auf meinen baldigen Auszug. Ich war immer unterwegs. Jetzt klapperte ich die Hotels ab. Mein Plan in einem Hotel arbeiten und auch wohnen. Im Hotel Alexandra in der Amalienstraße hatte ich Glück. Ich durfte mich als Nachtportier vorstellen. Das tat ich auch in meinem neuen Anzug. Der Geschäftsführer war mir sehr wohlgesonnen, auch die Chefin der Rezeption. Man gab mir ein kleines Zimmer in der obersten Etage mit der Auflage, dass ich es zu Messezeiten, also wenn das Hotel ausgebucht war, räumen musste. Toilette und Bad waren am anderen Ende des Gangs und es gab eine Personalküche, die auch als Aufenthaltsraum diente. Leider musste ich öfter in der Küche auf dem Fußboden schlafen, denn es gab viele Messen in München. Es gab noch einen zweiten Nachtportier, der seit Monaten durchgearbeitet hatte und sehr krank war. Das war ein sehr lieber älterer Herr, mit dem ich wunderbar meine Dienste theatergerecht einteilen konnte.

Probleme gab es nur mit den Behörden. Sie wollten meine deutsche Staatsbürgerschaft nicht anerkennen. Meine Oma schickte meine Geburtsurkunde, das genügte nicht, sie wollten die Urkunden bis zum Urgroßvater. Eigentlich hatte ich keinen Kontakt zu meinen Eltern. Also bat ich Lothar, nach Forst zu fahren, wo sie inzwischen ein Haus gekauft hatten und jetzt lebten. Ich bekam die Urkunden, aber das genügte dann auch nicht mehr. Die Börden bestanden auf den Reisepass meines Vaters! Meine Mutter musste also nach München reisen, erst nach Vorlage des Reisepasses bekam ich einen Ausweis. Vorübergehend hatte ich zumindest einen grünen Reisepass bekommen. Aber auch erst, nachdem ich völlig verzweifelt im Amt war. Ich konnte kein Konto eröffnen, mein

Arbeitgeber brauchte ein gültiges Personaldokument, sonst müsste er mich entlassen. Für mich war das eine harte Erfahrung, weil gerade im Hotel viele Gäste, die nicht ein Wort Deutsch sprachen, einen deutschen Pass vorlegten. Das konnte ich nur schwer fassen. „Jeder, der einen deutschen Schäferhund hat, bekommt einen Ausweis, nur ich nicht!", äußerte ich in meiner Verzweiflung. Dann bekam ich den grünen Reisepass.

Inzwischen hatte die DDR ihr 40. Jubiläum gefeiert, Honecker den Flüchtlingen keine Träne nachgeweint, Gorbatschow gesagt: „Wer zu spät kommt, den bestraft das Leben", Krenz war Staatschef und die Mauer Geschichte. Den Fall der Mauer erlebte ich im Scaramouche. Kurz vor Beginn der Vorstellung rief der Mann von Heike Anna Koch an und berichtete, dass ihn seine amerikanischen Freunde oder Verwandten angerufen hätten, dass die Mauer offen sei. Das war sie in der Nacht dann tatsächlich. Das Ensemble des Theaters ging an diesem Abend zu einem Italiener essen und ich aß zum ersten Mal eine italienische Pizza Hawaii und war begeistert, wie toll eine Pizza schmecken konnte. Bisher kannte ich nur die Tiefkühlpizza aus der DDR und die schmeckte wie ein Keks. Wenige Tage nach dem Fall der Mauer reiste der Geschäftsführer des Hotels mit dem Auto nach West-Berlin und fragte mich, ob ich übers Wochenende mitfahren möchte. Ich nahm die Einladung an und erlebte so noch die „Grenzkontrollen". Ich fuhr nach Ost-Berlin, allerdings mit sehr mulmigen Gefühl. Musste den Mindestumtausch tätigen und betrat meine alte Wohnung, die völlig leer war. Allerdings fand ich noch Post im Briefkasten. Ich suchte die Kollegien von der U-Bahn auf, die meine persönlichen Sachen aufbewahrt hatte, den Farbfernseher hatte sie vergessen, meinem Bruder vorbeizubringen. Nun nahm ich ihn mit und meine Großmutter bekam ihn zu ihrem siebzigsten Geburtstag. Auch mein Goldrandgeschirr, dass ich meiner Oma abgekauft hatte, nahm ich nun mit in den Westen, man wollte es mir fast wegnehmen, denn es war verboten, Kulturgut aus der DDR auszuführen. Die Genossen hatten dann doch ein Einsehen, dass es eher ideelles Kulturgut war. Überhaupt war es ein sehr merkwürdiger Besuch. Ich durfte nur bestimmte Grenzübergänge benutzen und musste um Mitternacht Ost-Berlin verlassen haben. Bei der ersten Ausreise nahm man mir meinen Pass ab und wies mich an, auf dem roten Ledersofa zu warten. Das dauerte 20 Minuten.

Ich glaubte schon, jetzt werde ich verhaftet. Aber nein, sie ließen mich wieder ausreisen. Wieder in München hatte ich harte Monate vor mir. Die Einsamkeit und der ungewohnte Westen machten mir zu schaffen. Ich studierte fleißig die Zeitungen, kam so mit "Little Panda Records" in Kontakt und produzierte meine erste Single „Bongo aus´m Kongo". Ein kleiner Münchner Produzent hatte inseriert: „Suche Sänger für Grand Prix de Eurovision." Dass er mit mir produzierte, lag hauptsächlich daran, dass ich die Produktion bezahlte und er davon lebte. Aber über diese Produktion und die Bemusterung kam ich am 09.09.1990 um 16 Uhr zu meinem Fernsehauftritt im DDR-Fernsehen bei Carmen Nebel im „Sprungbrett".

Wiedersehen

Viele meiner „Träume" hatte ich im Laufe der Jahre in die Tat umsetzen können, wenn auch meistens ohne den ganz großen wirtschaftlichen Erfolg. 2004 war ich mit meiner damaligen Frau nach Berlin zurückgekehrt, um meinen Freund und seine Schwester bis zu ihrer beider Tod zu pflegen. Das erforderte auch beruflich äußerste Flexibilität. So landete ich über Umwege bei AstroTV und produzierte für deren Magazinsendung "Leichter Leben" unbezahlte Beiträge. Somit war es 2014 möglich, Wolfgang Wagner, den ehemaligen Chef der Malteser, zu einer Sondersendung ins Fernsehstudio einzuladen und über die unglaublichen Leistungen, die er gemeinsam mit seinen Helfern für uns vollbracht hatte, zu berichten. Wir waren damals die Einzigen, die das taten. Wolfgang Wagner erzählte von den Donau-Toten, die bis heute verschwiegen werden. Es hatten einige Menschen ihr Leben auf der Flucht verloren. Er berichtete von den Problemen, die die Malteser hatten, ihr Material nach Ungarn zu bringen. Es war für Auslandseinsätze gar nicht freigegeben, doch sie taten es einfach. Ich hatte 1989, als die Malteser Csillebérc an das ungarische Rote Kreuz übergaben, die Malteser Fahne und die Fahne von München erbeten und auch bekommen und diese fortan aufbewahrt. 2014 habe ich Wolfgang Wagner die Original Malteser Fahne von Csillebérc übergeben und er hat sie bei einem Besuch dem Museum in Zugliget überreicht. In den nächsten zwei Jahren versuchte ich mich dann als TV-Produzent und gründete ACKSEL.tv. Gemeinsam mit

Monika Torner und TORNER.tv haben wir 20 Ausgaben einer eigenen TV-Show „Komm zu Acksel" realisiert. Hier war Wolfgang Wagner öfter unser Gast. Er arbeitete inzwischen für Navis e.V. einem neu gegründeten Hilfsdienst. Gerne gaben wir ihm und auch vielen anderen, die sich engagierten, wie zum Beispiel Dagmar Frederic mit „Undine" eine Plattform, um ihre positive soziale Arbeit an die Öffentlichkeit zu tragen und zu unterstützen. 2019 gab es dann das große offizielle Wiedersehen zum 30. Jahrestag, organisiert von den Maltesern in Berlin. Ihnen schenkte ich die zweite, die Münchner Fahne. Viele der Helfer von 1989 reisten an und auch einige Zeitzeugen. Die Malteser bauten in der Nähe vom Bahnhof Friedrichstraße jene Zelte von 1989 auf und präsentierten eine sehr anschauliche Aufstellung zu den Ereignissen von 1989. Wir Zeitzeugen standen Schulklassen Rede und Antwort und auch das Fernsehen und Zeitungen berichteten. Dabei fiel mir auf, dass vom historischen zeitlichen Ablauf einiges durcheinandergebracht wurde. Auch störte mich, dass historische Leistungen nicht gewürdigt wurden. Wie zum Beispiel der Befehl von Egon Krenz – damals Staats- und Parteichef der DDR – vom 04.11.1989: „Von der Schusswaffe darf auf keinen Fall Gebrauch gemacht werden." Dieser Befehl war hauptverantwortlich für den friedlichen Fall der Mauer! Krenz hat für seine politische Verantwortung in der DDR vor Gericht gestanden, wurde verurteilt, hat seine Haftstrafe abgesessen und Verantwortung übernommen. Als es drauf ankam, hat er für sein Volk und nicht dagegen entschieden. Das muss man würdigen und darf man nicht unter den Teppich kehren, bei aller Distanz, die zu seiner politischen Leistung unter Honecker durchaus angebracht ist.

Auch war das Verhalten unserer Regierungsvertreter anlässlich des Empfangs des Malteser Ordens im Collegium Hungaricum am 11.09.2019 gegenüber den Vertretern aus Ungarn mehr als unangebracht. Der Staatsminister Niels Annen (SPD) hielt eine Rede, der man entnehmen konnte, dass er sie halten musste. Ihr fehlte jedes Herz und Feuer. Das kann man noch akzeptieren, Reden sind manchmal trocken, aber dass er ging, als die Podiumsdiskussion mit den Zeitzeugen begann, war ein Affront. Den Vertretern aus Ungarn gegenüber, allen voran gegenüber dem Botschafter Ungarns, Herrn Györkös, und den vielen ungarischen, österreichischen und deutschen Maltesern. Nicht zuletzt uns Zeitzeugen gegenüber. Ich habe das damals auch öffentlich gesagt und mich dafür entschuldigt, woraufhin der Chefredakteur des ZDF, Peter Frey, mir das Wort entzog. Nach der Veranstaltung sagte er mir: „Ich kann es nicht mehr hören, wenn ihr sagt, wir hören euch nicht zu." Ich habe diesen Mann bis zu diesem Tag sehr geschätzt.

Verstehen kann ich, dass die politische Situation eine vollkommen andere ist als vor dreißig Jahren. Aber genau die Eigenwilligkeit der Ungarn hat 1989 rund 60.000 DDR-Flüchtlingen den Weg in die Freiheit ermöglicht. Wir haben jeden Anlass, auch wenn wir heute womöglich politisch anderer Meinung sind, als die derzeitige ungarische Führung, Ungarn immer solidarisch zur Seite zu stehen und Ungarn vor allem mit Respekt zu begegnen. Ungarn war es, das den Eisernen Vorhang zerschnitt und alles riskierte, die DDR-Flüchtlinge waren es, die die Welle der Empörung in der DDR zum Überschwappen brachten, die DDR-Bürger waren es, die die friedliche Revolution trugen, Egon Krenz war es, der den Schießbefehl aufhob, die Regierung unter Kohl war es, die äußerst klug agierte, George Bush Senior, Präsident der USA und sein Außenminister James Baker waren es, die Deutschland das Tor zur Einheit weit aufstießen und Gorbatschow und Schewardnadse waren es, die es zuließen. Pater Kozma, Csilla von Boeselager und ihre vielen Helfer vom ungarischen, österreichischen und deutschen Malteser Orden waren es, die uns Flüchtlingen in schwieriger Zeit mit all ihrer Kraft und Liebe zur Seite standen. So wie Mord nie verjährt, sollten auch die guten Taten nie verjähren. Ich habe vorgeschlagen, alle Helfer von damals mit dem Bundesverdienstkreuz auszuzeichnen. Denn sie haben sich um Deutschland verdient gemacht.

Karl, Max und Eugen Huber

Mein Urgroßvater Robert Hubert um 1920 mit Familie im Spreewald

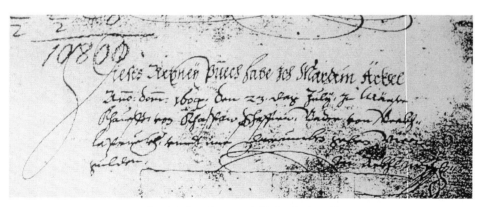

Archivkopie um 1600 „Acksel"

Familie Richter - Vorfahren der Mutter meines Vaters aus Großräschen

Oma Elschens Zuhause im Bau um 1920

Oma Elschens 60. Geburtstag - Else Wild

1970 im Gesellschaftszimmer - die Anfänge

1986 - ein etwas märchenhafter Schlemmerabend im Lokal

1984/1985 - Silvester in Eisenach Merkas mit Heike und Gastgeberin

1985

1987 - eine der letzten Veranstaltungen meines Vaters

1987 - Studentenzeit mit meinem engsten Mitstreiter

1987 - Seminargruppe 1M1 Cottbus IFL

*1987 - Cottbus
mit Studienkollegin*

IMMATRIKULATIONS-URKUNDE

für

Jugendfreund Tilo Acksel

Auf Beschluß der Zulassungskommission wurden Sie für das STUDIUM
- für die Ausbildung als Lehrer für die unteren Klassen

für das Studienjahr 1987/88 zugelassen.

Ihre Ausbildung erfolgt in einem vierjährigen Fachschulstudium.

Sie werden dabei auf die Arbeit im Unterricht in den Fächern
DEUTSCH, MATHEMATIK, im Wahlfach

Musik

und auf die Arbeit im SCHULHORT vorbereitet.

Wir erwarten von Ihnen, daß Sie sich der Auszeichnung, an einer Lehrer-
bildungsstätte unserer Deutschen Demokratischen Republik studieren zu
dürfen, stets bewußt sein werden.

Sie übernehmen damit die Verpflichtung, zielstrebig zu lernen, Ihre ganze
Kraft für ein erfolgreiches Studium einzusetzen und an der allseitigen
Stärkung unseres sozialistischen Staates mitzuwirken.

Cottbus, den 13.08.1987

Personalbogen

Abschlußzeugnis — Abschrift

DEUTSCHE DEMOKRATISCHE REPUBLIK

VE Kombinat Berliner Verkehrsbetriebe, 102 Berlin, Rosa-Luxemburg-Str. 2

Arbeitsvertrag

VE Kombinat
Berliner Verkehrsbetriebe

Berlin, den 29.09.1989

z. d. A.

Vermerk über das Abschlußgespräch

~~ruhendes ARV~~

Koll.(n) **Acksel, Tilo**	Dienst-Nr.	286023
bisher beschäftigt als **Tfu**	BVB seit dem	16.02.1989

/ Familienstand **ledig**

RA ab _____ / Anzahl d. Kinder / _____ Dienststelle **U-V/Z**

beendet zum **02.09.1989** durch Kündigung / Aufhebungsvertrag (nichtzutreffendes streichen)
das Arbeitsrechtsverhältnis mit dem VE Kombinat Berliner Verkehrsbetriebe aus nachfolgendem Grunde:

Schlüsselnummer: **57** (60)

Inhalt des Gespräches: RF

frstl. Entlassung

DA fehn!

AGL

Leiter

E 1414 BO 098/69/87 2 154

Lohn nach der Lohngruppe/Gehaltsgruppe
Tariflohn/ Tab. XI, Lgr. 5 = 3,26 M/Std
Grundlohn/ Tab. I/a, Lgr1 8 = 4,20 M/Std

100 88 VV Freiberg Ag 307 III/11/10/87 1180 A 20577

2PD-Nr. 416-003

Abschlußjahr

Lehrer für untere Klassen
Fachabteilung Deutsch, Werken, Kunsterziehung
ohne Abschluß/3

100 10 VV Freiberg Ag 307 III/11/10 36 N 6692 A 4493

Ungarn 1989 - Clarissa und Evi von den Maltesern (Foto: Gerd Hernacz)

Ungarn 1989 - Wolfgang Wagner und Csilla von Boeselager
im Camp Csillebérc (Foto: Gerd Hernacz)

Die Acksels ... Familienstammbuch

Foto: Ivonne Edelbauer-Ebersbach

Tilo Acksel